# 认识性别

RENSHI XINGBIE

郑瑞新 胡婧超 ◎主 编

陈 斌 孙 莉 董 祯 ◎副主编

编 者

康 雪 高小丽

东北师范大学出版社

NORTHEAST NORMAL UNIVERSITY PRESS

长 春

**图书在版编目（CIP）数据**

认识性别 / 郑瑞新，胡婧超主编 . —长春：东北
师范大学出版社，2022.1
ISBN 978 - 7 - 5681 - 8664 - 3

Ⅰ.①认… Ⅱ.①郑… ②胡… Ⅲ.①女性－高等学
校－教材 Ⅳ.①C913.68

中国版本图书馆 CIP 数据核字（2022）第 018329 号

□责任编辑：陆书玲 □封面设计：迟兴成
□责任校对：石 斌 □责任印制：许 冰

东北师范大学出版社出版发行
长春净月经济开发区金宝街 118 号（邮政编码：130117）
电话：0431—84568023
网址：http：// www.nenup.com
东北师范大学音像出版社制版
河北亿源印刷有限公司印装
石家庄市栾城区霍家屯裕翔街 165 号未来科技城 3 区 9 号 B
（电话：0311—85978120）
2022 年 1 月第 1 版 2022 年 1 月第 1 次印刷
幅面尺寸：170mm×240mm 印张：12.25 字数：212 千

定价：38.00 元

# 前　言

作为全国独立设置的六所公办女子高等院校之一，河北女子职业技术学院多年来一直秉持着"培养女性、教育女性、发展女性"的宗旨，培养了一大批具有"四自"精神的独立女性，造就了一大批服务于国家建设的栋梁之材。

作为"半边天"的女性，在社会中贡献着智慧与担当。进入新时代，随着女性受教育水平的大幅度提高，女性人才在各行各业中发挥着自己的作用与价值，她们像一束束光照进世界的各个角落，点亮生命的价值，唤醒人们对传统"性别"的思考。在持续进行的抗击新冠肺炎的战役中，女医生、女护士构成"白衣战士"的中坚力量，很多护理团队中女护士比例超过90%。防护服下全身被汗水打湿，工作中不吃不喝，穿着尿不湿，脸上布满护目镜和口罩的勒痕……在特殊的工作环境下，她们尽责奉献，守护感染的病患。在脱贫攻坚的队伍里，在全党全国全社会的共同努力下，2012年以来，全国农村贫困人口累计减少9300多万，其中约一半是妇女，广大妇女自尊、自信、自立、自强的"四自"精神明显增强。在教育工作者的队伍中，据2018年数据统计，小学阶段女性教师已经超过了400万，占整个教师群体的68.75%，而中学阶段女性教师已经超过了300万，所占比例接近56%。也正是这庞大的女性教师群体，撑起了整个国家的基础教育，女教师肩负起培育祖国未来的重要历史责任，履行着造就社会主义合格接班人的重要使命。女性用自身的实际行动，积极参与社会活动、经济活动、政治活动，展现了新时代女性风采，彰显出女性的人格魅力。

女性在各行各业中的精彩绽放表明女性社会地位的显著提升。党的十八大以来，习近平总书记凝聚全党智慧，面对新情况、新问题，在不同场合发表了一系列关于妇女发展的新观点、新论断，这些论述为提升新时代我国妇女事业的发展提供了根本遵循。全国妇联紧密围绕在党中央周围，切实做好妇女发展工作。妇女发展及社会地位的提升离不开正确的理论指导，在马克思主义妇女观的指导下，党和国家领导人指明了妇女发展的路线，为妇女工作开展奠定了重要的理论基础。习近平总书记指出："妇女是物质文明和精神文明的创造者，是推动社会发展和进步的重要力量。没有妇女，就没有人类，就没有社会。"

"追求男女平等的事业是伟大的。纵观历史，没有妇女解放和进步，就没有人类解放和进步。"这些论述显著提升了社会对妇女发展的认同与关注，为女性社会地位的提升营造了良好的环境氛围。

纵观女性社会地位的提升，离不开女性自我意识的觉醒与构筑。女性自我意识的觉醒首先是从自我的感受体验出发，她们对自己的存在、本质进行思考之后，对自身性别做出认同，形成对自身以及外在世界一系列的认知与看法。由于每位女性的生活经历、受教育水平不同，其对自我意识的理解也千差万别。妇女自我意识觉醒进程有先后之分，但是这一意识的形成离不开女性自身对人的自由本质的思考，这种思考在女性特殊的生理、心理条件下，形成了与男性截然不同的自我意识视角，具有重生理感受、情感丰富、坚韧不拔的特征。在学习、工作、生活中，女性自我意识得到多方面展现，形成了独特的观察视角。

为启蒙女性的自我意识，贯彻实施男女平等基本国策，推进社会性别主流化的传播发展，河北女子职业技术学院集中具有各学科背景的专业教师编写"女性特色系列丛书"，本书《认识性别》为其中之一。书名确定历经参编教师的多次思想碰撞，最终本书被定位在启蒙读者对"性别"的重新认识上，通过对马克思主义妇女观、社会性别核心概念的介绍，建构先进的社会性别观念，引导女性用马克思主义妇女观、社会性别理念审视自身世界，进而深入思考女性自身的性别意识，并以此为工具分析日常社会现象，反思习以为常、深以为然却又实际不平等的社会事件，勇敢发出反思之声。

本书共分为八章，分别从马克思主义妇女观、社会性别理论、性别平等与经济、政治、教育、文化、环境等方面展开论述。

绪论部分由郑瑞新教授编写，主要介绍了认识性别的重要意义，为全书打下性别的基调。

上篇　性别平等理论侧重于介绍马克思主义妇女观、社会性别的基本内容，旨在为初次学习的人介绍性别相关理论知识。

第一章、第二章由胡婧超老师编写。

第三章由郑瑞新教授与胡婧超老师合写。

下篇　性别平等发展与实践探讨性别平等在政治、经济、文化、教育、环境等方面的发展与实践。

第四章概说女性政治权利发展，由陈斌老师主笔，详细介绍了我国妇女参政历程及重要意义。

第五章论述性别平等下的女性经济发展状况，由孙莉老师主笔。本章关注了与女性劳动力发展及女性劳动力地位改变相关的内容。

第六章主要论述了性别平等对文化发展的推动。康雪老师结合其专业特色，从文化、文学的视角阐述了文化中的性别平等。

第七章由高小丽老师编写。本章站在女性教育的角度，普及女性教育在促进性别平等中的重要历史地位。

第八章由董祯老师编写。本章站在后现代的视角介绍了生态主义女性主义以及环境对人类、对女性的巨大影响。

本书得到了河北女子职业技术学院领导的大力支持，凝聚了学院老师的诸多心血。我们向所有关心本书出版的各方表示衷心的感谢。由于水平所限，本书难免存在不足和疏漏之处，敬请广大专家、读者批评指正。

编　者
2021 年 3 月

# 目　　录

绪论　认识性别的意义 ……………………………………… 001

## 上篇　性别平等理论

第一章　马克思主义妇女观 …………………………………… 009

    第一节　马克思主义妇女观的形成 ………………………… 009

    第二节　马克思主义妇女观的主要内容 …………………… 014

    第三节　妇女解放的途径 …………………………………… 018

第二章　社会性别理论 ………………………………………… 022

    第一节　社会性别理论的产生 ……………………………… 022

    第二节　性别理论产生的理论基础 ………………………… 028

    第三节　社会性别理论的主要内容 ………………………… 033

第三章　两种理论的区别及现代启迪 ………………………… 041

    第一节　两种理论的区别 …………………………………… 041

    第二节　两种理论的现代启迪 ……………………………… 045

## 下篇　性别平等发展与实践

第四章　性别平等与政治实践 ………………………………… 051

    第一节　政治参与概念界定 ………………………………… 052

    第二节　我国女性政治参与发展历程 ……………………… 056

    第三节　我国女性政治参与的成功经验与启示 …………… 071

    第四节　新时代拓宽我国女性政治参与的路径 …………… 075

第五章　性别平等与经济实践 ……………………………………… 084

　第一节　性别平等与经济发展 …………………………………… 084

　第二节　女性劳动供给 …………………………………………… 091

　第三节　性别工资差异 …………………………………………… 099

第六章　性别平等与文化实践 ……………………………………… 104

　第一节　中国传统社会性别文化 ………………………………… 104

　第二节　婚姻家庭中的性别文化 ………………………………… 113

　第三节　媒介中的性别文化 ……………………………………… 122

第七章　性别平等与教育实践 ……………………………………… 130

　第一节　传统女性教育 …………………………………………… 131

　第二节　近代启蒙思想下的女性教育 …………………………… 140

　第三节　现代女性教育 …………………………………………… 151

第八章　性别平等与环境实践 ……………………………………… 160

　第一节　女性与自然的关系 ……………………………………… 160

　第二节　女性环境研究 …………………………………………… 165

　第三节　女性环境实践 …………………………………………… 175

参考文献 ……………………………………………………………… 186

# 绪论 认识性别的意义

　　不可否认，性别对我们每一个人来说都非常重要。作为身份的标签之一，性别不仅仅是各种表格的必选项，它还对我们的生活、学习、工作有着不可忽视的影响，甚至会影响我们一生。但是，对于性别的这种重要影响，我们究竟有多少了解呢？随着时代的发展进步，性别平等的观念越来越深入人心，越来越多的女性走向独立，为社会贡献着自己的智慧与汗水，在不同领域取得骄人成绩。但我们也不否认，传统性别观念对于女性发展的负面影响也依然存在，人们对女性角色的认同和评价也存在误区。从胎儿时候起，家长就分别为自己的儿子或女儿起好了如刚勇强健、芬芳美丽的名字，准备好了或车船枪炮，或洋娃娃布娃娃等不同的玩具。成长过程中，"淑女"是很多女孩子心目中的理想形象；结婚成家后，"好妻子""好妈妈"是家庭赋予女性不可替代的角色和职责；在职场，"职业天花板"现象挡住了很多女性事业上升的脚步。面对家庭、事业的冲突，陷入两难选择、纠结焦虑中的时候，有不少女性产生"下辈子不再做女人"的想法，而有些年轻女性抱有"干得好不如嫁得好"的想法，还有一些所谓专家呼吁"女人回家"。这些困惑、纠结、烦恼、压力，男性却很少有。那么，女性该如何对待自己的性别角色？如何面对这些来自性别观念的影响？如何应对因性别角色产生的压力？要解决这些问题与困惑，我们有必要对性别进行一番考察研究，以对性别有一个全面的认识。

　　正确认识性别，可以使女性客观地认识自己的性别特征，接纳自己的性别身份，促进女性独立自主，更好地成就和发展自己。同时，性别也为我们提供了一个观察社会的透视镜，给予我们一个衡量社会公正与否的尺子，让我们能够全面深入地考察社会，理性面对一些性别不平等的社会现象，为促进性别平等以及社会公正做出自己的努力。

## 一、认识自己，发展自己

### （一）认识自己

性别，是将人群分成不同类别的一个基本标记。我们每一个人都是以某种性别存在于社会中的。性别决定着我们在社会上的生存方式，在生命的历程中，性别也将影响我们的生活体验。我们对自己性别身份的认知理解、接受与否，对性别身份不同的感受和认知，会影响我们的生活态度和行为认知。

正确认识性别，可以帮助我们更好地认识我们的性别身份。女人，首先是人，其次才是女人；女性，首先是自己，其次才是女儿、妻子、母亲；女性，首先要做好自己，然后才能更好地完成其他角色；女性，首先要有能力爱自己，才能有余力爱家人、爱他人，以牺牲自我换来的只能是怜悯、施舍，不以尊重为前提的给予都不是真正的爱，自然也靠不住，更不能长久。

正确认识性别，可以帮助女性更好地接纳自己的性别身份。作为独立的社会个体，女性要克服因生理因素所带来的影响，摆脱依附、依赖心理，强化独立自主的主体意识，做到人格独立、经济独立，才能赢得平等与尊重。

正确认识性别，能够帮助女性理性看待性别身份对她们产生的影响，让她们对自己有一个更加清晰的定位，在遇到成长中来自性别身份的障碍的时候能够正确对待，并做出正确的处理和选择。

### （二）发展自己

正确认识性别，可以让女性在关注性别生理性特征的同时，也关注性别的社会性特征，使她们免于陷入性别生物决定论的窠臼，从而激发女性的成就动机，自尊、自信、自立、自强，努力进取，奋发有为，促进女性自我成长与发展。女性不仅仅是作为"人女""人妻""人母"的家庭性别角色而存在，更是一个独立大写的职场人、社会人。女性应当发现自身的长处，发挥自己的性别优势，实现自己的人生理想，创造更大的社会价值。

现阶段，来自性别不平等的困惑、压力，是女性在成长过程中不能回避的社会现象。女性从求学到求职，再到职场发展，提升自我，总会面临比男性更多的压力和挑战。面对这种压力和挑战，回避退缩都不是解决问题的办法，唯有迎难而上，勇于面对，才是更好、更有意义的选择和应对。这就需要女性不断提高自主意识，增强批判意识，积极争取平等权利。

每一个女性个体的成长发展，也将成为推进性别平等、促进社会整体进步的不可忽视的力量。

## 二、认识社会，立足社会

### （一）认识社会

无论男性还是女性，都是社会人，都将作为社会一分子独立于整个社会结构之中。但不同的社会结构，对男性和女性的态度、要求、期待也不相同。在不平等的社会结构中，男性通常处于主导地位，女性则处于次要、从属地位。尽管随着社会的不断进步、人类文明程度的不断提高、妇女解放事业的推进，性别平等越来越被社会上大多数人认可、接受。在我国，男女平等成为一项基本国策，宪法也确立了男女平等的法律原则。但我们还应该看到，到目前为止，男女两性在发展机会、资源分配方面的差距依然存在，男女不能平等分享发展资源和发展成果的现象依然存在，显性、隐性的男女不平等现象依然存在。

正确认识性别，关注性别的社会性特征，能够提高性别的敏感性，发现藏于貌似合理制度温情面纱下面的隐性歧视与偏见，从而对不平等现象做出积极回应与勇敢挑战。

### （二）立足社会

正确认识性别，强调性别的社会性，可以帮助女性走向独立，摆脱依附地位、从属角色，实现思想、精神上的自由，作为一个大写的社会人，实现与男性平等对话，从而更好地在社会上立足。

正确认识性别，可以帮助女性树立正确的性别观，使她们正确看待两性关系，树立社会性别平等意识，与男性建立平等尊重、和谐互助的伙伴关系，实现互助共赢，和谐相处。

正确认识性别，可以帮助女性增强自主意识，勇于对现实社会中的性别不平等说"不"，从而积极努力地争取自身的平等权利，积极推进性别平等，为建立更加公平公正、和谐美好的社会贡献力量。

总之，认识性别的意义，对于女性个体而言，有利于女性更好地认识自己，接纳自己，强化女性主体意识，帮助女性树立自尊、自信、自立、自强的"四自"精神，从而提高女性的成就动机，促进女性自身的成长发展；对社会来说，有利于消除显性或隐性的性别歧视，纠正社会文化中依然存在的性别偏见，维护女性的合法权益，提高女性的社会地位，促进性别平等与社会和谐，推动社会朝着更加公平公正的方向发展。

案例分享

## 两个口号的对比

在实施资助失学女童的"春蕾计划"时，曾经有人提出一个口号："今天的女童，明天的母亲。"1999 年，人口与计划生育委员会提出了"今天的女童，明天的建设者"的口号。

（摘自金一虹《独立女性：性别与社会》）

### 【分析与提示】

女性，首先是一个独立的个体，是属于自己的独立存在，是一个大写的社会人，不依附于任何他人。女性的角色，首先是个人，其次才是家庭中的某个角色：女儿、妻子、母亲。女性只有做好自己，才能有资格、有能力做好别人的女儿、妻子、母亲。任何有意无意忽略女性独立性的观念与做法，都是对女性作为社会人个体权利的剥夺，也是对女性的歧视与压制。选择做一个什么样的社会角色，应该是建立在女性权益得到充分保障的女性自愿的基础上，而不是女性为了家庭或家人的牺牲。

■ 延伸阅读 ■

## 男女不一样了： 中国女性改革开放三十年（节选）

### 沈 睿

在党和国家的支持下，中国妇女的地位，特别是在国家书写的法律法规中的地位、社会结构上的地位，几乎到了与男性平等的地步。这里，"平等"也不是一个确切的描述，"与男性一样"也许能更准确地描述女性在国家法律法规中的地位。中国女性，从儒家传统的"唯女子与小人难养也"的地位，提高到被规定为什么都与男性一样的高度，对女性来说，是很大的鼓励，这对女性的自主意识有很大的促进；对男性来说，也是很大的鞭策。公开的男尊女卑受到批判唾弃。女性，如那时大街小巷的招贴宣传画一样，做着社会认为应该属于男性的工作。

男女平等在中国就演变成了女人都像男人一样……

在外面，女性要与男性一样，承担一样的责任和工作；回到家后她们就不能再继续和男人一样了，孩子要管，衣服要洗，饭要做，她们就不得不从事传统女性的工作。现实是，中国的男女平等为中国女性打开了走向社会、在公众领域取得成功的一扇门，也加重了她们的负担。她们在外面必须与男性一样能干，回到家还要像传统的妻子、母亲一样能干。她们当然比男性压力大多了，也累多了。不能两全其美的时候，社会便指责她们，认为她们没有尽足够的力，认为一个女人只要心诚，石头也会开出花来——只要拼命工作，就能既是好的工作者，也是好妻子、好母亲，完全不顾女性的身体和社会的客观条件。女人要怀孕，要生孩子，有身体的周期变化；而社会条件是，在一个意识形态仍是男性为主体、以男性为标准的文化里，女性的很多劳动被贬低和忽视，好像家务不是工作，只有社会工作才是工作。女性的"主内"成为看不见的工作，女性的价值实际是被贬低的。

抹杀男女区别、以男性为标准的所谓男女平等，在改革开放三十年中遭到了巨大冲击。从正面角度看，这对解除女性的双重负担有一定作用。比如，1978 年之前，家庭妇女是一个负面标签，特别是对城市女性来说，家庭妇女是与落后、与"吃闲饭"相联系的……

改革开放以来，女性不必时时处处都以男性为标准，女性选择的范围扩大了，这些对女性的身心健康都有好处。

[摘自沈睿《男女不一样了：中国女性改革开放三十年》]

上　篇

# 性别平等理论

# 第一章　马克思主义妇女观

本章导读

在历史发展的长河中，妇女作为一个性别群体，是一股不可小视的力量，她们在推动人类社会发展的进程中，同男性一样，发挥了巨大的作用。然而，她们在为人类社会做出巨大贡献的同时，也默默承受着屈辱与悲惨的遭遇。远古时期的女神崇拜，在古典时代便开始遭到了背弃，尽管妇女们发出了男女平等的呼声，并进行了抗争，但都无法真正摆脱女奴身份，成为一个独立的人。直到马克思、恩格斯妇女观指出："男女之间的关系是人与人之间的直接的、自然的、必然的关系。在这种自然的、类的关系中，人同自然界的关系直接地包含着人与人之间的关系，而人与人之间的关系直接地就是人同自然界的关系，就是他自己的自然的规定。因此，这种关系以一种感性的形式、一种显而易见的事实，表明属人的本质在何种程度上对人来说成了自然界，或者，自然界在何种程度上成了人的属人的本质。因而，根据这种关系就可以判断出人的整个文明程度。"这段耐人寻味的话语揭示了妇女解放与全人类解放的内在关联，真正开启了妇女由女奴向女人的转变历程，也表明了马克思主义将"男女平等""妇女解放"视作社会文明进步基本标志的理论主张。

## 第一节　马克思主义妇女观的形成

"马克思主义妇女观，是运用辩证唯物主义和历史唯物主义的世界观、方法论，对妇女社会地位的演变、妇女的社会作用、妇女的社会权利和妇女争取解放的途径等基本问题做出的科学分析和概括。"[①]马克思主义妇女观的形成有

---

① 中华女子学院. 马克思主义妇女观概论［M］. 北京：中国妇女出版社，2002：4.

其深厚的理论背景。

## 一、空想社会主义妇女思想对马克思主义妇女理论的影响

流行于 19 世纪的空想社会主义是现代社会主义思想的来源之一，其著名代表人物——圣西门、傅立叶、欧文，对妇女问题有着许多极为超越时代的深刻见解。他们在抨击资本主义制度的同时，提出了对未来社会的构想，这些构想中都鲜明地提出了妇女解放问题。

### （一）法国的空想社会主义者圣西门

圣西门认为：男女应该是平等的。他憎恨剥削，认为人人都应当参与劳动。这"人人"就包括男人和女人、统治者和被统治者。圣西门在自己的一本著作《一个日内瓦居民给当代人的信》中说："妇女将被允许，她们甚至可以被委任。"[①] 在这本书中，圣西门宣布每个人都可以投票选举候选人为牛顿协会或其分会的委员，他认为妇女理应参与政治和担任公职，男女在政治上都有投票权和选举权，等等。

### （二）法国空想社会主义者傅立叶

傅立叶的思想更加深刻，他指出"侮辱女性既是文明时代的本质特征，也是野蛮时代的本质特征，区别在于野蛮以简单的形式犯下错误，而文明都赋之以复杂的、暧昧的、两面性的、伪善的存在形式……对于使妇女陷入奴隶状态这件事，男人自己比任何人都更应该受到处罚。某一历史时代的发展总是可以由妇女走向自由的程度来确定，因为在女人和男人、女性和男性的关系中，最鲜明不过地表现出人性对兽性的胜利。妇女解放的程度是衡量普遍解放的天然标准"。[②] 恩格斯赞同傅立叶的这个观点，并认为他的这个观点不仅揭露了资产阶级世界在物质上和道德上的贫困，而且更加巧妙地批判了两性关系的资产阶级形式和妇女在资产阶级社会中的地位。同时，傅立叶还抨击了资本主义制度下婚姻关系在法律和道德层面的虚伪，理性地分析了女性人身商品化的实质，并在教育和劳动等问题上主张男女平等。其中，他在教育问题上的观点具有跨时代的意义，他主张男女同校，反对教育内容上的性别差异，提出未来社会中男女都应平等，认为男女都应根据资本、劳动和才能三种贡献取得报酬。

---

① 中华人民共和国全国妇女联合会. 马克思恩格斯列宁斯大林论妇女 [M]. 北京：人民出版社，1978：44.

② 中华人民共和国全国妇女联合会. 马克思恩格斯列宁斯大林论妇女 [M]. 北京：人民出版社，1978：7.

### （三）英国空想社会主义思想家欧文

空想社会主义学说最早见于 16 世纪托马斯·莫尔的《乌托邦》一书，它是先贤柏拉图的理想国与欧洲不公现实冲撞下的产物。在文艺复兴思潮的人文主义氛围影响下，与托马斯·莫尔同时代有相当一批人探索过这种思想，但一般认为莫尔为空想社会主义第一奠基人。不过，在莫尔的时代并无"社会主义"这个词，"社会主义"一词是 19 世纪初圣西门创造的。与"共产主义"源自中世纪拉丁语词"市民公社"的情形类似，"社会主义"一词的拉丁语源，是中世纪时代的"社会"这个拉丁语词。

欧文是第一个通过实践来证明他的男女平等观的空想社会主义者。他认为，私有财产过去和现在都是人们所犯的无数罪行和所遭受的无数灾祸的根源，它使个人财富成为社会权力的基础，将人类一切关系都变成追逐私利的无情竞争，宗教使"无知的迷信永存"，婚姻使妇女变成男人的财产。欧文写了大量的文章、手稿等，对妇女解放、男女平等问题展开了讨论。在这些著作中，欧文同傅立叶一样，对资本主义的婚姻制度做出了深刻批判，他认为至今的婚姻都是"用各种各样的方式缔结的由人的虚伪的意志自由所产生的婚姻"。欧文呼吁婚姻自由，主张婚姻应当是建立在两性平等关系及相互真挚感情上的自由结合，对此，他还提出了实现这一理想的具体措施，这些主张和思想被马克思和恩格斯创建的妇女理论所吸收。

16、17 世纪，人类社会的发展开始了一个新的转折期，出现了资本主义萌芽。资本主义的不断发展壮大，引发了社会的一些动荡，出现了贫富不均和剥削压迫。这种不合理的现象，引起了知识界精英的关注和不满。他们向往一种没有剥削和压迫、人人平等的理想社会。这是一些品格高尚的理想主义者，代表人物有温斯坦、莫尔、康帕内拉等人。他们把自己美好的理想和愿望写成了文学作品，代表作有《乌托邦》《太阳城》等，作品中表现的思想和愿望，对后来者产生了极大的影响。18 世纪，这种理想主义追随者的代表人物，以法国居多，有梅叶、摩莱里、马布利、巴贝夫等人，他们起到了承前启后的作用。19 世纪的代表人物有圣西门、傅立叶、欧文等人，这是一些把理想付诸行动的实干家。

他们试图开创一种模式和样板，来证明自己的理想是可以实现的。他们有人购买大片土地，分配给贫穷的人们耕种；有人开办工厂、设立商店、建立工人住宅、提高工人工资，进行了颇具规模的"新和谐公社"的共产主义新村实验。他们想通过这样的实验和努力，引导全社会走向公有制，消灭贫富差别，从而实现人人平等的美好理想。可是他们的实验和努力，全都以失败告终。不是贫富差别依旧存在，就是消费超过了生产无法维持下去。由于他们的理想和努力化作了泡影，所以人们称他们的行为是空想社会主义。

## 二、欧洲资产阶级民主主义妇女思想的影响

19世纪70年代，欧洲资本主义进入了相对和平的发展时期。以瑞士人类学家、历史学家约翰·雅科多·巴霍芬和美国民族学家、原始社会学家摩尔根为代表的资产阶级民主主义妇女思想对马克思主义妇女观的形成也有着重要的影响。恩格斯认为家庭史的研究源头是巴霍芬《母权论》的发表，书中认为，人类产生的初期性关系是毫无限制的，因而无法确认子女的父亲，母系是计算世系的依据。那时，母亲享受着世人的尊敬和爱戴。1877年，摩尔根发表了《古代社会》一书，该书通过对美洲印第安人部落和夏威夷群岛土著居民的考察，分析和研究了史前社会家庭与亲属制度关系，家庭"是社会制度的产物，它将反映社会制度的发展情况。既然专偶制家庭从文明时代开始以来，已经改进了，而在现代特别显著，那么我们至少可以推测，它能够进一步完善，直至达到两性的平等为止"。[①] 书中揭示了家庭发展与社会发展的内在联系，深入探讨了私有制、阶级和国家起源问题，家庭发展路径等问题，从而可以得出，人类最初处于母系氏族社会，女性拥有较高的社会地位，父系氏族是从母系氏族社会发展而来，是后期形成的。这些理论为马克思、恩格斯后来的许多研究提供了翔实的材料。

## 三、马克思恩格斯妇女理论的形成

根据对《古代社会》的研究，恩格斯于1884年首次出版了《家庭、私有制和国家的起源》一书，该书被视为马克思主义妇女观正式形成的标志性著作。在本书中，恩格斯从"两种生产"理论入手，探讨了妇女受压迫的起源。书中分析了人类早期的历史，揭示了原始社会制度解体和以私有制为基础的阶级社会形成的过程，阐明了阶级社会的一般特征；弄清了各个不同社会形态中家庭关系发展的特点。这是马克思、恩格斯对妇女问题论述最系统、最全面的代表性著作。它详细分析了原始社会妇女自由和受尊敬的地位，阐述了婚姻、家庭和妇女受压迫的形成过程。最重要的是，它批判了资本主义社会婚姻家庭观念和妇女受压迫的现象，指明了无产阶级妇女解放道路、条件和必然趋势，标志着马克思主义妇女理论的形成。

---

① 中共中央马克思恩格斯列宁斯大林著作编译局. 马克思恩格斯选集 [M]. 北京：人民出版社，1995：82.

**案例分享**

### 关于莫尔和他的《乌托邦》

托马斯·莫尔（1478—1535）是文艺复兴时期英国杰出的人文主义者和空想社会主义者。他出生在一个经济条件优越的家庭，从小接受良好的教育，14岁进入英国顶级学府牛津大学读书。其间，他研读了大量古希腊罗马哲学家的著作，并深受启发。莫尔生活的时代，是资本原始积累的时代，他深刻感受到圈地运动带来的严重社会问题，目睹了广大人民群众所遭受的苦难，同时也对当时的社会黑暗有了深刻的了解，因而对下层人民给予深深的同情。他看透了社会不平等和下层民众日益贫困化的原因，即国家赖以生存的基础——以剥削为特征的私有制，这使他开始思考如何建立更美好的社会制度。尽管他对英国的社会与政治非常不满，但王朝的专制统治和他曲折的从政经历，使他不能发出公开的批判声音。然而，他所生活的大航海时代，却让他可以通过一个虚构的"乌托邦岛"来阐发他的政治理想和抱负。1516年，在社会主义思想史上具有重要意义的文献《乌托邦》应运而生，托马斯·莫尔也因此成为近代空想社会主义的奠基人。

**【分析与提示】**

《乌托邦》以对话形式将理想国与现实社会进行比较，集中反映了莫尔的政治思想。莫尔反对以剥削为特征的私有制，主张财产公有，财产公有是乌托邦中的最大特点。莫尔认为私有制是万恶的根源，私有制存在就不可能根除贪婪、掠夺、战争及一切造成社会不安的因素。在他的乌托邦社会里，全体社会财富为大家所公有，按需分配，整个乌托邦就是一个共产主义大家庭。莫尔憎恨剥削，反对不劳而获，因此，乌托邦没有贵族、地主阶层，除了少数人外，人人都参加劳动。乌托邦的劳动是生产性的，都是用于增加国家财富，提高社会福利，有利于人们衣食住行各种生活状况的改进。乌托邦尤其重视农业劳动。在乌托邦中，农业是一项受人尊敬的劳动，无论男女从小就在学校接受农业教育，并到田地上实践。城市中每个公民都须在农村住两年，以种田为业，城市居民如到本城郊区观光，必须参加当地的农业劳动才能得到食物供应。

**■ 延伸阅读 ■**----------------------------

《家庭、私有制和国家的起源》一书包括2篇序言和9章正文内容，大致可以划分为四个部分。

1. 第一章史前各文化阶段，讲述文明时代之前的蒙昧时代与野蛮时代，探讨古代社会的概况。

2. 第二章家庭，主要探讨家庭的四种形式——血缘家庭、普那路亚家庭、对偶制家庭和专偶制家庭，揭示家庭形式的演变及演变的关键与基础。

3. 第三章至第八章，主要结合易洛魁人、希腊人、雅典人、罗马人、凯尔特人和德意志人等诸具体历史发展过程，专门探讨氏族制度的解体、母权制向父权制的转变、国家的形成和发展等重要的理论问题，揭示了私有制在氏族社会的瓦解及国家形成过程中的重要作用。

4. 第九章野蛮时代和文明时代是全书的总结部分，系统论述了一系列历史唯物主义基本原理和马克思主义国家理论，探讨了社会经济条件的变化与社会组织形式之间的内在关系，探讨了国家的本质及其特征，分析了文明社会的实质。通过对历史素材的全面而深入的剖析，对社会转变时期的经济条件及其重要作用做了深刻分析，论证了经济条件是影响社会发展的决定性因素。

这四个部分贯串着一条清晰的认知路径：文明进程、社会组织形式的演进受制于原始公有制到私有制转变的逻辑。人类从蒙昧、野蛮走向文明，家庭从血缘家庭、普那路亚家庭和对偶制家庭走向专偶制家庭，社会组织形式由氏族变成国家，都是原始公有制向私有制转变的外部表现。在生产力发展的基础上，生产关系从公有制到私有制的改变，促成了社会形态、家庭形式和社会组织形式的转变。

# 第二节　马克思主义妇女观的主要内容

马克思、恩格斯认为："我们首先应确定一切人类生存的第一前提，也就是一切历史的第一个前提，这个前提就是人们为了能够创造历史，必须能够生活。但是为了生活首先就需要吃喝住穿以及其他一些东西。因此，第一历史活动就是生产满足这些需要的资料，即生产物质生活本身，而且这样的历史活动，是一切历史的基本条件。"[①]

---

① 中共中央马克思恩格斯列宁斯大林著作编译局. 马克思恩格斯选集 [M]. 北京：人民出版社，1995：79.

## 一、妇女地位受两种生产的影响

### (一)物质生产影响妇女地位

妇女地位的形成一方面指的是女性在经济、政治、文化以及家庭中的地位的变化发展,同时还特别强调女性与男性社会地位的比较。妇女受压迫不是一开始就已然存在的事实,而是在一定的历史条件下产生的。恩格斯根据原始社会形态的背景,在《家庭、私有制和国家的起源》一书中阐述物质资料的生产方式与人口的生产方式制约着妇女地位的发展。在两种生产发展的不同阶段上妇女地位也不尽相同,妇女在两种生产中的地位制约着妇女的社会地位。认识这一点要追溯到原始社会妇女地位的演变。众所周知,人类社会的初期,曾经存在过妇女统治的时代。恩格斯在《家庭、私有制和国家的起源》中谈道:"在一切蒙昧人中,在一切处于野蛮时代低级阶段、中级阶段、部分地处于高级阶段的野蛮人中,妇女不仅居于自由的地位,而且居于受到高度尊敬的地位。"[①] 这种状况的形成与妇女在两种生产中的地位有关,在生产力水平极为低下的原始蒙昧社会,人们使用的工具主要是木棒和石器,人类生存的能力非常有限。男性和女性的分工是自然分工,女子负责采集果实、根茎等食物,男子负责外出狩猎。但由于生产工具的落后,男子狩猎常常空手而归;女子采集的果实往往具有稳定的收获,所以,当时妇女的劳动成为食物的主要来源。妇女们在采集的过程中,学会了种植和养殖技术,甚至慢慢探索出手工艺制品,进而对食物进行有意识的培育,形成了人们赖以生存、稳定的食物来源。妇女为原始农业的产生做出了重要贡献的同时,也在物质资料生产方面占据重要地位。

### (二)人口生产影响妇女地位

当时,妇女在人口生产中也占据重要的发展地位。在原始蒙昧状态下,人与动物抵御来自自然界侵犯的能力不相上下时,群体生活能更好地确保种族的生存与繁衍。对此,恩格斯曾经说过:"为了在发展过程中脱离动物状态,实现自然界中的最伟大的进步,还需要一种阶段、因素:以群体的联合力量和集体行动来弥补个体力量的不足。"[②] 所以,人类对生育十分渴求,妇女的生育被看得十分重要。从这个维度上说,妇女在人口生产力水平方面也占据重要地位。不仅如此,当时妇女在人口生产中的能力地位还与人类的生育方式(婚姻

① 恩格斯. 家庭、私有制和国家的起源 [M]. 北京:人民出版社,1972:45.
② 恩格斯. 家庭、私有制和国家的起源 [M]. 北京:人民出版社,1972:31.

形式）有关。人类最初的两性关系是一种杂乱的性交状态，即"一切男性属于一切女性，一切女性属于一切男性"。①这种杂乱的性交状态不能称为婚姻。

人类历史上第一个婚姻家庭形式是血缘家庭，此后是普那路亚家庭，这两种家庭都是群婚家庭形式。随着生产力的发展，生产工具的创新，社会的不断演变，尤其是人类社会出现农业和畜牧业后，男性在物质生产领域的优势就显现出来，尤其是"人类社会婚姻家庭形式从群婚走向相对稳定的一对一的配偶关系——对偶家庭"②。从群婚走向个婚，直接影响了人类的生育观念，女性在两种生产中的地位日渐式微，这对女性受压迫地位的形成产生了重要影响。

## 二、私有制是妇女受压迫的根源

### （一）私有制对家庭分工的影响

人类社会经过三次大的分工，生产力不断发展，生产资料高度集中，终于形成了私有制。私有制产生以后，社会基本的经济单位变成了个体家庭，妇女的家务劳动变为一种辅助性的私人性劳动，男性成为生活资料的主要获得者、生产资料的占有者。家庭分工的变化也就决定了家庭财产分配的变化。男性因为在生产中的重要地位而取得了家庭财产的所有权和支配权。因此，男性奴隶主在实行阶级压迫的同时，也产生了对女性的压迫。男性奴隶主在家庭中对妇女的统治，是最初的阶级对立和压迫的具体表现，家庭私有也是最早的私有。

### （二）私有制对婚姻财产关系的影响

私有制确立以后，丈夫便有了由父系嫡亲继承私有财产的要求，由此家庭婚姻关系发展到个婚"一夫一妻制"，这表明，个婚来源于财产关系的变化。"一夫一妻制"的婚姻关系保证了父亲子女的确定性，方便将来继承财产，因此，这种婚姻关系与私有制是同时产生的。正如恩格斯所言："个体婚制在历史上决不是作为男女之间的和好而出现的，更不是作为这种和好的最高形式而出现的。恰好相反，它是作为女性被男性奴役，作为整个史前时代所未有的两性冲突的宣告而出现的。"③ 这种婚姻制度不过是确保私有财产继承而产生的男性对女性的统治。

男子由于具有统治地位并决定着子女的财产继承权，所以妇女在婚姻家庭

---

① 中华女子学院.马克思主义妇女观概论［M］.北京：中国妇女出版社，2002：19.
② 中华女子学院.马克思主义妇女观概论［M］.北京：中国妇女出版社，2002：19.
③ 中共中央马克思恩格斯列宁斯大林著作编译局.马克思恩格斯选集［M］.北京：人民出版社，1995：63.

关系中处于被压迫和不自由的地位。女子成为男子婚姻形式上的私有物，必须要对丈夫从一而终。可见，男女两性关系的冲突，妇女被压迫地位的形成，应该说是多方面因素相互作用的结果，但是私有财产的出现乃至私有制的确立是决定性因素。因此，马克思、恩格斯指出妇女受压迫的根源在于私有制。

## 三、阶级压迫是妇女受压迫的实质

三次社会大分工和私有财产的出现，使剥削阶级占有了社会大部分财产，男性成为实质意义上的统治者。关于阶级对妇女地位的压迫，恩格斯是这样阐述的："在历史上出现的最初的阶级对立，是同个体婚制下的夫妻间的对抗的发展同时发生的。个体婚是一个伟大的历史进步，但同时它同奴隶制和私有财富在一起，却开辟了一个一直继续到今天的时代，在这个时代中，任何进步同时也是相对的退步，一些人的幸福和发展是通过另一些人的痛苦和压抑而实现的。"① 也就是说，阶级压迫与性别压迫具有同步性，阶级对立与夫妻之间的对抗同时发生。在阶级社会中，男性为了奴役广大妇女，不仅在政治上加以制度化，而且在意识形态领域大肆渲染以男性为中心的文化，将男女不平等说成是天经地义、不可更改的，用以达到在精神上奴役妇女的目的。妇女被贬低的地位，从起初的反抗逐渐被披上了伪善的外衣，阶级压迫与男性对女性的奴役同时发生。也可以说，性别压迫具有阶级压迫的性质。同时，我们从中发现了历史进步的悖论，一些人成为历史进步的目的（受益者），一些人则成为历史进步的手段（牺牲品）。从妇女地位的演变中，我们看到了这种历史发展与两性关系的悖论。用恩格斯的话来说，剥削阶级的幸福与发展是以被剥削阶级的痛苦与压抑为代价的；男性的幸福与发展是以女性的痛苦与压抑为代价的。可见，妇女受压迫的历史一开始就是带有世界性的，尽管不同时期不同民族表现形式各有不同。但有一点是相同的，即阶级社会中，妇女处于社会最底层，她们不仅与政治生活无缘，经济生活也被贬低，并且在精神上受到奴役和压制。妇女受压迫的实质在于阶级压迫，男性对女性的统治实际上是一种阶级统治。

■ **延伸阅读** ■----------------------

### 马克思主义女性思想对中国家务劳动社会化的启示

习近平指出："尽管我们所处的时代同马克思所处的时代相比发生了巨大而深刻的变化，但从世界社会主义500年的大视野来看，我们依然处在马克思

---

① 恩格斯. 家庭、私有制和国家的起源［M］. 北京：人民出版社，1972：62.

主义所指明的历史时代。"①

**1. 加强生产力的发展，提供物质前提条件**

科技发展到今天，女性创造的经济价值也越来越多。生产力的发展，生产工具的不断优化，会使男女的生理差异对工作的影响降到可以忽略不计的地步。生产力水平的提高，能为女性减少家务劳动的时间提供物质和技术基础。因此，发展生产力是推进家务劳动社会化进程的首要前提。

**2. 消除传统性别观念，树立女性主体意识**

要改变"男主外，女主内"的传统性别分工模式，使女性不再被家庭所束缚与捆绑。消除性别偏见，激励人们关注家务劳动的价值，将家务劳动与社会劳动同等看待，有助于推进家务劳动社会化，促进男女平等国策的落实。

**3. 健全完善法律体系，提供配套制度保障**

要大力发展家务劳动相关的行业，完善婚姻法中对家务劳动者的权益保障，鼓励婚姻双方共同承担家务劳动。增加对反歧视的法律规定来有效规制用人单位对妇女的歧视行为，以此来更好保障妇女在就业中享受平等权益。

**4. 重视女性两种生产，缓解双重角色矛盾**

女性作为生育过程的主要承担者，进行人类自身生产的时间会大大挤压或占据她们进行物质资料生产的时间，从而会影响女性的职业发展或增大她们的生育成本。女性在生育之外，应该和男性拥有同样的机会加入物质资料生产活动中。

（摘自《马克思主义女性思想的当代价值》）

# 第三节　妇女解放的途径

## 一、妇女解放的根本途径是消灭私有制

马克思阐述这样的思想：妇女要摆脱剥削，求得解放，就必须铲除私有制，建立生产资料公有制，才能消灭人剥削人的经济根源，彻底铲除妇女受压

---

① 习近平. 深刻认识马克思主义的时代意义和现实意义 继续推进马克思主义中国化时代化大众化［N］. 人民日报，2017-9-30（1）.

迫、男女不平等的根基。私有制是阶级压迫的根源，也是性别压迫的根源。无产阶级所处的社会经济地位要求只有废除了私有制，废除人压迫人、人剥削人的制度，才能使自己摆脱被剥削被压迫的境地。无产阶级只有解放全人类，才能最终解放自己。如果没有占人类半数的妇女的解放，也无法获得人类的最后解放。妇女解放与无产阶级、人类解放的目标是完全一致的。但是，社会发展受生产力水平制约，并不是说只要消灭私有制，妇女问题就解决了。既然私有制是生产力发展到一定阶段的产物，那么它的消亡同样是随着生产力发展而自然消亡的过程。

## 二、妇女解放的先决条件是参与社会劳动

社会劳动是劳动者与社会上其他成员发生直接关系的生产性劳动和非生产性劳动的总和。生产性劳动是劳动者为创造物质财富而进行的劳动，它包括一切生产领域的劳动者的劳动、作为生产过程在流通领域继续的那部分劳动、各种生产性劳动等。而非生产性劳动是指不创造物质财富的一切非生产部门的劳动者的劳动。在社会劳动中，生产劳动是基础。非生产性劳动是随着生产力的发展和社会分工的出现，逐渐从生产中分化出来的为生产性劳动服务的劳动。生产性劳动和非生产性劳动是社会总劳动中不可分割的两个组成部分。随着生产力水平的提高，生产性劳动将相对减少，非生产性劳动，特别是直接为生产服务的那部分劳动将相对增加，如管理、金融、服务、科研、文教、卫生等。只有妇女参加社会劳动之中，男性不再是家庭收入的唯一来源时，才能够改变男性在家庭中的绝对的支配地位。女性在经济上对男性的依附性，使得她们很难改变在婚姻生活中被支配的地位。妇女在家庭中要实现与男性平等的地位，就必须回归社会劳动中。

## 三、家务劳动社会化是妇女解放的必要途径

家务劳动社会化产生于19世纪的资本主义社会。机器大工业把妇女卷入社会化大生产行列，使家务劳动从家庭中分离出来，并开始走向社会化。20世纪下半叶，以商业、服务业为主的第三产业的高度发展，促使家务劳动社会化的程度迅速提高。中国为家庭提供生活服务的家务服务业始于20世纪50年代末，20世纪70年代后有较快的发展。家务服务业的形式分为两种：国家、集体兴办的家务劳动服务公司和街道自办的生活服务业。家务劳动社会化是妇女解放的重要组成部分，已成为一项重要的社会目标。它可以从根本上大大减轻妇女从事家务劳动的强度，使她们有更多的时间发展体力和智力，有充沛的

精力从事社会生产以至于完善自身，从而提高妇女的社会、经济地位。妇女在家庭中要抚养和教育子女，照料长辈，从事家务劳动，如果不能把私人的家务劳动融化在公共事务中，不能减轻女性在家庭中的重担，那么妇女则没有办法从家庭的束缚中抽离出来，把更多的时间和精力放到社会工作之中。

## 案例分享

"做了5个月全职妈妈，我放弃了。"Yoyo是某媒体主编，疫情期间，公司业务结构调整，Yoyo盼了好几年的事终于实现了：辞职回家，好好照顾孩子，弥补这么多年对孩子的亏欠。然而现实却给Yoyo泼了一盆冷水，全职妈妈的生活跟她想象得完全不一样。Yoyo说，以前做记者、编辑、管理工作、学术研究、写东西，所有的工作加起来，都没有"全职妈妈"这个角色对她的挑战大。5个月的时间，Yoyo从资深主编变成家庭主妇，练就了提着20多斤菜爬5楼不歇一口气的功夫。这还不是最难的，最难的是孩子成了她生活的全部：回到家做全职妈妈是不是真正能帮上孩子？孩子在各方面是否有进步？孩子成了Yoyo所有的业绩和KPI。于是Yoyo一天到晚盯着孩子身上的缺点和不完美，催促孩子改正。Yoyo发现，自己变成了一个法西斯妈妈，她常常为了一些小事对孩子大吼大叫，甚至对孩子说出"你比猪还笨"这么难听的话。Yoyo终于忍不住了：出去找工作！否则废的不只自己，还有孩子！

【分析与提示】

参加社会劳动是妇女解放的一个先决条件，放弃社会劳动回归家庭，不仅会让妇女迷失自我，更不利于家庭的和谐氛围。如何解决全职妈妈的困局，不上班没钱，上班没人带娃，提高家务劳动社会化率就显得尤为迫切。

■ 延伸阅读 ■- - - - - - - - - - - - - - - - - - - -

### 守护妇女参与社会劳动的价值（节选）
#### ——从刘清扬到张桂梅

在今年召开的全国脱贫攻坚总结表彰大会上，"献身教育扶贫、点燃大山女孩希望"的张桂梅因身体太弱而坐着轮椅接受表彰。这位从事教育扶贫，扎根边疆教育一线40余年的华坪女子高中校长，十个手指与手掌上贴满了白色的胶布，以保证手能伸开。张桂梅自2008年推动华坪女子高中建校以来，克服重重困难，帮助1800多名女学生走出大山，升入大学，为她们更好融入社会铺平了道路。作为爱岗敬业的代表，张桂梅 2020 年曾因反对学生当全职太太引起热议。

## 妇女参加工作是妇女解放的重要标志

邓颖超在《中国妇女运动的当前任务与方针》中提出，中国妇女运动和中国革命紧密结合在一起，随着中国革命的胜利发展而发展，为中国革命作出了重大贡献。正是在无数妇女先烈抛头颅洒热血，广大农村劳动妇女和女工积极参加劳动的支持下，才有解放战争与新民主主义革命的胜利。在当时，妇女参加工作被视为摆脱被压迫被奴役状态的体现，是实现男女平等的重要成果。

## 跨越 70 年：职业发展是女性尊严和价值的体现

正是意识到妇女职业发展对妇女解放、男女平等的重要性，时隔 70 余年，两位女校的校长——刘清扬和张桂梅都强烈表达了对妇女放弃职业回归家庭的忧虑。在她们看来，职业是女性赖以谋生的根本，是其尊严和价值的体现；女性只有在参与社会劳动实践、奉献社会的过程中才能拥有自食其力的能力。新中国的妇女解放，需要在持续的职业实践中继续前进，是一直在路上的实践。

在社会生活多样化的今天，每个人都有选择自己生存方式的自由，但这并不意味着其价值是等同的。对张桂梅来说，华坪女子中学传授的不仅是知识，同时也是一种对中华人民共和国成立以来妇女解放价值的坚守。实际上，在妇女解放这场"最漫长的革命"过程中，中国的妇女解放能获得今天的成就，离不开一代代的价值守护者。

（摘自李飞《中国妇女报》2021 年 4 月 13 日，有删改）

# 第二章　社会性别理论

本章导读

进入 20 世纪以来，西方女性主义理论在多元文化和经济全球化的推动下呈现出百花齐放、百家争鸣的发展态势，女性主义学者们不仅满足于争取女性的权利平等、追求女性地位的改善，更将研究视角推向从根本上追求一种新的社会秩序、社会关系和社会模式，以期形成男女平等的社会模式。在发展的过程中，女性主义理论从简单的男女平权主义，到精深的理论思辨，它以性别为基本视角，批判地继承了各类文化思想，致力于解构深层社会意识、思维习惯和文化符码，试图用另一种视角探索世界。

## 第一节　社会性别理论的产生

在 19 世纪末 20 世纪初，"女性主义"开始流行于英、美等国家，起初它是用来描述当时的妇女争取选举权运动。但在 20 世纪 60—70 年代期间，伴随着第二次妇女解放运动，"女性主义"被赋予了越来越丰富的含义，它泛指为妇女争取平等权利和机会的一种信仰和行为，即一个社会变革的建议，一种力求结束妇女压迫的运动，其丰富多元的理论体系和理论内涵推动着西方乃至全世界女性解放事业的发展。

### 一、社会发展过程中的女性意识觉醒

#### （一）"人权"与"民主"的社会呼声推动思潮的产生

西方女性思潮起源于西方的妇女运动，有着悠久的历史。理论的产生离不

开社会运动的强力支持，众多女性在各种社会运动中受到思想的启蒙和洗礼，她们为推翻瓦解落后的社会制度，争取平等、民主、自由等权利与男性并肩作战。但在运动取得胜利时，女性却没有享受到与男性同等的公民权利，长期被压抑的女性意识开始觉醒。柏拉图的《理想国》中有关男女同赋、女性参加公共事业管理、倡导提高女性地位、重视发挥女性的社会作用等思想为西方女性主义思潮提供了理论源泉，并成为西方女性主义理论不断发展壮大的基础。其后，文艺复兴时期的个性解放、启蒙时期的天赋人权和平等思想在开启女性主义意识的觉醒、倡导女性主体思想等方面都产生了积极的影响。

**1. 倡导男女平等，对封建等级制度提出批判**

时代赋予了文艺复兴时期的思想家们反封建、反暴政、反教会的历史使命，他们高举平等、自由的大旗，大胆反对封建专政，冲破等级藩篱，倡导男女平等。意大利作家薄伽丘明确主张女性应该与男性享有同等的权利和社会地位。他认为："女性的才智并不比男性差，男女应该而且必须平等。"①

**2. 对个性解放和意志自由提出了要求**

文艺复兴时期的思想家们认为：人应当从封建和宗教的束缚中解脱出来，尽情彰显自由的人类天性，依照人的本性去自由自在地生活。他们提倡对现实世俗幸福生活的追求，坚持用人权反对神权，用人性反对神性，反对禁欲主义，并鼓励人们去追求现实的幸福生活和世俗的享乐，着重强调现实生活的意义，倡导积极生活的态度。达·芬奇的《蒙娜丽莎》描绘了一个少妇形象，她珠圆玉润，血肉丰满，沉浸在现实美好的生活之中，享受着幸福而甜美的生活，这象征着人间的美好生活，而她的微笑与僵硬冰冷、空虚无边的圣母像形成了巨大的反差。这一时期的很多作品表明：不管是男性还是女性，都是一个有尊严、有价值的个体，他们同样拥有追求幸福生活的权利，女性应该为了争取自己应有的权利而积极投身于现实社会生活，以此来改造社会，改变现有的生存状态。虽然在那个时期，女性仍然受到男权意识的压制，但她们已经敢于发出自己的声音，向男性世界、男权意识和男权制度发出挑战。

**3. 对女性尊严的充分尊重**

文艺复兴时期的思想家们在强调人的价值、地位和尊严的同时也热情赞美女性的智慧、勇气和理性。例如，拉斐尔最擅长画圣母像，他笔下的圣母和人间母亲一样具有慈祥、善良、贤惠的品性，这相对于以前的冰冷的圣母形象是

① 王春红. 薄伽丘的婚恋观 [J]. 运城高等专科学校学报，2001（2）：12.

一个很大的进步。这些有血有肉的女性形象透露出个性解放、自由和个体价值平等的思想，这些艺术作品从侧面不同程度地冲破了传统观念对女性的压制和偏见，大胆歌颂了女性的伟大之处。

### （二）在两次世界大战中所激发的思考

#### 1. 扩大了女性参与社会劳动的范围

战争开始后，大量男性从军导致参战国家各行各业均出现劳动力短缺的现象。与此同时，战争前线对医护人员和后勤保障人员的需求也随着战争的推移而逐步增大，这就为女性参加社会劳动提供了有利的机会。于是，众多女性从家庭走向社会，成为工厂、商店、办公室的一员。

#### 2. 促进妇女角色的转变

第一次世界大战加速推动了经济、政治、文化的历史变革，女性成为维系经济和社会生活的有生力量。战争促使女性填补了男性留下的社会责任和角色的空白，工作角色的转变给这些女性带来了更多的自信，从而使其产生了思想上的深刻变化，不少文学作品和照片中记录下了当时女性的活动。在第二次世界大战中，女性所发挥的作用远远地超过了她们在一战中的作用，她们不仅维持了社会的正常运转，而且促进了工业产量的提升。在这场战争中，妇女的地位发生了历史性的变化。第二次世界大战的战火波及交战国国家的各个方面，交战国国内的妇女同样不能免于战火的侵害，她们成为战争的直接参与者和受害者。

### （三）多元化和全球化思潮的孕育

在价值多元化、经济全球化不断深入的背景下，西方保守主义的影响和新自由主义政党政策的启迪，使西方女性的精神生活在社会生活方面显示出特有的历史特征。

#### 1. 西方女性主义思潮发展多元化

多元文化主义主要是一种以寻求多族群共存为主要内容的政治思想和政策实践，是 20 世纪后半期在美国兴起的一种政治和社会理论，其广泛活跃于学术、教育和政治界，其研究范围涉及女性主义、文化研究、政治理论、民族主义等多个学科范畴。哈贝马斯的宪政民主思想、解构主义和 C·泰勒的"政治承认"三方面理论共同构成了多元文化的思想基础。在这些理论思想的共同作用下，多元文化主义提出了"承认"和"平等"的问题来解决少数民族以及其他亚文化群体所提出的各种要求。而女性主义伴随着 200 多年的国际妇女运动，在社会实践的指导下发展，反过来又促进妇女运动走向深入，已经成为批判资本主义社会两性不平等问题的生力军。在这些有生力量的推进下，女性越来越多地进入议会、立法机关，但不容忽视且隐藏更深的问题是：某些掌握权力的女性或者女性群体在客观上仍然受到男性主流价值观的影响，甚至依附于男性主流价值观。那么，在多元文化的碰撞下，西方女性主义思潮应该怎么做才能不失偏颇、兼容并蓄地指导妇女运动的开展？这就要求我们思考在新的背景、新的条件下如何才能更准确地诠释并丰富女性主义的新内涵。

**2. 全球化影响西方女性主义思潮的走向**

在新自由主义和全球市场环境中，伴随着西方女性主义对性别意识形态批判的过程，对女性性别——社会性别和生理性别的淡化成为一种文化现象。这种文化现象产生了严重的后果，对此，许多学者针对"女性男性化"这个在20 世纪 60 年代第二次女性主义思潮中产生的问题进行了深刻的反思和批判，对男性主流价值观和男性中心主义对女性在政治和思想上的统治进行了深入思考。这种思考进一步辨明了女性的社会性别和生理性别，对性别政治、性别差异的问题进行了拓展性研究，促使女性主义研究方向从单纯的文化研究过渡到对性别问题的研究。这一走向对西方女性主义思潮的发展影响重大。

**3. 西方女性主义思潮与西方保守主义的对峙**

西方保守主义对女性主义的崛起产生了强烈的不满，并由此产生了强烈的抵制。保守主义者为了约束女性，向女性灌输西方传统的道德伦理、传统的价值观念，强调女性有取悦丈夫的家庭责任。他们将这种观点不断推向各阶层，特别是中产阶级女性，并使之不断强化，使不少女性认为自己发挥人生价值的地方应该是家庭。保守主义者认为女性从事服务行业比男性从事服务行业更合理，也更适合，所以对于服务家庭而言，女性应该充分发挥其奉献和牺牲精神。在这种观点的引导下，女性自身也更愿意留在家庭中。但事实上，正如玛丽·沃斯通克拉夫特在《女权辩护》一书中所说："'男主外，女主内'的生活方式，其结果必然是牺牲了女性身体健康和精神自由，使女性只能活在男性提供的有限空间和时间中，成为'羽毛族'。"[1] 这个"羽毛族"的比喻也明确传达出女性身体、心理的双重劣势，这导致女性自身在家中无法具有决定权和决策地位。保守主义者希望将女性禁锢在家中，从而导致女性失去在社会生活中

---

[1]　玛丽·沃斯通克拉夫特. 女权辩护［M］. 王蓁，译. 北京：商务印书馆，1995：56.

得到锻炼的机会，进而使女性理性潜能逐渐丧失，最终成为非理性、情绪化的代名词。这就造成了女性在经济、政治、文化生活中的弱势地位，即在经济上，不要求独立，却要求掌管家庭的收支权利；在政治上，模糊性别平等意识，不主张女性参与国家事务，不争取女性的民主权利；在文化上，把人生目标定位于体面地消费和无节制的物质享受。

## 二、生产力水平的不断发展提升

后工业时代加快了新型西方女性主义思潮的产生。后工业时代促使人类社会迅猛发展，科学技术占据了日益重要的位置。科技改变生活，社会生活中大到整个行业，小到个体都离不开科学技术。科技产生的便捷为人类开启了一片崭新的天地。后工业时代在发展过程中，出现了与以往时代不同的特征。

### （一）全球化对妇女来说是喜忧参半

信息技术的发展带来了人类活动的全球化，金融、工业、商业市场随之开放。为适应市场需求，经济体制不断变革，最终影响了国家经济政策的变动和政治部署的转变。同时，经济的发展也带来文化的繁荣，科技的不断进步更新着文化传播的方式和途径，改变了文化的内涵，使不同的文化相互交织渗透。换句话说，无论是经济、政治、文化、社会，或是其他任何领域都离不开全球化的运作。一方面，它在某种程度上增加了女性的就业岗位，有些专家用"劳动力女性化"来形容全球化影响下有薪酬职业妇女所占比例增多的世界就业格局。妇女对新技术的掌握大大地增强了她们的就业自主性，扩大了她们在生活中的选择范围，加强了她们的自尊，扩大了她们在社会中的影响，并提高了她们的社会地位。另一方面，全球化虽然为妇女发展带来机会，却并没有减轻或消除社会性别歧视的现象，也没有缓解男女不平等的现象。在全世界范围内，妇女进入信息技术行业的速度一直比较慢，她们基本上被排除在信息技术和发展领域之外。在农业方面，全球化使许多发展中国家的农业同市场的关系日益扩大，在农业市场化和机械化进程中，大多数农村妇女在家庭和社会中处于不利位置，这使她们的利益无论在资源占有上，还是获得进入农业市场的渠道上都没有得到充分体现。西方女性主义思潮面对着这样的经济环境和文化环境，其自身也产生了国际化的趋势，兼容并蓄，在女性为夺取经济平等的进程中不断发展。

### （二）人的异化加剧伴随着先进技术的不断涌现

人类对电脑网络的过分依赖导致人际关系趋于简单化，社交网站成为人与人交流的平台，这个平台使人们忽视了现实生活中的人与人的交往；过分崇拜物质，人类被金钱所奴役，人情淡化、感情物化、亲情冷漠化等，这些问题给整个社会带来了不小的危害，也迫使许多社会问题学者深刻思考其中缘由。这些问题也成为西方女性主义思潮关注的新焦点，并通过女性主义独特的角度加以阐释，丰富了生态主义女性主义、后现代女性主义等女性流派的内容。

## 案例分享

　　资本主义全球化日益蓬勃发展，它带给全球女性不小的影响和冲击。随着资本主义全球化的日益演进，大量的妇女加入劳动行列。2003年，妇女在劳动力中的比例在全球范围已达近60%，比全球化尚未展开的1980年增加了近16%。那么，妇女劳动力人数的增长是否预示着女性地位的变化？

　　在发展中国家，妇女是底层中的底层，穷人中的穷人。在所谓"全球化平台"的出口加工区，血汗工厂林立，成千上万的妇女艰辛劳作，她们只能得到最低的报酬，没有任何保障，没有任何权利。在某个不发达国家的服装业工作的工人约有40万人，其中，90%是妇女。她们每天所得的工资少于1美元。而当这些女工为争取自己的利益组织起来进行斗争，像1997年雅加达1万名女工要求得到最低限度的工资进行罢工斗争时，资本家便从邻国找到更加廉价的劳动力来代替她们。在工业化国家，工薪部门中妇女所领工资平均为男子的77%，在发展中国家则为73%。即使是在发达国家，男女之间同工不同酬的情况也很普遍。

### 【分析与提示】

　　经济全球化的重要特征是资本国际化，这无疑强化了资本、资本家、公司的地位和重要性。跨国公司纷纷向劳动力廉价、没有社会保障和工会组织薄弱的国家和地区转移，在全球发起了"为最低工资的竞争"，导致发展中国家血汗工厂林立，工人成为廉价的赚钱工具，发达国家工人工资和待遇下降，失业人数增加。人们大量关注的问题是国别不平等、阶级不平等或种族不平等，而实际上这种不平等在性别上的表现尤其是对妇女而言，更为触目惊心。妇女处在国家、阶级、种族各种压迫的交叉点上，是遭受不平等对待最严重的群体，是收入分配不公平的最大受害者。

### 文艺复兴时期妇女意识的觉醒

文艺复兴时期的女性开始了自我意识的觉醒和对平等的追求。15世纪时，随着印刷术的发展，意大利出现了一些得到高程度教育的知识女性，她们开始突破社会文化对女性的限制和束缚，通过学习拉丁语和参与人文主义研究，涌现出少数杰出的文学女性。她们用微弱的声音表达了女性的愿望，用独特的视角和文笔展现了女性的风貌和才华。17世纪出版的书籍中有2％出自当时的女作家。与男性作家相比，这个数字微乎其微，但是这些女性作家通过自身觉醒震撼了文艺复兴时期的社会。

14世纪，克里斯蒂娜·德·皮桑以诗才横溢和独到的女性观念傲然于世，她的《妇女城》是知识女性在文艺复兴时期的第一声呐喊。这部不朽之作以古典文化中杰出的女性为原型，刻画了贤良优雅的淑女形象。整本书洋溢着积极进取的精神，该书的主要目标是驳斥男人对妇女的指责。克里斯蒂娜希望通过作品反抗社会对女性的限制和压迫，为贤良淑德的女性寻求可以保护自身的地方，得到幸福和自信。克里斯蒂娜的另外一部作品对教士进行了猛烈抨击，她坚持认为，如果小女孩能够受到良好的教育的话，就会和男孩子一样很好地"领悟艺术和科学的一切奥妙"。文艺复兴时期思想开始得到了解放，但女性的思想解放的步伐还远远落后。克里斯蒂娜是欧洲第一个完全独立的职业女作家，她以男女平等为基调，处理着关于女性权利的问题。

-------------------------------------■

# 第二节　性别理论产生的理论基础

性别理论的产生与发展离不开对性别问题的深刻思考。随着社会的发展、生产力水平的不断提高，社会文化逐渐关注并重视对两性关系的认识，这离不开西方社会主流思想的影响。

## 一、自由平等、天赋人权的思想

18世纪中叶，工业化的发展引发了社会生产力和生产方式的变革，动摇了封建社会的基础。为挑战封建社会的暴君制度，以孟德斯鸠、狄德罗、卢梭等人为代表的一大批思想家高举反对封建专制的旗帜，提出平等自由、天赋人权的思想，并对作为人类另一半的女性也给予了更多关注和重视，妇女的权利也被首次置于民主、平等的价值体系中被重新审视。他们阐述了大量关于男女平等和性别问题的见解，这些思想极大地启发了女性的心智，激发了女性的觉醒。

### （一）主张男女平等的思想

资产阶级启蒙思想家所倡导的男女平等思想是建立在自由平等、天赋人权的理论基础上的。在这场运动中，"女性作为人的价值，首次在自由、平等、博爱的雷雨中得到洗礼，启蒙思想家喊出了石破天惊的呐喊——女人和男人一样属于共同的人类"。[①] 伏尔泰撰文赞美妇女的智慧和勇敢，并对社会对女性的不公平态度进行了谴责。孟德斯鸠在《论法的精神》一书中认为，自由、平等是人们的自然权利，即使在人类从自然状态进入社会状态的前提下，这种自然权利也是不能够被剥夺的，自由、平等是上天赋予人的权利，法律应该加以保护。按照自然法则，男女两性在天性上也应当是平等的。孟德斯鸠关注和同情女性的处境，他认为如果男子拥有休婚的权利，那么女子应该具有同样的权利，尤其是在受到压迫或剥削的恶劣生存环境下，法律应该明确保护女性的婚姻自由。狄德罗则从生理学的角度阐述了男女平等的思想，"就生理而言，妇女与男子的生理结构是不同的，但是特定的生理器官，在组织上和功能上却完全和男性器官一样。因此，不要说女人是与男人完全不同的一个人种，她完全和男人一样，既不是天神，也不是牲畜，她是男人的伴侣和合作者"。但这些大师是站在男性角度下来谈妇女解放，因此他们充满矛盾性。一方面，他们同情和怜悯女性的地位和处境；另一方面，他们又对妇女平等独立抱有恐惧心理，怕因此而侵害到男性自身的利益。

### （二）主张赋予女性平等的受教育权利

男女两性的受教育水平反映出性别权力的关系，女性受教育水平的程度是衡量其地位的重要标准。启蒙思想家们承认这一社会现实，即在资本主义制度下男女并不平等，并提出解决这一问题的重要方法是实行男女平等的教育。例如，在《爱弥儿》中，卢梭的女性教育是以家庭为中心而展开的，按年龄对女子施教。教育内容主要包括：健康教育、德性教育、知识教育、劳动教育、爱

---

① 闵冬潮. 国际妇女运动［M］. 郑州：河南人民出版社，1991：72.

情教育等方面。卢梭理想中的女性就是要有健康的体质、机智的才能、理性的头脑、高雅的修养、温柔的性格，为人谦逊却又端庄大方。女性接受教育，既是她自身发展的需要，也是为了让她更好地承担家庭责任，特别是在教育孩子方面的责任。他认为，如果不这样来教育女性，是无助于她们的幸福的。

### （三）主张男女政治权利平等

最早提出女性政治权利问题的是法国思想家孔多塞，1789 年他发表了《妇女应享有公民权》，公开为女性争取政治权利。他指出，如果剥夺女性参与法律制定的权利，不给予女性平等的公民权，那就是法律中权利平等的原则成了一纸空文，毫无效力可言。"人权仅仅是由于人是有理智的动物而产生，可以接受道德思想，可以按这些思想来进行思考。同样具有这些人类本质的妇女却不能享有男子同样的权利，这是对自然权利的歪曲。"[①] 他认为，基于自然法则，男女两性是完全平等的，应当赋予妇女政治权利，以实现妇女全部的公民权。这些思想成为 20 世纪西方女性主义思潮发展的重要理论来源和支柱，成为女性主义发展的基础。

## 二、以社会性别理论为依据

### （一）安·奥克利的社会性别理论

安·奥克利是最早在社会科学领域对社会性别进行研究的女性主义学者。在 20 世纪 70 年代初，她区别出社会性别和生理性别的不同之处，她认为生理性别中的男性与女性是从解剖学和心理学上而言的，其突出的是生物学属性，而社会性别显然与这个不同，它是社会政治构建出来的男性气质或女性气质。她将研究的重点放在男女在社会中的分工和家庭中的分工上，并得出结论：社会分工的不同并不单纯是基于男性和女性在生物学上的差别，更多的是人为造成的性别不对等的传统规矩。这就揭示了社会文化层面的男女两性不平等是从社会性别角度来看的。

### （二）其他学者的社会性别理论

20 世纪 90 年代以后，学术界开始普遍关心男女两性所带来的有关性别话题的探讨及其所构成的社会结构。女性主义理论转向更深层次的思考，她们致力于从其他方面研究社会性别问题，她们借助社会性别研究与阶级、种族、人

---

① 刘显娅. 论法国启蒙思想家的妇女观 [J]. 前沿，2001 (2)：32.

权和其他不同权利形式之间的关系来分析社会性别中的社会心理和文化的能动性。其中，最具代表性的当属美国女权主义者、社会活动家贝尔·胡克斯，她的著作以对种族、性别、阶级和文化的关系分析著名，深入研究了造成人类两性不平等的社会因素，从中阐明了种族、性别、阶级和文化等因素对社会压迫所起到的作用和反作用，并找出这些因素相互作用的思想渊源。在她之后，西方女性主义文学代表人物琼·W. 斯科特在《女性主义与历史》一书的序言中也响应了贝尔·胡克斯的主张。她强调要重视女性不同群体或相同群体间在文化、种族、性别、阶级和阶层中的异同，并寻找这其中的联系。这些有关社会性别的理论不断融入女性主义理论的研究范畴，大大丰富了女性主义理论的内涵和外延，为西方女性主义思潮的前进提供了强大的理论支持，奠定了扎实的文化基础。

### 三、后现代主义思潮的推动

后现代主义是指 20 世纪 60 年代以来整个西方以反传统哲学为特征的社会思潮和文化思潮，也是对现代文化哲学和精神价值取向进行批判和解构的一种哲学思维方式和态度，其独特的颠覆性和挑战性成为当时具有重要影响力的流派。这一反现代性思潮虽然孕育于 20 世纪 30 年代现代主义的母胎，但主要是后现代社会适应科学技术革命发展需要的产物，也是美国社会危机和精神异化的反映。在欧洲，以德里达、福柯、巴尔特等为代表的后结构主义者企图从批判早期结构主义的一些基本观念出发来消解和否定整个传统西方体系哲学的基本观念；在美国，奎因、罗蒂等哲学家企图通过重新构建实用主义来批判、超越近现代西方哲学。他们既否定笛卡儿以来的西方哲学，又否定尼采以来的现代哲学。正是 20 世纪 60 年代兴起的后结构主义和新实用主义标志着后现代主义的建构。后现代主义者反对把历史看成一个连续的、进步的过程。后现代主义的核心主张就是反理性主义，其具有非历史深度性、多元共同性、否定和消解思维的特征，强调"不确定性""非中心性""非整体性""非连续性"。后现代女性主义借鉴了后现代主义思潮的内容，对现代女性主义各流派长达百年的理论纷争进行反思，力图从一个全新的角度探寻妇女解放的问题。他们否定宏大的理论体系，试图对男性话语权进行解构，反对本质主义和普遍主义，破除日常生活中的标准化和正常化，关注女性主体性的观点促进了女性主义变革式的发展。

**案例分享**

1995 年 9 月 4 日—15 日，联合国第四次世界妇女大会在北京国际会议中心举行，189 个国家和地区的代表，联合国系统各组织和专门机构及有关政府间和非政府组织的代表共 1.7 万余人出席了会议。以全国人大常委会副委员长，时任全国妇联主席的陈慕华为团长的中国代表团（共有成员 81 人）出席了会议。作为大会东道国，中国于 9 月 4 日在人民大会堂举行欢迎仪式，约 1 万人参加。欢迎仪式由时任第四届世界妇女大会中国组委会主席、国务委员的彭珮云主持，时任国家主席的江泽民、联合国秘书长的私人代表基塔尼和第四届世妇会大会秘书长蒙盖拉夫人分别致辞。

会议分为全会和两个委员会同时进行。全会主要进行一般性辩论，两个委员会分别负责磋商《北京宣言》和《行动纲领》。在全会的一般性辩论中，政府代表团代表、联合国系统各组织和专门机构及有关政府组织代表共 270 多人发言。

**【分析与提示】**

第四次妇女大会是联合国历史上规模空前、参加人数最多的一次盛会，也是中国政府承办的规模最大的一次全球性国际会议。本次大会通过的《北京宣言》和《行动纲领》，对促进男女平等、提高妇女地位，对下一世纪人类的和平与发展产生了积极而深刻的影响，是世界妇女发展史上的一个重要里程碑。

■ **延伸阅读** ■--------------------

保障妇女权益必须上升为国家意志。要以疫后恢复为契机，为妇女参政提供新机遇，提高妇女参与国家和经济文化社会事务管理水平。我们要消除针对妇女的偏见、歧视、暴力，让性别平等真正成为全社会共同遵循的行为规范和价值标准。

——习近平

这段话出自 2020 年 10 月 1 日习近平在联合国大会纪念北京世界妇女大会 25 周年高级别会议上的讲话。联合国自诞生之日起就将提高妇女地位、促进男女平等视为自己神圣的职责。中华人民共和国成立 70 多年来，也始终在践行着这一点：促进男女平等的政策法规不断地完善和落实，保障妇女权益的立法、执法力度持续加大，妇女权益进一步得到了保障；女性发展水平不断提高，广大妇女社会参与的意识进一步增强。习近平指出，保障妇女权益必须上升为国家意志，让性别平等真正成为全社会共同遵循的行为规范和价值标准。这要求我们不断提高妇女地位，推动妇女事业的发展。具体而言，可从以下方面着手：促进公平教育，提升妇女整体素质和综合素养，推进妇女终身教育和性别平等教育；不断完善、保障妇女权益的法治体系，增强妇女维护自身合法权益的意识和能力；促进女性平等就业，提高女性劳动参与率，消除就业性别歧视；推进妇女参与决策和管理人数的增加和水平的提升；为妇女提供公平可及的医疗卫生保健服务，提高妇女的健康水平；加大对妇女特殊人群的社会救助力度，提高妇女享有社会保障和社会福利的水平；注重发挥家庭、家教、家风建设在基层社会治理中的重要作用，为妇女发展营造良好的家庭环境，增强妇女的获得感、幸福感和安全感。这样，才能让性别平等真正成为全社会共同遵循的行为规范和价值标准。

（孙晓梅）

# 第三节　社会性别理论的主要内容

社会性别理论是随着女性主义学者对于社会性别概念研究的不断深入而逐渐丰富和发展起来的。其主要体现在社会性别差异及表现、社会性别角色塑造、社会性别制度产生的机制等方面。

## 一、社会性别概念的由来

### （一）性别

性别，《现代汉语词典》中解释为：雌雄两性的区别，通常指男女两性的区别。

### （二）生理性别和社会性别

性别代表男女。

男性：胡须、喉结、高大、勇敢、冒险。

女性：乳房、子宫、温柔、善良。

现在，如果改变一下，我们就会发现，这些词当中，有的性别特征是与生俱来的，是某一性别所特有的，比如喉结、子宫；有的是两性都有的，不是天生如此，而是在后天成长过程中逐渐形成的，也是一个人社会化的结果。因此，性别又可以分为生理性别和社会性别。

## 1. 生理性别

生理性别，通常指的是解剖学意义上的性别。sex，也被称为"性""生理性别"，是依据不同的染色体、解剖构造、性激素、身体形态和生理机能等来判定两性的差别。

20 世纪 70 年代以前，人们通常是从解剖学特征入手来区分两性的。例如，根据外生殖器和体内生殖器来分辨男女。

20 世纪 70 年代以后，染色体测量成为判定性别的主要方法。例如，国际奥林匹克运动会就曾以检验染色体来确认运动员的性别。

人的个体有 46 条 23 对染色体，最后一对染色体为性染色体。女性性染色体由两条 X 组成，男性染色体由 XY 组成。不同的染色体结构决定了人的性别。

染色体决定人的性器官、性腺等一系列生理特征的形成，可以说，染色体是决定人类生物性别的要素。但是，染色体并不是绝对的，现实中有一些个体的染色体是 XYY、XO、XXX、XXY。

胎儿的性别分化还受到性激素的影响。

"性"是一种遗传因素和生物学因素决定的分类，而且终生不会自动改变。

尽管生物学因素对一个人有一定影响，却不会成为影响其行为和个性的决定性因素，更不能影响一个人的社会认识。比如，我们的有些行为应该得到肯定，有些行为将被人鄙视。因为，赋予人类行为不同意义的是文化，而不是基因和激素。

## 2. 社会性别

"社会性别（gender）"这个词最早出现在 20 世纪 70 年代初的国际妇女运动中。20 世纪 80 年代后逐渐被联合国采用，是近年来国际社会分析性别平等的重要的概念与方法。20 世纪 90 年代，这一概念被引入我国。

社会性别（gender）是相对于生理性别（sex）而提出的一个概念。它是指男女之间的社会差异和关系。

在我国，性别（gender）被翻译成社会性别也是为了与生理性别加以区分。

男女两性既存在生理性差异，也存在非天然的社会性差异。

在现实生活中，作为人类性别的双重属性，社会属性的 gender 和生物属性的 sex 还是不能截然分开的。

从理论上区分两个概念，是为了便于从生理、社会两个维度进行分析，现实中生物性别和社会性别是相互关联、相互作用的。

我们将二者从概念上分开，并不是说要割裂二者，而是反对单纯将二者混淆，使女性跳出基于生物决定论的"女人天生是弱者"的宿命的窠臼。

## 二、社会性别理论的主要观点

社会性别理论的主要观点概括起来包括以下几方面：

1. 区分了生理性别和社会性别，认为性别具有双重属性，质疑挑战性别不平等关系。

2. 社会对女性角色和行为的预期，往往是对女性生物性别规定的角色和行为的延伸，社会对女性角色和行为的期待、要求和规范存在刻板印象。

3. 深入挖掘了性别不平等产生的根源，认为制度因素和文化因素是造成男女之间角色和行为差异的决定性因素。

4. 人们现有的性别观念是社会化的结果。

5. 社会性别不是由生物性别决定的，是后天学习与塑造而形成的，因此，它是可以改变的，打破了"女人生而为之"的宿命论观点。

## 三、社会性别相关概念

### （一）性别差异

我们经常说男女有别。如何看待男女之间的性别差异，是理解社会性别概念及其理论观点的前提。有人说"男人是金星，女人是火星"，认为这个差异犹如男女之间的一道鸿沟不可逾越，有人则推崇"男女都一样"的观点。女性主义也因为有的否认差别，有的强调差别而分成不同的流派。

研究表明，对于两性在能力方面的性别差异，研究界并没有定论，大多数研究结果表明男女在能力方面没有太大差异，或者认为存在阶段性差异。

对于男女在性格特质上的差异，多数研究表明，男女在支配性、攻击性、自信、焦虑等方面存在差异，男性通常在支配性、攻击性方面更强，更自信，而女性通常更焦虑。但实际上，这个研究结果往往受研究者的性别定型观念影响。男女在成就动机上存在的差异，更多是受对性别角色的社会态度看法影响，社会对女性妻子、母亲的性别角色定位对女性产生较高成就动机起到了某些限制作用。一个成功的男人，通常也会是一个成功的丈夫、父亲；而一个成功的女性则不一定是成功的妻子、母亲，有时甚至恰恰相反。因此，女性的成就动机会因为惧怕成为失败的妻子、母亲而选择放弃做一个成功者，因而成就动机会被降低。

社会性别理论认为，性别差异不仅包括生物性上的差异，也包括社会性方面的差异。两性之间的生物性差异是客观存在的，但是差别的意义是人所赋予的；两性之间的很多差异是文化建构的产物，或者被夸大延伸，需要重新认识；两性之间的差异是不断变化的；两性之间的差异，不应该构成高低贵贱、尊卑优劣的等级，更不应该成为性别歧视的理由，基于男女两性生理差异而产生的男强女弱、男高女低的传统性别观，将男女两性的生物性差异错误地进行扩大延伸，与两性社会性差异相混淆，把由此产生的性别不平等现象看作理所当然，显然是片面的，是需要批判和纠正的。

## （二）性别气质

所谓男性气质，是指男性应当具有的成就取向，是对完成任务的关注或行为取向的一系列性格和心理特点。女性气质是指女性应当具有同情心、关心他人等亲和取向的一系列性格和心理特点。[1]

男性气质通常被视为有理智、有逻辑、追求真理、坚强有力的，对女性的支配控制权力，是男性气质身份的重要体现。真正的男人是女人和孩子的保护人，男人应该担起养家糊口的责任，家庭的户主通常是男性。

女性气质大多是温柔、亲切、善解人意、被动、依赖的，贤惠和顺从构成女性气质的根本。在传统性别观念中，女人需要男人保护、养活。

一个人在成长过程中，通常是通过学习社会的性别文化和性别角色规范，形成自己对某种性别的认同，并努力成为被社会文化所认可的拥有男性气质的男人或女性气质的女人。生活中，我们通常会把坚毅、勇敢、乐观、幽默等特质归于男性，把美丽、温柔、善良、贤惠等特质作为女性的优秀特质，并且不断朝着这些方面打造自己，努力成为自己心目中或大多数人心目中理想的男人或女人，即拥有所谓的男人味、女人味。由此看来，社会的性别文化和性别角色规范是塑造男性气质与女性气质的根源。

社会性别理论认为，性别气质不是与生俱来的，不是由生理性别所决定的，而是被社会所建构起来的，因此，它不是不可改变的。每个人的成长都是基因与环境共同作用的结果，性别气质并非人的天性使然，而是社会化的结果。社会性别是以生理性别为基础的社会建构，是社会创造的产物。对于男性

---

① 佟新. 社会性别研究导论 [M]. 北京：北京大学出版社，2005.

气质与女性气质的反思，并不是完全否认男性刚强、女性温柔的性格特质，而是反思对性别气质的设立建立在男强女弱、男尊女卑的前提之下。审视并反思性别气质被建构的过程，不是为了改变或消灭性别特质的差异，而是认为性别特质并非自然天赋的，是可以改变、塑造的。所以，"无情未必真豪杰"，男人不是理所当然地拥有霸权男性特质，也可以柔情似水；女人也不一定必须小鸟依人、温顺乖巧，也可以争强好胜，而被冠以"女强人"的帽子。女人强大可以被男性或者全社会接受，而不必故意矮化自己以衬托男性的伟岸、高大、智慧、成功，或者以牺牲爱情、幸福为前提维持和谐稳定的两性关系。心理学家贝姆认为，双性化的人格特质兼具男性与女性气质的优点，既独立自信又谦虚合作，既理性沉稳又热情宽容。因此，拥有这种人格特质的人拥有较强的适应能力，也更容易取得成功。

### （三）性别角色

角色这个词源于戏剧理论，人生如戏，角色用来描述人们在社会舞台上的表现也是非常准确恰当的。每个人在社会大舞台上都会扮演一定的角色，角色既是人们社会地位的外化，也是社会赋予人们的一整套义务准则和行为规范，是社会对处于特定地位上的人的行为的期待。

社会性别理论认为，社会性别角色的分工最初起因于生物属性的区别，但更多取决于社会习俗对性别角色的规定，而性别角色的形成与发展是一个人后天学习、经验积累的结果，是一个人社会化的结果。比如男外女内的性别角色分工，是男性和女性按照性别角色规范自我塑造的结果，最充分地体现了性别角色定型化的特点。由于女性具有生育和哺乳的能力，由女性照顾孩子似乎成了天经地义的事，母职作为性别分工的核心，对女性角色有着深刻的影响。由于对母职的强调，女性更容易被囿于家庭领域，牺牲自我、无私地照顾子女是社会对母职的期待与要求。这种角色期待与规范强化了女性角色的矛盾冲突。对于职业女性来说，则要承受来自职业角色和家庭角色的两方面夹击，因此她们常常表现出顾此失彼的角色紧张。随着我国三胎政策的放开，女性母职的压力进一步加大，难以两全的遗憾则更为强烈。

社会性别理论告诉我们，性别角色并不是一成不变的。随着社会的变迁，父亲和母亲的角色规范正在发生变化，越来越多的父亲愿意也正在积极地参与子女的养育、教育活动中来，更加优化的性别角色分工正在形成。

### （四）性别刻板印象

社会性别理论认为，传统性别文化对于性别差异、性别气质、性别角色存在刻板印象。

性别刻板印象又称性别定型观念,是人们以性别为基础,对男女两性不同性别特征进行概括后形成的相对固定的看法,是人们对男性或女性角色特征的固有印象,它普遍存在于人们的意识中。

这套刻板印象的影响是潜移默化的,而且是很广泛的。人们对男女两性在外表形象、人格特征、角色行为和职业期待等方面都存在性别刻板印象。例如,人们通常认为男性高大健壮,女性娇小玲珑;男性勇敢、坚强,女性温柔、顺从;男性独立、冒险、理性,女性依赖、胆小、感性;男性适合从事竞争性、开拓性的工作,女性则适合从事家务及服务性工作,女性更适合从事服务性工作已成为社会约定俗成的观念。

社会性别理论认为,性别刻板印象并不是两性差异的必然结果,而是社会文化所赋予的。性别刻板印象固化了两性的角色标准,夸大了两性差异,对两性发展都会产生不利影响。克服性别刻板印象,摆脱传统性别角色的限制,打破男外女内刻板化的性别角色分工,将有利于树立正确的性别观,有利于两性自由发展,更有利于女性的全面发展。

## 四、社会性别理论的作用

### (一)社会性别理论构建了性别研究新的理论知识体系

社会性别理论将性别的社会文化差异与生物性差异区别开来,对性别概念进行重新认识与定义,打破了西方性别理论的"二元论"和"两分法",批判了女性天生就是弱者的宿命观,对传统性别不平等关系提出了反思、质疑、批判和挑战。

### (二)社会性别理论为性别研究提供了新的观察视角和研究方法

社会性别理论从分析最基本的社会关系——两性关系入手,探寻社会关系和社会制度的根源与本质,从而将社会性别理论变成强有力的政治、经济和社会文化的分析工具,发现政治、经济、文化等领域中性别不平等的现象,找出其产生的根源以及传承延续的脉络,为批判进而消除政治、经济、文化等领域中存在的性别不平等现象提供了理论依据和方法手段。

社会性别理论深入揭示了两性关系的政治本质,即"性的政治"或"性别政治"。社会性别理论认为,"二元论"和"两分法"造成了私人领域与公共领域、自然和文化、女人世界与男人世界的对立。在私人领域与公共领域的二元对立中,私人领域代表了伦理、情感、混乱、无序,公共领域则表现出理性、克制、秩序、和谐，因而公共领域在本质上优越于私人领域，并制约私人领域；在自然与文化的对立中，文化的表现是对自然的征服力，是科学技术等人类智慧对自然王国的征服。女人世界与男人世界的对立，则是前两种对立关系在社会生活中的反映，女人世界对应的是私人领域，是自然领域，关乎伦理、情感，是无序和混乱的；而男人世界对应的是公共领域，是文化领域，是理性、克制、勇敢和秩序的，因而顺理成章地认为与私人生活、情感和伦理联系着的女性是不适合过公共生活的，换句话说，女性是应该被政治排斥的。这种观点的思想基础就是人们认为女性的本质属性就是从属于男性。

社会性别理论揭示了两性关系的经济本质，即两性的生产关系，认为社会分工导致的经济上的不平等是两性关系其他方面不平等的深刻根源。女性在生产、生育领域中的价值和贡献，没有得到以男权为主导的社会的承认，导致女性自身价值长期被贬抑、被排斥。同时，在经济领域，由于男外女内社会分工的存在，女性放弃外出工作的权利和机会，长期被局限在家庭领域（私人生产领域），即使她们在法律和名义上获得了外出工作的权利，但在男权控制的社会分工结构下，女性在激烈的职场竞争中依然处于劣势，只能被迫屈就于下层、低级、辅助、服务性的工作。这种经济生活中制度化的不平等，又反过来从文化上进一步强调了女性在智力和体力方面的劣势，成为强化父权制的借口。因此，女性只有从私人领域走向公共领域，大量地、社会规模地参加社会生产，才有可能实现真正意义上的解放。

社会性别理论还是一种独特的新的社会文化分析工具。社会性别理论从两性的角度观察社会性别关系是怎样在历史中被不断叙述和塑造的，不断追问人类社会性别意识和性别观念形成的原因，探寻其形成过程，由此得出一个令人震惊的结论，即现存的性别关系是由历史过程中某一特定阶段形成的男性霸权得以持续巩固的结果。男性借助政治、经济上的优势地位，通过一套话语和符号，把自己的价值观和意识形态作为整个社会必须信奉的价值和观念加以灌输，并且通过政治、法律制度不断强化，使女性理所当然地把既存性别差异当作一种宿命来接受。这种深刻的社会文化分析，使社会性别理论在承认性别的生物性基础上，更加注重与此相伴相生的社会性。社会性别理论对传统性别观念的解构和批判，使我们更加深刻地认识了社会性别的本质，从而准确找到了解决性别不平等问题的关键。

### （三）社会性别理论有利于促进性别平等与社会公正

社会性别理论将女性视为发展的主体，其认为在精神上，女性应该独立自主，摆脱依赖男性的软弱心理；在处理与男性的关系上，女性应当与男性结成彼此尊重、平等相处的伙伴关系；在对待国家和组织的态度上，女性应该主动争取自己的权益。社会性别理论认为，不能将女性问题孤立地割裂开来，应该将其放在男女两性共同塑造的社会角色和权力结构中。社会性别制度和性别结构不仅包括男女两性之间不平等的权力关系，同时也有对男女两性发展的不同限制和制约，因而我们要注重分析不同政策或项目对男女两性的影响，从而改善男女不平等的性别关系，进而消除性别不平等或性别歧视。

由此可见，社会性别理论从探寻两性关系的奥秘开始，深入挖掘问题的本质，解构、批判了传统性别关系和性别观念，努力探寻构建平等和谐社会关系的新途径。构建正确先进的社会性别意识与观念，有助于人们在制定公共政策、从事公共管理的性别平等实践活动中，纳入平等公正的价值观，进而提高社会整体福祉，促进性别平等与社会公正。

### 案例分享

2012年2月19日，广州数名女大学生在广州市越秀公园旁的一个免费公厕旁，上演了一场"占领男厕"的行为艺术。她们希望借此引起政府和社会对男女厕位不均衡问题的重视，消除女性在公共场所如厕排队现象。女学生们还向市民派发呼吁信，希望立法增加女厕位数，使女性厕位与男性厕位比例达到2∶1。

【分析与提示】

表面上看，男女厕所比例1∶1，是男女平等，但男女生理构造不同，如厕所花时间不一样，实际是不平等。如果连最起码的生活小事都做不到平等，女性"方便"不"方便"，管中窥豹，男女社会地位的平等则更无从谈起。

### ■ 延伸阅读 ■

2011年，广州市政协委员韩志鹏提案建议通过地方立法的形式规定新建、改建的厕所，增加女厕的建筑面积和厕位数量，明确规定女性厕位为男性厕位的1.5倍。针对韩志鹏的提案，2011年3月份，市城管委专门制定了《关于提高公厕女性厕位比例实施意见》，提出对今后广州市公共场所新建、改建、扩建公厕工程，男、女厕位比例不低于1∶1.5的要求。广州市城管委还将通过立法，制定《广州市公共厕所管理办法》，《办法》中明确规定，将男、女厕位比例1∶1.5作为强制性执行条款。

# 第三章　两种理论的区别及现代启迪

**本章导读**

　　马克思主义妇女观与女性主义思潮的研究并不仅仅依靠批判而生存，它还逐渐发展成为一种积极的建设性的推动力量。它一方面对学科的传统知识进行批判，另一方面还对学科主题的范围进行扩大和重建。思潮的发展说明，改造和削弱父权制或男权文化只是女性解放的一个方面，其更深刻的内涵应该是要注入平等和自由的文化价值观，在构建未来男女两性的文化蓝图中，为不断树立女性独立自主的地位重新制订衡量标准，破除男性主体对女性的压迫和统治，扫除一切不平等的因素和障碍，这对人类进步具有里程碑式的意义。

## 第一节　两种理论的区别

### 一、本质不同

　　这里所说的本质不同是指两者在妇女运动中所处的位置和所起的作用的巨大的差异。有一点是我们必须明确的：在我国妇女运动多年的具体实践及取得的空前成果来看，马克思主义妇女观是适合我国实际，能够指导我国妇女运动的普遍真理，具有理论指导性，也是妇女认识世界、改造世界的世界观和方法论，是妇女理论的最高指导。而女性主义只是众多理论流派中的一种，女性主义纷繁复杂的理论主张都没有说明女性处于从属地位的原因与扭转这种不利局面的方法，这是因为她们自身存在着共同的局限性；以父权制为斗争目标的女性主义却恰恰运用了父权制文化逻辑体系，这与马克思主义妇女观有很大的不同。同时，马克思主义妇女观还是一个开放的系统，是一个不断发展着的理论。它的开放性表现在，我们要从马克思主义妇女观的立场、观点出发，研究妇女运动中所面临的各种各样的新事物、新问题，不断总结新经验、创立新观点，丰富马克思主义妇女观的理论宝库。我们所坚持的马克思主义妇女观，是坚持马克思主义妇女观的世界观与方法论，而不是某一个观点或者某一句话。如果一味地横向对比马克思主义妇女观与女性主义，就会丢失我们宝贵的妇女运动经验。任何理论都没能像马克思主义妇女观那样科学地揭示妇女受压迫的根源、妇女解放的道路等根本问题，任何一种理论都不能动摇马克思主义妇女观的指导地位。如果一味排斥女性主义，也会使马克思主义妇女观故步自封，陷入固化、封闭的危险境地，因为女性主义是西方妇女 200 多年艰辛探索的结晶，其中也饱含着许多经验和教训，我们要取其精华，去其糟粕，认真借鉴女性主义的优秀之处，甄别其历史局限性，从而丰富马克思主义妇女观的时代价值。

## 二、对根本问题的认识不同

两种理论在一些诸如妇女受压迫的根源、妇女地位等问题上有很大的不同。比如，对两性平等问题的认识，西方女性主义思潮围绕两性平等展开的研究经历了从相似性到区别性再到具体化的三次转变发展，女性主义者对女性身份地位的平等追求做出了巨大的贡献，并使之不断成熟。虽然后现代女性主义具体化的平等观倡导在差异的基础上寻求平等，关注女性主体性的模式较为理想，但也必须要在全球化、信息化和科学技术飞速发展的时代背景下与实际相结合才具有继续存在和深化的可能性，否则就会成为停滞不前的旧理论。由此看来，西方女性主义在追求解决两性平等的道路上还有很长的路要走，需要更多的时间、经验、理念去丰富和完善女性主义理论。但女性主义以其尖锐的批判锋芒和坚韧的实践精神，在改变女性命运方面起到比较重大的作用，而实现男女两性平等和女性解放也是历史发展的必然选择。马克思主义妇女观认为要实现两性平等就需要消灭私有制，动员妇女参与社会劳动，保证其经济权利。当然，建立平等的两性关系不仅是全世界女性的任务，而且是热爱生命、尊重他人的全人类的任务。这就需要除女性主义者之外的更多男性和女性的广泛参与、共同奋斗，这样才能将人类文明的进程向前推进一大步。

## 三、哲学背景不同

所有理论都是建立在某一种或一定的哲学背景之下的。马克思主义妇女观是以辩证唯物主义和历史唯物主义为指导的，为马克思主义妇女观提供了先进的哲学基础，马克思主义哲学是科学的世界观和方法论。马克思主义妇女观中所体现的阶级、社会、经济、历史等观点，都是马克思主义哲学的基本精神遵循。在创建马克思主义哲学、政治经济学与科学社会主义理论体系的同时，马克思、恩格斯也运用辩证唯物主义与历史唯物主义的世界观、方法论，对妇女社会地位的演变，妇女的社会作用、社会权利和妇女争取解放的途径等问题进行分析与概括，进而构建起无产阶级政党用以指导妇女运动的基本理论，即马克思主义妇女解放理论。这一理论立足于解放全人类的终极目标，坚持以物质资料生产方式为中轴，全面剖析妇女受压迫的社会根源，把物质世界与精神世界的双重改造视作妇女实现根本解放的全部必要条件，因而这是唯一堪称"科学"的，即真正洞穿了妇女解放深层矛盾与一般规律的理论。正如西方女性主义学者对马克思主义理论有过高度评价："我们认为，我们引为骄傲的马克思主义理论，其本质在于它的方法论。马克思主义方法论的丰富内涵，要求我们抵制以其特定的历史分析取代马克思主义本质的做法。马克思主义的辩证法和历史观要求我们不断使用其理论研究跟上资本主义发展和我们自己的实践。"①

　　而西方女权主义各流派的哲学背景是十分复杂的。有人本主义的、自由主义的、存在主义的、后现代主义的，等等。哲学背景不同，自然在一些根本问题上的看法就不同。比如在妇女与社会的关系问题上，女性主义包括社会性别理论处处体现人本主义思想，强调人本身与生俱来的权利，所有的研究和行动都是以人，更多的是以个体的人为出发点和归宿的。在人的概念下展开女性的权利是怎样被剥夺被压迫的，怎样讨回女性的权利。有些女性主义理论观点认为男人是压迫女人的罪魁祸首，主张女人在行动上与男人展开激烈的斗争，从而使两性关系对立起来。在与社会的关系上，一方面认为资本主义的社会制度比起其他社会制度来说是最优越的；另一方面，又对历史的，现实的社会结构、社会文化、社会制度（规范层面的）进行激烈的批判。马克思主义妇女观从辩证唯物主义和历史唯物主义的观点出发，在整个历史进程中，在生产力和生产关系的矛盾运动中，考察妇女地位的演变，对妇女受压迫的根源和妇女解放的道路等基本问题做出了唯物主义的阐释。妇女解放与社会解放的关系体现了马克思主义的唯物辩证法观点，坚持普遍性与特殊性的统一，即认为妇女解放具有人类解放的普遍特点，受制于一定社会的生产力和生产关系。同时，妇女解放又有一些特殊性，所以应该在社会解放的同时特殊推进妇女解放，妇女

---

　　① 中国妇女出版社. 外国女权运动文选 [M]. 北京：中国妇女出版社，1987：21.

解放与社会解放同步进行。总而言之，马克思主义妇女观与女权主义的哲学背景不同，导致了有些根本观点和看法的不同。

**案例分享**

记者：过去 20 年我国性别平等与妇女发展取得了显著成就，主要体现在哪些方面？

宋秀岩：•一是妇女平等就业权利得到保障。全国女性就业人数占总就业人数的比例始终保持在 45% 左右。二是妇女受教育程度显著提高。2014 年，男女童小学净入学率均为 99.8%，提前实现联合国千年发展目标；初中、高中、本专科和硕士研究生在校生中，女生比例分别为 46.7%、50%、52.1% 和 51.6%。三是妇女健康水平大幅提升。妇女平均预期寿命由 2000 年的 73.3 岁延长至 2010 年的 77.4 岁，比男性高 5 岁。四是妇女参与决策和管理的比例提高。2013 年，第十二届全国人大女代表比例、全国政协十二届女委员比例分别为 23.4% 和 17.8%，比 20 年前分别提高 2.4 个百分点和 4.1 个百分点。五是妇女贫困状况显著改善。在国家扶贫开发工作重点县中，妇女贫困发生率从 2005 年的 20.3% 下降到 2010 年的 9.8%。

（选自《光明日报》2015 年 9 月 24 日）

【分析与提示】

以上中国性别平等与妇女发展取得的辉煌成就证明，中国共产党坚持马克思主义妇女观，其领导开辟的中国特色社会主义妇女发展道路、中国政府确定并实施的男女平等基本国策，符合中国国情和中国妇女发展实际，具有强大的生命力和巨大的优越性。妇女在改革开放和现代化建设中充分发挥半边天作用。

■ 延伸阅读 ■------------------------

### 男女平等基本国策的内涵

1. 将妇女的发展权放到重要位置。作为基本国策的男女平等，是指男性和女性尊严和价值的平等，权利、机会和责任的平等。男女平等首先是指妇女的平等发展。贯彻这一国策的直接要求是在妇女得到应有的生存权、人身权的同时，给予妇女应有的与男性同等的发展权、发展机会和发展资源。如果妇女得不到这种发展权、发展机会和发展资源，就不是真正意义上的男女平等。

2. 重视性别差异的存在。实施这一国策的前提是尊重女性生理和心理特征，在人的全面发展的实质问题上实现男女平等。这一在承认性别差异基础上提出的男女平等，既体现了对女性的尊重，避免了在男女平等问题上"左"的倾向和偏激的平均主义，又体现了在争取男女平等问题上实事求是、唯物主义的态度。

3. 给女性以关爱和援助。男女平等的原则，体现的是相对的性别公平和公正，而不是绝对的"男女都一样"。这是由于受历史和现实等综合因素的影响，目前妇女整体素质低于男性，性别歧视依然存在，男女占有资源不平衡，部分地区、部分时期、部分方面男女社会地位差异有加大趋势，男女两性起跑线不同，社会有责任对女性进行援助，给以必要的性别倾斜。

4. 强调女性的历史作用和男女作用的平等。男女平等基本国策强调并重视妇女在整个社会经济发展中的地位和作用，不是简单地将妇女作为一个需要援助的弱势群体，而是将其作为伟大的人力资源，作为创造和推动历史的伟大生力军，将男女平等的含义由权利、地位的平等，进一步深化为男女历史作用的平等。

5. 从妇女与社会协调发展的高度来认识妇女发展。把男女平等与人口、资源、环境等人类社会生存发展的基本问题放在同等重要位置，提升到基本国策的高度，是党和国家对妇女运动和妇女发展认识上的一次飞跃。不只是把妇女作为解放的对象，给予她们应有的地位和权利，还要从促进社会协调发展、实现中华民族伟大复兴的高度，作为社会发展战略来实施，赋予男女平等更加丰富的内涵和深刻的意义。

# 第二节　两种理论的现代启迪

## 一、促进理论的自我超越

马克思主义妇女观与女性主义思潮的发展确立了学术实践的中心原则是确保其服务于妇女的利益。在发展的过程中，随着研究不断走向深入，其学术研究的目的性和责任性越来越明显，它们试图使妇女能成为她们自身生活的权威，依据她们作为女性的准则构筑关于女性的知识，并通过这一知识的形成与发展，使女性摆脱从属的、受压迫的地位。马克思主义妇女观与女性主义思潮向人们展示一个重要方面：妇女的奋斗目标绝不仅仅是扭转女性所处的不利地位，她们更试图建构起一整套制度、价值观、意识形态，从而批判社会性别的不平等和父权制对女性的压迫和摧残，这就对现有的传统知识进行了思考和批判，并勇敢地宣布妇女对自身领域形成的知识负有责任。马克思主义妇女观与女性主义思潮也促使其理论不断与实践相结合，这样，在人类社会的进程中，把妇女解放作为全人类解放的一个重要部分，这种大视野也使其理论在实践中得到完善和升华。马克思主义妇女观与女性主义思潮在全面发展的过程中具有了强烈的责任意识。妇女研究者有时也是社团中的积极活动者，社团活动推动着女性主义的发展，有时还成为其研究的一部分。在社会活动中女性学者意识到知识体系的重要性，于是她们在发展中勇于打破传统知识体系的成见、偏执和歧视，为社会公正地看待女性和不断提高女性地位做出贡献。随着这种发展不断深化，马克思主义妇女观与女性主义思潮研究者看到了理论上和社会活动中的盲区，于是他们就不同的盲区提出相对应的新理论、新思考、新声音，以此来完善女性主义理论自身的缺陷，反对一概而论全盘继承的模式，强调在差异中寻求平等。

## 二、推动社会性别主流化

社会性别主流化是经过国际妇女运动数百年奋斗和世界各国人民的探索所形成的推进性别平等和人类社会可持续发展的基本经验和共识，在 1995 年被确定为促进性别平等的全球战略。社会性别主流化是实现社会性别平等的一种手段，而不是一个目标。其认为社会性别文化的实质是社会问题，它涉及政治、经济、文化等各个方面，这是男性和女性共同的问题，如果缺乏社会的关注和行动，缺乏男性的参与和支持，就不可能从根本上解决社会性别问题。因此，有人强调将社会性别主流化问题纳入政府工作和社会发展宏观决策主流，贯穿于整个社会发展的全过程。两种理论对任何富有活力的现代民主制度都是重要的，它敦促政府推进变革法律政策、经济文化，建立没有等级的家庭关系和社会关系，使两性平等受益，这一理念也将政府化为责任主体，使性别问题不至于被边缘化。同时，女性主义思潮促成的社会性别主流化还强调男女两性在基本人权框架遐想方面有平等权，这就保证了女性不会因其自身的生理因素受到歧视，也确保了两性社会的协调发展。这种协调发展所带来的是女性地位的提升。在西方女性主义者的研究中，经济发展不能自然而然地提高女性地位，改变传统的社会性别机制才能增强女性的自信心，进而推动整个社会的可持续发展。

### 三、确立人类新的立场和价值观念

马克思主义妇女观与女性主义思潮在发展的过程中更注重了一种使命感，为了拯救人类整体文化，它们改变了知识形成模式，影响了知识构成方式的变化。实际上，每个人获得并构建自己知识体系的方式并不相同，但只有少数人有权力规定哪些知识属于科学，哪些知识是谬论。研究者看到这一点并指出其不足，他们的研究正在使人们从客观性和一个真理向承载更多价值标准和更多元的世界观、价值观转变。从事女性主义研究的学者对知识形成与发展模式进行变革，变革那些所谓的金科玉律和被教条化的立场，他们反对盲从，提倡建立人类新的价值评判标准，从而使人类文明惠及更多人，为创造女性的未来做出更大贡献。

**案例分享**

1995年9月4日—15日，联合国第四次世界妇女大会在北京国际会议中心举行，189个国家和地区的代表，联合国系统各组织和专门机构及有关政府间和非政府组织的代表共1.7万余人出席了会议。以全国人大常委会副委员长，时任全国妇联主席的陈慕华为团长的中国代表团（共有成员81人）出席了会议。作为大会东道国，中国于9月4日在人民大会堂举行欢迎仪式，约1万人参加。会议审查和评价了《到2000年提高妇女地位内罗毕前瞻性战略》（简称《内罗毕战略》）的执行情况，制订并通过了加速执行《内罗毕战略》的《北京宣言》和《行动纲领》，指出了提高全球妇女地位的主要障碍，部署了今后的战略目标和具体行动。《北京宣言》肯定了国际社会在提高妇女地位方面的成绩，指出其存在的问题，重申联合国宪章的宗旨和原则，着重反映了发展中国家关心的贫困、保健、教育、对妇女暴力等问题，要求各国和国际社会做出承诺并立即采取行动，加速实现《内罗毕战略》的各项目标。同时，呼吁在国家和国际一级为实现《行动纲领》动员足够的资源，特别是向发展中国家提供新的额外资金，帮助它们提高妇女地位。《行动纲领》详细阐述了各国妇女面临的主要问题，确定了解决这些问题的战略目标和措施，把贫困、教育和保健等发展中国家最为关心的问题放在突出位置，肯定了妇女在经济和社会发展中的重要作用，要求消除妇女贫困，推进教育、保健事业，消除一切形式的对妇女的歧视和暴力，为妇女平等参与经济社会发展和决策创造必要的条件。由于宗教、民族、文化及社会发展水平的差异，代表们在妇女基本权利、平等的概念、堕胎，乃至妇女运动本身等一系列问题上各抒己见，看法不尽一致。本着对全球妇女运动负责的态度，代表们求同存异，就《北京宣言》和《行动纲领》的主要内容达成了共识。

**【分析与提示】**

世界妇女组织是推动世界妇女事业发展的重要平台，也是维护社会公正、推进各国社会事业发展的重要举措。举办世界妇女大会是总结世界妇女事业发展的成果，对探求进一步推动世界妇女事业发展的途径，具有十分重要的意义。

妇女是创造人类文明的一支伟大力量。促进男女平等，保障妇女权益，关系到妇女的切身利益，关系着人类的创造能力的全面发挥、社会生产力的充分解放。

世界妇女组织自成立以来，在提高妇女地位、促进性别平等、推动世界妇女事业发展方面进行了不懈努力，做出了重要贡献。以行动谋求平等、发展与和平，是全球妇女的心声，也是各国人民的共同愿望、国际社会的共同追求。世界妇女的命运同世界的和平与发展息息相关。各国应该加强合作，努力维护世界和平，促进共同发展，为世界妇女事业发展创造更加良好的条件。和平是世界妇女事业发展的首要前提，发展是世界妇女事业发展的物质基础，合作是世界妇女事业发展的主要途径。

中国始终高度重视发挥妇女作用，积极推动妇女事业发展。中国明确把男女平等作为一项基本国策，表明了中国促进性别平等、保障妇女权益的坚定决心。中国一直坚持贯彻男女平等的基本国策，不断促进性别平等和两性和谐发展；坚持落实科学发展观，在推动经济社会发展的进程中促进妇女事业发展；坚持加强国际交流合作，共同推进世界妇女事业发展。

下　篇

# 性别平等发展与实践

# 第四章　性别平等与政治实践

## 本章导读

　　女性的政治参与水平是衡量一个国家民主政治建设的重要尺度，集中反映一个国家女性所处的社会地位。中国自古就有"巾帼不让须眉"的说法，但在男权文化和男权统治更为突出的中国封建时代，女性对政治的参与仅限于诸如吕后、武则天和慈禧太后之类凤毛麟角的个例，且总难摆脱"后宫干政"的魔咒。中国女性作为一个群体发出参政议政的呼吁并付诸行动是在近代西方民主平等思想传入中国以后，特别是在中国共产党成立和中华人民共和国成立以后。中国共产党自成立之日起，就把解放妇女、赋予妇女平等的政治权利作为己任，组织、发动妇女参加反帝反封建的革命运动。中华人民共和国成立后，党和国家更加重视提高妇女的政治和法律地位，颁布了一系列重要的法律法规。这些法律法规以男女平等作为立法原则之一，明确规定了女性的各项权利，使中国女性的政治参与得到了强有力的法律保障。一段时期内，"时代不同了，男女都一样""妇女能顶半边天"的口号曾响彻中国大地，"半边天"也一度成了中国妇女的代名词。1995 年，男女平等更进一步被确定为基本国策。中国妇女的政治地位和政治参与水平有了很大提高，政治参与度呈上升趋势，妇女在国家政治生活中发挥了重要作用。要想了解掌握妇女政治参与的情况，首先要了解政治参与的内涵。

# 第一节  政治参与概念界定

## 一、政治参与内涵

马克思主义的政治参与学说广泛而深刻。主要有：第一，人为什么要参与政治。马克思主义认为人们参与政治，是建立在切实的物质利益基础上的，而不是出自"本能""理性""理智"等虚无缥缈的精神因素。政治是经济的集中表现，"人们奋斗所争取的一切，都同他们的利益有关"。因此，政治参与实际上是通过控制和影响公共权威来维护或改变一定的生产关系，并使自己和自己所属的阶级在这种生产关系中获益。第二，社会政治生活为什么需要公民参与。马克思主义国家学说认为，国家是历史发展的特殊领域，市民社会才是历史发展的普遍领域，国家不是社会的主宰物，是社会发展的产物。而市民社会的主体是人民大众，人民大众才是推动社会历史发展的决定力量，是历史的真正主人。所以，"市民社会"应该是"人民民主"，人民群众当家作主，人民群众自己管理自己、自己教育自己。政治参与作为人民民主的重要体现，马克思、恩格斯都曾给予高度评价。马克思说："市民社会力图变为政治社会，或者市民社会力图使政治社会变为现实社会，这是表明市民社会力图尽可能普遍地参与立法权。"公民应该广泛参与政治。第三，在政治参与内容上，马克思主义不仅认识到人民群众应该参与立法权，参与选举代表，而且应该参与监督、参与罢免、参与管理。马克思认为选举是政治参与的一个重要途径。因而，马克思主义对于政治参与的把握有两个基本方面：第一，政治参与是工人阶级和人民群众直接管理国家事务，是实现政治权利和人民民主的必要途径；第二，政治参与是普通公民对国家和政府等公共事务的参与，也就是直接参与和间接参与。

## 二、妇女政治参与内涵

妇女政治参与是指妇女参与国家和社会事务的管理。与政治参与的内涵一样，它也包含两个彼此相关的方面——民主参与和权力参与。民主参与是指妇女行使法律所赋予的公民民主权利，包括行使选举权，以及通过言论、出版、结社发表自己的政治见解等，也即知政、议政。在民主参与中，妇女可以按照自己的意愿选举自己信任的人民代表，代表人民的意愿管理国家和社会事务，还可以在所在的劳动组织和其他各种社会团体，如党派、群众团体等中选举自己信任的领导人。除行使选举权之外，妇女有权对各级党政领导班子进行民主监督、检举和控告等。民主参与是妇女参政的主要渠道之一。权力参与是指妇女进入国家各级政权领域，直接担任各级人民代表和各级各类领导职务，直接管理国家与社会事务，也即参政、执政。权力参与是妇女参政的最高层面，民主参与是权力参与的重要基础，权力参与是民主参与的集中体现。在政治民主化进程中，权力参与和民主参与是两个相互关联、相互促进的要素。权力参与要以民主参与为依托，充分体现妇女群体的意愿和需求；民主参与要以权力参与为途径，使决策切实维护妇女的利益和权利。妇女参政的实质在于：第一，全社会妇女能否有较强的社会责任感。对社会政治生活的普遍兴趣和积极主动的参与态度，是妇女参政的前提和基础。第二，从政妇女能否自觉代表妇女的整体利益，反映妇女正当的合法利益，并对政府的决策发生影响，使广大妇女的权益在政治领域中得到体现。其终极目标在于维护妇女自身权益并扩大妇女对社会政治生活的影响。

　　妇女参政是一种客观的政治活动，既内含参政意识，也外含参政能力，这种活动无疑是主观意识与客观行为的统一，但妇女只有切实地进入各级领导机关或在行动上真正能够参与或影响国家和社会事务的管理，才是完整意义上的参政。简单地说，妇女参政就是妇女在经济、政治、文化和社会生活管理活动中的一种参与和发展的状态，是包括妇女参政意识、参政制度、参政组织和参政行为的一种复合存在形式，是这四个部分组成的有机统一整体。其中的妇女参政行为是一个不断发展变化的过程，它萌芽于原始社会时妇女对公共事务的管理活动，是指妇女涉及政治生活的各种活动，它是妇女政治生活的动态方面。妇女参政也有广义和狭义之分。广义的妇女参政指关心、参与政治活动，指的是妇女这一社会群体和男性一样共同行使管理国家政治、经济、文化和社会生活的权利，在国家内政外交等政治活动中体现一定的参与程度、发挥一定的作用以及具有一定的群体影响力。也就是说，妇女自身积极关注政治问题，关注国家大政方针，关注着我们社会生活的方方面面，并且不仅是关注，还要对它们发表意见，有自己的看法，积极参加一些政治活动。狭义的妇女参政即参与执政，妇女担任各级政府、政党、企事业机构、非政府组织的领导者、管理者和决策者，能够进入党和政府的各级领导机构来发挥作用，掌握一定的政治权力。这种参政实际上就是进入决策层。一方面，如果没有妇女对政治的普遍的关心，妇女进入领导决策层的动力就会不足；另一方面，如果没有妇女进入领导决策层，就不能引起社会对妇女问题的关注，以及广大妇女对国家政策、法律法规的关注。所以，两种意义上的妇女参政，都是应该关注的。在西方，一般来讲，妇女政治参与把妇女政治精英的参政排除在外；而在中国，妇女政治参与则包含妇女精英的参政，呈现出中国的本土特色。

### 三、妇女政治参与主要内容

妇女政治参与是妇女对社会公共领域及其事务的参与。为了更好地把握妇女参政状况和影响因素，可以将妇女参政从内容上划分为四个基本维度：

#### （一）公民维度

公民维度的参政主要是知政、议政，即基于公民权利、义务和责任，对公共事务予以关注、评论等。这一维度与妇女是否担任一定领导职务无关，而主要是看她们评论重大政治、经济事件，对腐败现象发表意见，等等。在公民参政维度中，妇女参与各级各类选举是一个重要方面。妇女选举人大代表、妇女加入基层政权机构及某些领导班子的情况，是既可统计又能衡量妇女参政情况的一个基本数据。

#### （二）职业维度

这一维度的参政，与妇女从事的职业、专业有直接关系，即妇女通过一定行业的工作参与社会公共事务。如担任国家公务员的妇女，通过在政府部门工作直接参与了公共事务的管理。从这一角度说，社会公职人员中的妇女所占比例，直接体现了妇女参政的水平和程度。从中国目前的职业结构看，机关及事业单位女干部、女专业人员的参政程度一般较高，而从事工农业、服务性行业的妇女和一般城乡女居民的参政程度较低。因此，职业结构中的男女比例，特别是男女干部的比例，是可统计并衡量妇女参政状况的一个基本数据。

#### （三）参政维度

这一维度的参政与特定政治身份有关，主要是人大代表、政协代表或特邀人员，如监察、纪检的特邀监察员、政府参事、顾问等队伍中的妇女。她们对公共事务，特别是政府工作的参与，是更高层次的公民参政。如人大代表对政府工作的监督，参与修改和制定法律；政协代表通过"直通车"，与党政领导直接联系，反映情况。所以，人大、政协代表和特邀人员中的妇女比例，也是既可统计又能衡量妇女参政状况的一个重要数据。

#### （四）执政维度

具有一定党政领导职务级别的妇女，对公共领域事务拥有决策权和管理权，这一维度也可以称为妇女的权力参与。这一维度的妇女参政，集中体现了妇女参政的结果，参政人数是衡量妇女参政的关键性数据。执政维度的妇女参政，是以第二维度即职业化专业化妇女参政为基础的。职业参与中被提升到领导岗位上，就转变为执政维度。近年来，随着干部制度改革，部分领导岗位向社会公开选拔，妇女参与公选而担任领导的比例，是既可统计又能衡量妇女参政状况的重要数据。

**案例分享**

### 一批卓越女性被授予国家最高荣誉奖

2019 年国庆前夕，一批卓越女性被授予国家最高荣誉奖。其中，申纪兰、屠呦呦 2 位女性被授予"共和国勋章"；于漪、布茹玛汗·毛勒朵、秦怡、都贵玛、郭兰英、樊锦诗 6 位女性被授予"人民教育家"等国家荣誉称号；有 56 位来自各地区、各行业、各领域的一线群众模范女性荣获"最美奋斗者"称号。

【分析与提示】

中华人民共和国成立 70 周年之际，一批卓越女性代表被表彰，既是对女性功勋模范人物的认可，也是对女性集体力量和贡献的一种礼赞。我们期待有更多的女性在实现中华民族伟大复兴的新征程上，与男性平等携手，再度奏响中国新发展的奋斗交响曲。

### ■ 延伸阅读 ■

### 国务院发布《平等 发展 共享： 新中国 70 年妇女事业的发展与进步》白皮书

2019 年 9 月 19 日，国务院新闻办公室发布《平等 发展 共享：新中国 70 年妇女事业的发展与进步》白皮书，从我国保障妇女权益的法治体系，妇女在经济社会发展中的作用，妇女的政治地位、受教育水平、健康状况、社会保障水平以及参与国际交流与合作等多维度出发，全景式地展现了新中国成立 70 年来中国妇女事业取得的历史性成就、发生的历史性变革。白皮书充分反映了我国亿万妇女为国家富强和民族振兴做出的"半边天"贡献，充分展示了我国在促进两性的机会平等和权利平等，以及女性发展方面所取得的历史性成就，为世界妇女运动贡献了中国方案、中国力量。

# 第二节　我国女性政治参与发展历程

## 一、古代女性政治参与

原始社会的母系氏族社会，由于女性具有天然的优势，所以她们在当时发挥了至关重要的作用。但随着生产力的发展，人类社会进入阶级社会以后，妇女地位一落千丈，妇女的政治地位被剥夺。在漫长的奴隶制与封建制时代，妇女与政治无缘，她们被限制与隔离在社会政治生活之外。此时的社会形成了一系列使妇女与政治隔离的礼法、观念、制度与政令，以期将妇女禁锢于家庭，不得预问"外事"。此时，女人作为一个团体，可以说是二等公民，社会地位极其低下。"君为臣纲，父为子纲，夫为妻纲"，这"三纲"中的第三纲把男人凌驾于女人之上。"三从"更过分，"未嫁从父，既嫁从夫，夫死从子"，因而，这一时期的女性没有受教育的权利、社交的权利，没有独立的社会地位，不具备参政的素质条件，因而就没有参政的权利，此时的女性只是男人的附庸而已。也可以理解为：古代女性的政治参与是依附于男性给予她们的身份来完成其政治抱负的。如果女性单独成为主宰政治的关键人物，就会被说成"牝鸡司晨"，是不祥的征兆。

然而，我们也看到仍有极少数女性登上政治舞台，发挥其政治作为。这些女性往往以"贤内助"的形式参政，也有极个别凭借自身智慧在历史舞台上留下一席之地的，更有甚者以"独立执政"的方式参政。

这些"贤内助"大多是皇帝后宫的嫔妃或者皇后，而她们的参政形式是一种被大多数人认可的参政形式。在人类历史发展长河中，凭借自身智慧、深受人们追捧的女性，在各领域都有代表性的人物。比如：

有文学才能的，如汉朝的班昭。她出生于书香门第，被邓太后特许参政，续写《汉书》，还写了一本《女诫》。她成为皇宫大内皇后和贵人们的老师，深受皇帝与太后的恩宠。唐朝的宋若莘姐妹五个，都有文学才能，她们立志以学名家。宋若莘被召入宫，被皇帝称为宋学士，总领秘阁图籍，她写了一本书《女论语》，死后被封为内河郡君。

有武艺才能的，如商代的妇好。她统领大军平定蛮夷，建功立业。她是一国帝后，同时也是一国的大将军。宋朝的梁红玉，武艺高强，谋略出众，曾协助丈夫韩世忠击退金兵，被封为诰命夫人。大家熟知的杨门女将个个是英雄，武艺高强，亦有谋略，征辽平夏，屡建奇功。明朝的秦良玉战功显赫，屡次平叛，死后被封为忠贞侯。

有辅佐宰相才能的，如北齐女官陆令萱，曾任女侍中之职，后成为宫中总管，左右宫中局势，对北齐政权产生了极大影响。武周朝的上官婉儿，被武则天封为内舍人，掌管宫中制诰，有"巾帼宰相"之名。她处理百司奏表，参决政务，深受武则天的信任。

治理国家的有宣太后芈月、吕后、胡太后、武则天、耶律普速完、萧太后、慈禧太后等。尤其是武则天，公然改朝换代，自称皇帝，继贞观盛世后开创武周盛世。耶律普速完继承了皇位，辽国在其治理下不断壮大。

虽然在古代的历史长河中，有一些杰出女性曾叱咤一时，但这也仅仅是个例。就总体而言，古代社会女性不具有独立人格，她们受"政权、族权、神权、夫权"四权的压迫，受封建礼教的束缚，几乎被剥夺了一切权利，处于社会最底层。妇女精神上被压抑、扭曲，形成软弱、自卑、狭隘、依赖的心理，没有自主精神。正如毛泽东 1930 年 5 月在《寻乌调查》中所指出的那样："她们是男子经济（封建经济以至初期资本主义经济）的附属品。男子虽已脱离了农奴地位，女子却依然是男子的农奴或半农奴，她们没有政治地位，没有人身自由……"因此，在中国古代，广大女性没有参加社会政治生活的基本条件，她们与政治无缘。

## 二、近代女性政治参与

1898 年至 1912 年，是清王朝最后的 14 年。这一时期女性的政治参与主要是与男人和男性所主宰的公民权概念做斗争。从前，公民权被认为是属于男性的，而女性想要成为独立的公民，不只是男性的妻子和女儿。女性参政论者试图产生一种新的身份，即女公民，以试图在急剧变化的中国政治舞台上为妇女们划出合法的空间。为了实现这个目标，她们提出：不管何种性别，所有人在任何方面都是平等的。在平等的基础上，广大女性寻求和男性同样的全面而平等的政治权利。这个时期她们传播了一种理念，即受过教育的女性和男性一样能够在政治领域为国家效力。

1912 年 3 月，60 多名女性参政倡议者走进新近成立的南京中华民国临时参议院，要求享有选举权和被选举权。但当时的男议员们按照历史传统，拒绝了她们提出的全面、平等和自由的公民权要求。1921 年 3 月，另一个女性参政团体走进广东省议会，要求宪法规定女性与男性在政治上平等。保守的男议员们采用过激的方式拒绝了她们。

### 三、新民主主义革命时期女性政治参与

1921 年 7 月，中国共产党宣告成立。以马克思主义理论为指导的中国共产党，从成立之日起就把妇女解放、男女平等作为其奋斗目标之一，非常重视赋予女性政治权利。1922 年 7 月，中共"二大"宣言明确提出："废除一切束缚女子的法律，女子在政治上、经济上、社会上、教育上一律享受平等的权利。""二大"通过的《关于妇女运动的决议》是中国共产党关于妇女运动的第一个纲领性文件，它明确指出："帮助妇女们获得普通选举权及一切政治上的权利与自由，是中国共产党领导妇女运动的重要任务之一。""妇女解放是要伴着劳动解放进行的，只有无产阶级获得了政权，妇女们才能得到真正的解放。"也就是说，妇女解放的总目标是实现社会主义制度。1923 年 6 月，中共"三大"通过的《关于妇女运动的决议案》特别提出全国妇女大联合和打倒军阀、打倒外国帝国主义两个国民革命运动的口号。"引导占国民半数的女子参加国民革命运动"这个口号的提出，不仅代表劳动妇女的利益，而且还要考虑到职业妇女、知识妇女、资产阶级妇女等不同阶级的要求。

1924—1927 年间的大革命期间，中国共产党和国民党第一次合作，共同领导妇女运动。在 1924 年 1 月召开的国民党第一次全国代表大会上，作为国民党一大三名女代表之一的何香凝，提出了"于法律上、经济上、教育上、社会上确认男女平等之原则，助进女权之发展"的提案，由大会通过，并写入了《一大宣言》。1924 年 10 月，孙中山接受了中国共产党向国民会议提出的"妇女在政治上、法律上、经济上、社会地位上，均应与男子享平等权利"在内的 13 条要求。各地人民团体纷纷致电拥护中国共产党和孙中山的主张，掀起了国民会议运动的高潮。女界国民会议促成会运动，是新思想指导下妇女参政运动的一次尝试，标志着中国妇女参政运动进入了一个新的阶段。1925 年 3 月 1 日，在北京召开了国民会议促成会全国代表大会，到会代表 200 余人，其中有妇女代表 26 人。五卅运动把妇女运动推向一个新的高潮。在五卅运动中，劳动妇女成为妇女运动的一支生力军。据统计，上海参加五卅反帝斗争的女工有十多万人，参加各地政治示威的劳动妇女，全国不下 200 万人。

1927—1937 年间的土地革命时期，妇女解放的内容和形式都发生了重大变化。从 1927 年大革命失败到 1928 年底，中国共产党先后发动了一百余次武装起义，这些武装起义虽大部分因敌强我弱以失败告终，但为建立农村革命根据地创造了有利条件。在整个土地革命战争时期，中国共产党把发动妇女参加

革命作为主要任务，颁发了一系列符合妇女切身利益的法律条文。1927 年 11 月，江西省苏维埃在其颁布的《苏维埃临时组织法》中规定："凡在苏维埃国家境内的劳动者，无论男女均有选举权和被选举权。"1930 年，《闽西工农兵代表会（苏维埃）代表选举条例》中规定得更加具体："凡在闽西赤色政权所及地方，年满 16 岁以上的劳动男女均有选举权和被选举权。"1931 年，毛泽东同志签署了《中华苏维埃共和国婚姻条例》，解除了旧的婚姻制度对妇女的束缚，为妇女参政进一步扫清了障碍。同年 11 月，工农兵苏维埃第一次全国代表大会通过的《中华苏维埃共和国宪法大纲》规定："在苏维埃政权领域内的工人、农民、红军士兵及一切劳苦民众和他们的家属，不分男女、种族、宗教，在苏维埃法律前一律平等，并为苏维埃共和国的公民。"这是我国历史上第一部体现人民意志和男女平等原则的法律，为根据地妇女在政治、经济、文化及社会地位上获得与男子平等的权利提供了法律依据，并在城乡建立工农妇代表会议制度，把培养妇女干部提到议事日程，举办各种培训班，培养了一批又一批的女干部。

1937 年，抗日战争全面爆发。"全国抗战发动以后，妇女运动随即服从于民族的最高利益，服从于抗日的利益，以抗战为中心而出现于抗战工作的各个战线。"抗战时期，妇女抗日救国联合会等妇女群众组织在各抗日根据地和国统区纷纷创建起来，所有的妇女抗日团体，都把宣传抗日、唤起妇女觉醒作为首要任务，各阶层妇女奔赴前线，服务战地，积极参军参战。

中国共产党非常重视对妇女抗日干部的培养。仅以山东省为例，1938 年到 1940 年，山东省共举办各级妇女干部训班 700 多期，受训人数达 1.16 万余人。1939 年，中国女子大学在延安成立，为抗战培养了大批既有理论武装又能做实际工作的妇女干部。抗日战争时期，中国共产党领导的各抗日根据地人民，采用普遍、平等、直接、无记名投票的方法，进行各级政权的选举，妇女们享受了选举权和被选举权，她们以极高的热情积极参与根据地政权建设。1937 年，陕甘宁边区参议会举行第一次民主选举，妇女们首次行使了自己的民主权利；1939 年，有 19 名妇女参加了边区参议会首届会议；1941 年 1 月，陕甘宁边区根据"三三制"原则，进行第二届各级参议会选举。据统计，全边区 30％的女性参加了选举。1940 年，晋察冀边区进行了区村政权改选运动，绝大多数妇女享受了民选权利。据统计，此次参加选举的女选民共有 135 万人，占该区全体女公民的 80％。1941 年夏天，晋西北地区开始村选，这次村选有 2/3 的妇女参加，当选的代表中有 17.6％为女性。

解放战争时期，解放区广大妇女积极投入争取和平民主、支前、土改、生产和政权建设工作；国统区的妇女积极参加争取和平民主、反内战、反独裁的群众运动，妇女参政水平逐渐提高。1946 年 4 月前，各解放区的民主选举基本上结束。妇女参加投票数最高的达 90%，最低的为 60%。各级政府机构都要妇女，华中妇女有 209 人参加乡政府工作，有 1374 人当村长、村委员。边区各级参议会都有女议员，晋绥有省级女参议员 6 人，有县级女议员 55 人，山东省有省级女参议员 12 人。1947 年，山东战斗紧张时，大批妇女接替了男子参加村区政权工作。山东无棣县 360 个村中有 290 个村由妇女任村长。

## 四、社会主义革命和建设时期（1949 年 10 月—1978 年 12 月）女性政治参与

这一时期，既是女性政治参与从制度上和法律上得到比较全面的保障，因而从少数女性精英参与到大多数妇女共同参与的大发展、大繁荣时期，也是因为"反右""文革"等一系列政治运动而遭受严重破坏的时期。

1949 年中华人民共和国成立伊始，党和国家就十分重视提高妇女的法律地位，颁布了一系列重要的法律。这些法律以男女平等作为立法原则之一，明确规定了妇女的各项权利，使中国妇女参政得到了强有力的保障。同时，法律保障作为强大的社会推动力，以法律的权威性推动全社会把妇女参政纳入民主法治建设的轨道。

1949 年 9 月召开的中国人民政治协商会议第一届全体会议通过的《中国人民政治协商会议共同纲领》既是一部建国大纲，也是当时我国的根本大法，这部根本大法赋予了妇女全面的社会权利。其总纲第 6 条明确提出："中华人民共和国废除束缚妇女的封建制度。妇女在政治的、经济的、文化教育的、社会生活的各方面，均有与男子平等的权利。"《中国人民政治协商会议共同纲领》将妇女的政治权利列为各项权利之首，突出了中华人民共和国妇女的政治地位。中华人民共和国成立之初，《中国人民政治协商会议共同纲领》代行《中华人民共和国宪法》之责，居众法之首，它的权威性决定了中华人民共和国的各项法律都不能违背其原则。1953 年 2 月 11 日，中央人民政府委员会第二十二次会议通过了中华人民共和国第一部《中华人民共和国全国人民代表大会和地方各级人民代表大会选举法》，该法第 4 条明确规定："凡年满 18 岁之中华人民共和国公民，不分民族和种族、性别、职业、社会出身、宗教信仰、教育程度、财产状况和居住期限，均有选举权和被选举权。妇女有与男子同等的选举权和被选举权。"此条的表述强调了妇女享有的政治权利，为妇女参政提供了直接的法律依据。1954 年 9 月 20 日，第一届全国人民代表大会第一次

会议通过的第一部《中华人民共和国宪法》，发展和完善了《中国人民政治协商会议共同纲领》中关于男女平等原则的规定，将妇女享有与男性公民同样的政治权利的规定进一步具体化，并对妇女和男性具有同样的劳动、受教育权利做了明确规定。中华人民共和国成立初期先后颁布的《中国人民政治协商会议共同纲领》《中华人民共和国全国人民代表大会和地方各级人民代表大会选举法》以及《中华人民共和国宪法》，均赋予了广大中国女性参与政治的权利，使她们参与政治生活有法可依，对她们行使公民的民主权利具有强有力的保障作用。妇女与男子享有平等的政治权利，是全面提高妇女地位，实现进一步解放的重要标志，也是社会主义政治文明的本质要求。没有广大妇女的积极参与，社会主义民主政治是不健全和不完善的。

中华人民共和国赋予妇女的参政权利，浓缩了妇女们几十年苦苦追求的成果。与西方女权主义运动比较，中国的妇女解放运动得到了全社会和国家力量的推动，在社会生活和法律权益方面，中国妇女在很短的时间内走完了西方女权主义运动两百多年未竟的道路。

中华人民共和国成立之初，女性政治参与有着良好的发展势头。在中华人民共和国成立前夕召开的中国人民政治协商会议第一届全体会议上，就有 69 名妇女出席，占全体代表的 10.4%，她们同全体委员共商国是，选举国家领导人，迎接中华人民共和国的成立。20 世纪 50 年代，出现了中华人民共和国历史上女性政治参与的第一个高峰期。这个高峰期具有两个显著特点：一是参政妇女数量直线上升；二是性别差距的历史鸿沟缩小，许多领域都打破了妇女特别是劳动妇女 "零" 政治参与的历史，具有划时代的意义。1954 年，第一届全国人民代表大会上，共有女性代表 147 人，占代表总数的 12%。在本届人大产生的常务委员会中，有 4 名女常委，占常委总数的 5%。1954 年 12 月，中国人民政治协商会议第二届全国委员会第一次全体会议在北京召开。参加会议的委员由第一届政协的 180 名增加到 559 名，其中女委员 86 名，占委员总数的 14.3%，比第一届人民代表大会女代表的比例高出 2.3 个百分点。在各级政权机构中，均有妇女被任命为政府工作人员。据统计，1951 年，全国已有女干部 15 万人，占干部总数的 8%。到 1955 年底，全国的女干部增加到 76.4 万人，占干部总数的 14.5%。

中央人民政权建立后，便开始了以 "民主见政" 为主要形式的地方政权建设。历时四年的民主建政工作，培养了大批妇女骨干，这批骨干成为基层妇女参政的带头人。这一时期，农村妇女主要是通过参加农民协会、农民代表会参政议政。据统计，冀中地区实行土地改革后，村人民代表会议中，女代表占

30%。华北地区实行了土改的村社，也注意吸收妇女参加农民代表会议，如河北通县八区农民代表共 833 人，其中女代表达 177 人。华东、中南、西南、西北四大行政区有 4000 万农村妇女加入了农民协会，占农民会员总数的 1/3。1950 年以后，召开各界人民代表大会的县所占比例已经达到 94%。1952 年，全国乡一级人民代表会议的女代表，占代表总数的 22%，县级人民代表会议的女代表约占代表总数的 15%。

1953 年 5 月，在全国范围内开始进行的基层选举，是中国有史以来第一次大规模的普选运动。1954 年 10 月公布的第一次全国基层选举的统计数据显示，在进行选举的 16 个省、市中，女性选民占到 48.68%。全国选民的参选率为 86.07%，其中 16 个省、市女性选民参选率为 84.17%。这次普选运动，是对初次涉足社会政治生活的广大妇女群众民主意识、参与意识的一次全面启蒙。在 1956 年的第二次普选中，各级人民代表大会中女代表比例达到 20.3%。

从 20 世纪 50 年代下半期开始，中国的政治参与走上了一条畸形发展的道路。1956—1966 年，妇女参政伴随着我国对社会主义建设道路的探索，走过一段曲折的路程。1958—1960 年间，中国掀起了工农业生产"大跃进"运动。"大跃进"运动把妇女推向社会，加速了妇女走向社会的进程。这一时期，妇女们开始大规模地参与经济建设。据统计，1958 年参加农业生产劳动的妇女达到妇女总数的 90%左右，妇女劳动力占农业劳动力的半数以上。另据 22 个省、市、自治区的统计，1958 年兴建的 73 万多个民办工业中，85%以上的职工是妇女，1959 年国营企业女职工人数猛增到 800 万人。经济参与成为妇女社会参与的中心环节，在一定程度上成为妇女参政的新的支撑点。大规模经济参与对妇女参政的最突出的影响是在生产岗位上做出突出贡献的先进分子——女劳模走向基层领导岗位，改变了普选运动以来基层妇女参政着重于民主参与的格局，在一定程度上加强了妇女权力参与的基础力量。然而，违背了经济发展规律的"大跃进"运动不仅没有使国民经济迅速发展，而且还造成严重的"倒退"，使得经济参与这一支点并没有给妇女的权力参与和民主参与提供更强有力的支撑。

1960 年，中共中央提出了"调整、巩固、充实、提高"的八字方针，调整中精简机构的措施使女干部队伍受到了严峻考验，因精简过多，女干部比例迅速下滑。这一现象在各级党组织和妇联组织的共同努力下，开始好转。截至 1965 年底，女干部增至 76 万余人，占干部总数的 14.5%。但值得关注的是，1959—1964 年间，全国人大和全国政协的女代表和女委员以及所产生的领导机构中的妇女比例，第一次出现了一升一降的反差。1959 年召开的第二届全国人民代表大会，女代表、女常委人数较上届均明显增长；而同期召开的政协会议上，女委员及女常委的比例则呈现出持续下跌的趋势。

1966 年 5 月至 1976 年 10 月的"文化大革命"运动中，民主和法制得到破坏，国家的政治生活秩序被打乱。中华人民共和国成立后培养起来的女性领导干部，在内乱中大多受到冲击，被剥夺了工作权利。仅以全国妇联机关为例，"文革"中，全国妇联机关 39.32％的工作人员被牵连进冤假错案。

在这种情况下，妇女参政的历史也不可避免地走入了误区。妇女参政的正常渠道因民主生活的非正常化而被堵塞，从 1964 年中华人民共和国第三届全国人民代表大会到 1975 年中华人民共和国第四届全国人民代表大会召开，经历了十余年空白。全国政协及民主党派机关、全国及各地的妇联、工会、共青团组织也全部被迫停止了工作。可以说，妇女参政的正常渠道完全溃决，妇女参政步入了中华人民共和国成立后的低谷期。

## 五、改革开放和社会主义现代化建设新时期（1978 年 12 月—2012 年 11 月）女性政治参与

1978 年，党的十一届三中全会的召开标志着中国进入了改革开放的社会主义新时期。改革开放的不断深入和社会主义民主与法制的逐步完善，为中国女性政治参与带来了前所未有的机遇和挑战。改革开放以来，"依法治国"的理念日渐深入人心，保障女性政治参与的制度也不断得到完善和巩固。

在大背景下，我国在促进妇女参政的法律政策方面进行了积极探索，出台了一些促进妇女参政的法律法规和政策。1992 年 10 月 1 日开始实施的《中华人民共和国妇女权益保障法》是我国第一部以妇女为主体，以全面保护妇女合法权益为主要内容的基本法。在政治参与方面，它规定：全国人民代表大会的代表中，应当有适当数量的妇女代表，并逐步提高妇女代表的比例。这是我国首次在立法中提出在国家权力机关中妇女代表应当有适当的数量和比例，它以法律的权威进一步推动了妇女参政。据此，1995 年修改的《中华人民共和国全国人民代表大会和地方各级人民代表大会选举法》在第 6 条又增加了具体规定。2005 年，《中华人民共和国妇女权益保障法（修正）》对妇女政治权利的保障性规定更加具体。此外，党和政府还制定专门政策、规划和纲要，为提高妇女参政水平提供政策保障。1995 年 8 月，我国政府颁布并实施了我国第一部全面推进性别平等和妇女发展的专门规划——《中国妇女发展纲要（1995—2000 年）》，明确提出如下具体目标：提高妇女参与国家和社会事务决策及管

理的程度。积极实现各级政府领导班子成员中都有女性，政府部门负责人中女性比例有较大提高。女职工比较集中的行业、部门以及企事业单位的领导班子成员中，应多选配一些女性。2001年4月，中共中央组织部《关于进一步做好培养选拔女干部、发展女党员工作的意见》提出了2001—2005年培养选拔女干部工作的目标，重申了同等条件下优先选拔女干部的原则，规定在公开选拔、竞争上岗中，应拿出部分职位定向选拔女干部。2001年5月，我国政府又颁发实施了《中国妇女发展纲要（2001—2010年）》，对妇女参与决策和管理又进一步完善。

在广大农村地区，1998年11月4日公布实施的《中华人民共和国村民委员会组织法》第9条明确指出：村民委员会成员中，妇女应当有适当的名额。《中国妇女发展纲要（2001—2010年）》也要求，村民委员会、居民委员会成员中女性要占一定比例。2002年7月14日，《中共中央办公厅、国务院办公厅联合发出关于进一步做好村民委员会换届选举工作的通知》强调使女性在村民委员会成员中占有适当名额。为了贯彻落实上述法律法规，全国大部分省、市、自治区纷纷出台地方法规，明确规定了村委会成员中妇女要占的比例。实践证明，上述法律、政策和措施的出台，在一定程度上促进了女性当选村委会成员比例的提高。

这一时期，女性的政治认知水平有所提高，政治介入程度不断提高。来自全国妇联2006年对河北、吉林、浙江等10省万名农村妇女的问卷调查显示，在村里的各项公共事务中，45.7%的妇女最关心的是"村民选举"，女性对公共事务的关注和参与不断提高。2000年，第二期中国妇女社会地位抽样调查显示，有15.1%的女性主动给所在单位、社区提过建议，比1990年提高了8个百分点，女性在团体和组织中参与度相对较高。2000年第二期中国妇女社会地位调查结果显示，在被调查的中国共产党女党员中，有53.5%是近10年内加入党组织的，比男性高13.2个百分点。被调查的女企业高层管理者中，担任过各级人大代表和政协委员的分别是29.9%和19.8%，都高于被调查的男企业家的26.1%和11.2%的比例。妇女在选举中的参与率较高，来自全国妇联2006年对河北、吉林、浙江等10省万名农村妇女的问卷调查显示，46.9%的妇女对参加村委会竞选有较高的热情。

## 六、中国特色社会主义新时代（2012年11月至今）女性政治参与

党的十八大以来，在习近平新时代中国特色社会主义思想指引下，亿万妇女更加坚定不移地走中国特色社会主义妇女发展道路，平等依法行使民主权利、平等参与经济社会发展、平等享有改革发展成果，主人翁地位更加彰显，

"半边天"力量充分释放，获得感、幸福感、安全感与日俱增。中国妇女事业取得举世瞩目的历史性成就。

把"坚持男女平等基本国策，保障妇女儿童合法权益"写入党的十八大、十九大报告，成为党治国理政的重要理念和内容。2015年，第一次中央党的群团工作会议在北京召开，这次会议为推进妇联组织改革，增强妇联组织和妇联工作的政治性、先进性、群众性，做好新时代妇女工作指明了方向。

党的十八大以来，妇联组织通过改革创新，进一步增强政治性、先进性、群众性，充分发挥党开展妇女工作最可靠、最有力的助手作用，坚持用中国特色社会主义共同理想凝聚妇女，建立直接联系服务妇女群众长效机制，有效开展引领、服务、联系妇女群众工作，团结引领其他妇女组织，共同服务妇女群众，推动男女平等和妇女事业发展。

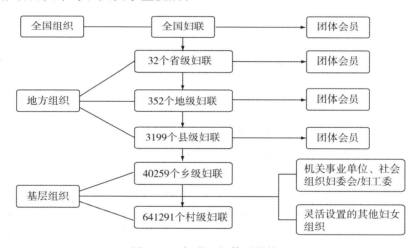

图4-1　妇联组织体系结构图

法规政策性别平等评估机制创新建立。《中华人民共和国立法法》备案审查制度和程序规定，创建源头保障妇女权益、促进男女平等发展新机制。2012—2018年，全国30个省（区、市）建立了法规政策性别平等评估机制，将男女平等价值理念引入法规政策的制定、实施和监督各环节，加强政策法规制定前研判、决策中贯彻、实施后评估的制度化建设，进一步体现了新时代妇女群众的意志和期盼，进一步丰富了新时代科学立法和民主立法的生动实践。

妇女和妇女组织在法治建设中的作用日益彰显。参与立法决策的女性比例不断提高，妇女在国家民主法治建设中的影响力显著增强。参加政府机构决策管理的妇女人数不断增加。目前，中央机关及其直属机构新录用公务员中的女性比例超过一半，地方新录用公务员女性占比四成以上，成为法治中国建设的重要力量。特别是司法机关女性比例显著提升，2017 年，女检察官占检察官总数的 32.6%，比改革开放初期的 1982 年提高 23.6 个百分点；女法官占法官总数的 32.7%，比 1982 年提高 21.7 个百分点。妇联组织认真履行法定职责，通过参与人大常委会和专委会，向人大会议和政协会议提交议案、建议、提案等方式，代表妇女群众参与法律政策的制定，监督法律政策的实施。近 5 年，妇联组织推动并参与《反家庭暴力法》、"全面两孩"配套措施等法律政策的制定修订，对 80 余条国家法律政策及 3000 多条地方法规政策建言献策。

党的十九大报告强调，要统筹做好培养选拔女干部、少数民族干部和党外干部工作。通过召开专题会议、制定政策文件、明确目标要求等措施，持续加大培养力度，不断提高女干部和女党员比例。2017 年，全国党政机关女干部人数从改革开放初期的 42.2 万增加至 190.6 万，占干部总数的 26.5%。2017 年，中央机关及其直属机构新录用公务员中女性比例达到 52.4%；地方新录用公务员中女性比例达到 44%。2018 年，全国事业单位领导班子成员中，女性比例为 22.2%，比 2015 年提高 1.6 个百分点。2018 年，女党员占党员总数的 27.2%，比 1956 年提高 16.7 个百分点。党代会代表中的女性比例逐步提升，党的十九大代表中的女性占比 24.2%，比 1956 年党的八大提高 14.9 个百分点。

人大代表和政协委员中女性比例逐步提升。重视发挥妇女在人民代表大会、人民政治协商会议中的作用，是中国的一贯主张。选举法明确规定，全国人民代表大会和地方各级人民代表大会应当有适当数量的妇女代表，并逐步提高妇女代表的比例。《中国妇女发展纲要（2011—2020 年）》《国家人权行动计划（2016—2020 年）》要求，逐步提高女性在各级人大代表、政协委员中的比例。第十三届全国人民代表大会女代表比例达到 24.9%，比 1954 年第一届提高 12.9 个百分点。政协第十三届全国委员会女委员比例达到 20.4%，比 1949 年第一届提高 14.3 个百分点。

妇女参与基层民主管理更加广泛。积极推动基层民主建设进程，适时制定修订中国共产党农村基层组织工作条例、居民委员会组织法、村民委员会组织法等法律法规，推动村规民约、居民公约修订完善，为妇女广泛参与基层民主管理提供了坚实的制度保障。20 世纪 80 年代以来，村民自治制度的建立发展为农村妇女参与基层民主管理提供了重要保障和条件。2017 年，村委会成员中女性比例为 23.1%，比 2000 年提高 7.4 个百分点。妇女在居委会中的人数比例始终保持较高水平，2017 年居委会成员中女性比例为 49.7%，居委会主任中女性比例为 39.9%。妇女参与企业民主管理比例稳步提升，2017 年，工会女会员占比 38.3％，企业职工董事和职工监事中女性比例分别为 39.7％ 和 41.6％。

妇女和妇女组织在民主政治建设中的作用越来越大。妇女参与国家和社会事务管理的途径更加多元，渠道更加畅通。人大女代表、政协女委员认真履职，为国家经济社会发展和妇女事业建言献策。各级党政机关女干部立足岗位，为贯彻落实男女平等基本国策、促进妇女发展恪尽职守。广大妇女民主参与意识不断提高，利用各类平台对国家和社会事务提出建议、表达诉求。妇联组织积极履行代表妇女参与国家和社会事务管理的职责，参与有关法律法规和政策的制定、参与民主协商、参与社会治理和公共服务。党的十八大以来，妇联改革使一大批有热心、有专长、有影响力的妇女骨干进入各级妇联特别是基层妇联工作队伍，乡、村两级妇联执委达到 770 多万，在基层治理中发挥了重要作用。

## 七、女性政治参与实践状况

在《中国妇女发展纲要（2011—2020 年）》收官之际，国家统计局 2019 年 12 月 6 日发布的 2018 年纲要统计监测报告显示，第十三届全国人民代表大会有女代表 742 名，占代表总数的 24.9％，比上届提高 1.5 个百分点，是历届人大代表中女性占比最高的一届。

政协第十三届全国委员会中有女委员 440 人，占委员总数的 20.4％，高于上届 2.6 个百分点，也是历届政协委员中女性占比最高的一届。（见图 4 - 2）

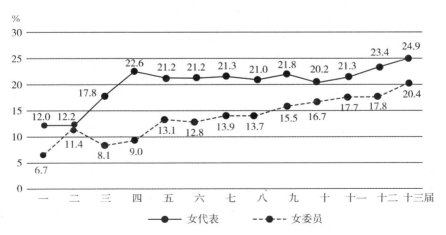

图 4 - 2　历届全国人大女代表、政协女委员占比情况
（信息来自国家统计局网站）

在基层民主管理中女性成员占比则更高,主要体现在居委会组织中女性的参与程度较高。2018年,居民委员会成员中女性占比为50.4%,比上年提高0.7个百分点,已达《中国妇女发展纲要(2011—2020年)》目标;2018年,村委会主任中女性占比为11.1%,比上年提高0.4个百分点。

此外,2018年企业董事会中女职工董事占比为39.9%,企业监事会中女职工监事占职工监事的比重为41.9%,分别比上年提高0.2和0.3个百分点,与2010年相比分别提高7.2和6.7个百分点。(见图4-3)

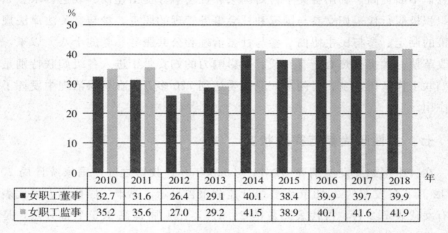

图4-3　2010—2018年职工董事和职工监事中女性所占比重情况
[信息来自国家统计局2018年《中国妇女发展纲要(2011—2020年)》统计监测报告]

中央组织部最新党内统计数据显示,截至2021年6月5日,中国共产党党员总数为9514.8万名。从1921年中国共产党成立时的50多名党员,到1949年中华人民共和国成立时的448.8万名党员,再到2021年6月的9514.8万名党员,较1949年中华人民共和国成立时增长21倍。百年的奋斗历程中,中国共产党吸引力、凝聚力、战斗力不断增强,始终保持旺盛的生机活力。

| 年份 | 性别构成(%) | |
| --- | --- | --- |
| | 女 | 男 |
| 1949 | 11.9 | 88.1 |
| 1990 | 14.5 | 85.5 |
| 2002 | 17.8 | 82.2 |
| 2018 | 27.2 | 72.8 |
| 2021 | 28.8 | 71.2 |

表4-1　1949年、1990年、2002年、2018年、2021年中国共产党党员性别构成

在全国干部总数中，女干部所占比例逐年提高。现在，中国各级女干部的数量已接近干部总数的 40%，中国妇女充分发挥了"半边天"作用。

女性积极参与基层民主管理。2017 年，居民委员会成员中女性比例为 49.7%，已接近 50% 的《中国妇女发展纲要（2011—2020 年）》目标；村委会主任中女性比例为 10.7%，已提前实现《中国妇女发展纲要（2011—2020 年）》目标。

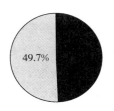 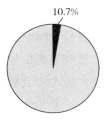

图 4-4

（信息来自全国妇联"女性之声"《中国妇女发展纲要实施 2017"成绩单"》）

2018 年，居民委员会成员中女性占比为 50.4%，比上年提高 0.7 个百分点，已达《中国妇女发展纲要（2011—2020 年）》目标；2018 年，村委会主任中女性占比为 11.1%，比上年提高 0.4 个百分点。

## 案例分享

### 国际妇女节之母

在法国大革命一百周年的纪念大会上，国际妇女运动先驱者克拉拉·蔡特金（Clara Zetkin）发表了《为了妇女解放》的专题演说，提出了男女同工同酬、女性经济独立等观点。也正是因为她在国际社会主义妇女代表大会上倡议将每年的 3 月 8 日设为鼓励女性争取平等权利的纪念日，才有了如今的国际妇女节。

无限循环的写稿、演讲、开会……克拉拉·蔡特金常年忙碌在各种工作中，为实现女性解放奉献了自己的一生。为了纪念克拉拉·蔡特金，中国曾发行过两套妇女节纪念邮票，第一枚邮票图案均为克拉拉·蔡特金的肖像。

**【分析与提示】**

为了消除性别歧视，保障自身应有的权利，无数女性投身"反性别歧视"的斗争，致力于实现两性权利平等的"女权运动"得以形成。国际妇女节正是在女性争取平等权利的过程中诞生的，广大女性为推进反性别歧视做出了伟大贡献。

## 政治学与女性主义

　　亚里士多德说人是政治动物。但在封建男权社会中，女性若要从政，"华山一条路"已无法形容其险峻，因为实在是无路可达。非独中国，而是举世皆然。

　　性别上受歧视（男尊女卑），剥夺了受教育的权利（无才便是德），处于附属地位（三从四德），活动范围只能在帷墙之内（不能抛头露面），古代女性的生存空间，被礼教和制度压缩到了极限。政治对女性而言是全封闭的。文学作品《再生缘》中的主人公孟丽君，因为女扮男装考状元做官，被揭发后因欺君之罪甚至要被杀头，可见古代社会对女性的压迫有多厉害。

　　然而，纵是如此禁闭森严，历朝历代却都有女性在政治上留下了印记。

　　然而，在那个时代，政治似乎只是男人的专属领域。在这个领域，无论男人怎样尔虞我诈、血腥杀伐或是昏庸无道，都是天经地义之事；然而一旦有女人染指政治，便有道德君子呼天抢地含血喷天。历史上寥寥可数的几名女性政治家，成为当政者以后同样建成彪炳史册的伟业，与盛世贤明的男性统治者不相上下。但她们却首先被置于大不韪之地。牝鸡司晨，是最直白也最恶毒的言语攻击。

　　然而，从另一个角度来看，在那个备受禁锢与束缚的时代，女性偶露峥嵘便惊才绝艳，其表现不逊任何男儿，也间接证明了一个事实，在政治才智和能力上，女性并不是天然的弱者，只要有舞台，"我能！"

　　社会进步不可逆转的潮流，冲垮了腐朽的观念和体制；男女平等的大旗飘扬，为女性从政搭建了日益宽广的舞台。当今时代，寰宇天下，女性出任一国的最高元首或政府首脑，已不再是新鲜事。

　　从二战后的世界历史看，成为国家领导人的女性人数呈上升之势：20世纪50年代有1人，60年代有3人，70年代有7人，80年代有11人，90年代则超过20人。有人认为，21世纪将成为"她世纪"。

　　事实上，政治领域的两性平等，恰恰是现代民主政治的重要标志。无论是构建政治文明，还是营造民主社会，女性参政都是无法绕开的关节点。

　　进入21世纪以来，非洲、南美洲都迎来了它们的首位女性总统。而近年来，三个世界级大国的大位之争，更是巧合性地在男女间进行。默克尔击败施罗德，成为德国历史上首位女总理；罗亚尔与萨科奇逐鹿法兰西，虽败犹荣；

希拉里为入白宫二次酣战，踌躇满志。

世界政治的"她世纪"，正迎面呼啸而来？

（摘自《廉政瞭望》）

# 第三节　我国女性政治参与的成功经验与启示

## 一、我国女性政治参与的经验

中国共产党的成立，深刻改变了中国妇女和妇女运动的前途命运。彼时，中国妇女受"三座大山""四条绳索"压迫、束缚最深。中国共产党人深知妇女之苦难，也深信妇女之伟力。从此，中国妇女运动的面貌焕然一新。

1. 波澜壮阔的中国妇女运动告诉我们：我们党从诞生之日起，就把实现妇女解放、促进男女平等写在自己奋斗的旗帜上。我们党为中国人民谋幸福、为中华民族谋复兴的一百年，也是为中国妇女求解放、谋发展的一百年。我们党高度重视妇女事业发展，始终坚持男女平等的政治主张和基本国策，始终把妇女工作放在重要位置，始终把中国发展进步的历程同促进男女平等的历程紧密联系在一起，始终把广大妇女作为推动党和人民事业发展的重要力量，开辟了中国特色社会主义妇女发展道路。

2. "追求男女平等的事业是伟大的。"党的十八大以来，以习近平同志为核心的党中央，将促进男女平等和妇女全面发展放在党和国家事业全局中擘画，习近平同志关于妇女和妇女工作的一系列重要论述，为做好新时代妇女工作指明了前进方向，提供了根本遵循，引领中国妇女事业取得历史性成就。

3. 激情澎湃的中国妇女运动告诉我们：毫不动摇坚持中国共产党的领导是中国妇女运动沿着正确方向前进的根本保证，没有中国共产党，就没有我国广大妇女的历史性解放，妇女地位的根本性提高，妇女作用的全方位发挥。

## 二、我国女性政治参与的启示

### 1. 始终坚信妇女是推动人类进步的重要力量

纵观人类社会发展的历史，妇女始终是推动社会进步和人类发展的重要力量。在党的领导下，一代又一代中国妇女自觉把个人梦想融入国家和民族的梦想之中，与祖国共命运，与时代同奋进，在各行各业建功立业，展现出自尊、自信、自立、自强的精神风貌。

**2. 始终把妇女需求融入伟大事业的进程**

进入新时代，广大妇女争做伟大事业的建设者、文明风尚的倡导者、敢于追梦的奋斗者，"半边天"力量充分释放，主人翁地位更加彰显。平等依法行使民主权利、参与经济社会发展、享有改革发展成果达到新水平，获得感、幸福感、安全感与日俱增，我国妇女事业正迈入妇女受益受惠更多、发展环境更为优化、发展水平跨越提升的黄金发展期。

**3. 始终坚持中国特色社会主义妇女解放道路**

生机勃勃的中国妇女运动告诉我们：中国特色社会主义妇女发展道路是中国妇女实现自身解放和发展的必由之路，亿万妇女只有积极投身经济和社会发展，才能实现平等发展、同步发展、全面发展。必须坚持习近平新时代中国特色社会主义思想，必须深入贯彻习近平总书记一系列重要论述，切实做到听党话，跟党走，自觉凝聚起全面建设社会主义现代化国家的磅礴巾帼力量。

### 案例分享

#### "共和国勋章"获得者——申纪兰

申纪兰，女，汉族，中共党员，曾任山西省长治市人大常委会副主任、西沟村党总支副书记、西沟村金星经济合作社社长。

在社会主义革命、建设和改革开放的各个时期，申纪兰始终视党的利益高于一切，时刻与党中央保持高度一致，表现出了一个优秀共产党员高度的政治敏锐性和政治鉴别力。申纪兰几十年如一日，带领乡亲们艰苦创业，把一个几乎不具备生存条件的旧西沟建设成一个农、林、牧、副、工、商全面发展的新西沟，成为全国农业战线的一面旗帜。

1952年春，申纪兰带头动员和组织妇女参加公社劳动，在一个封闭贫瘠的小山沟带领广大妇女和男人开展劳动竞赛。她学会了犁地、摇耧、放羊、舀粪、打场等农田里最苦最累的农活，争得了男女同工同酬的权利，在全国率先举起了男女同工同酬的大旗。

50多年来，申纪兰始终坚持艰苦奋斗精神，带领西沟村人向穷山恶水宣战、向荒山秃岭进军，植树造林，打坝造地，先后在荒山上造林25 000亩，在干石河滩上筑坝7座、闸谷坊800余座，造地900亩，营造了一座座"绿色银行"，开发了一块块肥沃良田。

改革开放以来，申纪兰重新定位自己的人生坐标，完成了从农业劳模向现代企业家的角色转换。她上北京、下江南，争取资金、吸引人才、引进项目，先后建成了铁合金厂、饮料厂、石料厂、焦化厂，发展集住宿、餐饮、娱乐为一体的太原"西沟人家"，以及山西纪兰商务公司等，初步形成了建筑建材、冶炼化工、农副产品加工和外向型企业为主的企业发展格局。在申纪兰的带领下，西沟村2008年实现总收入1.2亿元，利税1 000万元，农民人均纯收入达到了3858元，比1978年增长了近100倍。

申纪兰是闻名全国的劳动模范，是全国唯一的一位第一届至第十一届全国人大代表。

**【分析与提示】**

申纪兰的事迹充分表明了党致力于实现妇女解放、促进男女平等的生动写照，是尊重、发挥"半边天"力量，彰显广大女性主人翁地位的生动实践。

■ **延伸阅读** ■-----------------------

### 中国最美女航天员——王亚平

王亚平，出生在山东烟台一个美丽的小山村，那里有漫山遍野的樱桃。她的父母是地地道道的农民。她从小要强、好学，她不仅学习好，体育也棒，擅长长跑。她曾经梦想成为一名医生或者律师。但17岁高考那年，她抱着试试看的心理，报名参加了女飞行员的选拔，没想到竟顺利通过体检，并收到飞行学院的录取通知书，幸运地成为全国第七批37名"女飞"中的一员。从此，她与飞行、与蓝天结下了不解之缘。

空军飞行学院的生活是艰苦的，入校第一天，她就被迫剪去长发，来不及悲伤，就投入了紧张的理论学习及艰苦的军训中。那时候，面对枯燥的理论学习及高强度训练，好强的她始终咬紧牙关。拉练、跳伞、游泳等特训科目更是不甘落后，能争第一不做第二。特别苦时也曾偷偷哭过，但不服输的她总是擦干眼泪，又继续训练。两年后，她顺利地进入哈尔滨第一飞行学院，开始了真正的飞行生涯。

第一次在教员带领下飞上蓝天，当穿过洁白的云朵，俯瞰祖国大好河山的那一刻，她才真正体会到了作为一名女飞行员的自豪和骄傲。尽管不能像其他女孩一样穿漂亮衣服，没有充足的时间打扮自己，可作为飞行员，这种畅游蓝天的感觉，别的女孩永远也体会不到。从此，她真正爱上在蓝天上飞翔的感觉，更加刻苦地投入训练及学习中。两年后，她便以第二名的总成绩被分配到素有"女飞行员摇篮"之称的航空某团队，开始了人生的另一段征程。她努力向前辈们学习，熟练掌握了4种机型的驾驶技术，成为团里的骨干飞行员。之后，她多次参加战备演习，并驾机参加了2008年汶川抗震救灾、北京奥运消云减雨等重大任务。

2003年杨利伟驾驶神舟五号成功升天时，作为飞行员，她心中的激动与兴奋同样难以言表。激动之余心中不禁升起一股小火苗：什么时候，自己也能飞上太空呢？这想法让她兴奋不已，她相信未来国家一定会培养出女航天员，自己能不能成为其中的一名呢？想到这，她又有了新的目标。

2009年5月，通过层层严格的选拔，她成为我国首批女航天员中的一员。她十分珍惜这得来不易的机会，努力投入训练。刚开始，一直没能突破超重训练二级，身体极限难以承受。她急得不行，一面向航天员中"老大哥"们讨教，一面加班加点增强心血管和肌肉练习。第二年，她的成绩就达到了一级。

2012年，她成为神舟九号任务备份乘组成员，此时，神舟九号唯一的女航天员将在她与刘洋之间产生。最终她以微弱的差距落选，但这足以说明，她离太空的距离更近了，她相信自己一定可以飞上太空。她微笑着祝福队友，丝毫不受落选影响，几乎没有停顿，即投入后续训练中。2013年，她终于成功入选神舟十号航天员，与聂海胜、张晓光一起，进行为期十五天的飞行任务。她不仅负责监视飞行器、设备操控、照料乘组生活，还担任太空授课人，向中小学生讲解失重条件下物体运动的特点、液体表面张力作用，并与地面师生双向互动交流，成为继美国的芭芭拉·摩根后世界上第二个太空授课的航天员。

2013年7月，王亚平被中共中央、国务院、中国共产党中央军事委员会授予"英雄航天员"荣誉称号，并获"三级航天功勋奖章"。

此时王亚平可以说是功成名就，但是她没有就此止步。2014年，王亚平考入北京大学新闻与传播学院，成为该校的一名硕士研究生。2016年，王亚平顺利从北京大学毕业。2018年，王亚平再次考入北京大学，这次她从新闻与传播学院"跨界"到心理与认知科学学院，攻读心理学博士。

2021年10月14日，王亚平成为神舟十三号载人飞行任务飞行乘组成员；10月16日0时23分，神舟十三号载人飞船顺利升空，将翟志刚、王亚平、叶光富3名航天员送入太空，发射取得圆满成功。按照计划部署，神舟十三号航天员乘组在轨驻留六个月。这次再度问鼎苍穹，王亚平似乎又多了很多"首个"标签。中国首个进驻空间站的女航天员，中国首次驻留时间最长的女航天员。

# 第四节　新时代拓宽我国女性政治参与的路径

当前，我国须正视女性政治参与过程中存在的现实问题，坚持问题导向，思考、寻求更加细化的措施办法，逐渐找到制约广大女性政治参与的问题，组织引导广大女性在不断拓宽的政治参与中建功立业，持续推进新时代我国政治民主化走向深入。

## 一、持续改善女性的社会经济地位

经济基础决定上层建筑，女性社会经济地位的高低直接决定了女性政治参与的深度和广度。新时代，我们须采取必要措施，通过拓宽女性发展的空间和提高女性就业水平等途径，着力改善女性的社会经济地位，拓宽女性政治参与的广度和深度。

### （一）解放女性生活束缚

社会经济发展状况与广大女性摆脱束缚的程度密切相关，而广大女性摆脱各种束缚的程度又直接关系到她们政治参与水平的提高。根据生产力决定生产关系原则，我们须着力提升社会生产力，逐步改善广大女性的社会经济地位。例如，鼓励支持第三产业的发展，尤其是家政服务行业，拓展行业服务范围和增加服务内容，加快家务劳动社会化进程，使广大女性从沉重烦琐的家庭事务中解放出来，为进一步使其投身于政治参与活动提供时间和精力上的帮助。此外，还可以优化生产方式和提高生产技术，提高广大女性的工作效率，降低劳动强度，拓宽广大女性在工作领域中的发展空间，进而促进广大女性在经济和人格方面的独立，让她们有更多的时间和精力充分参与政治生活。

### （二）持续改善广大女性的就业状况

改善广大女性的就业状况是促进其进行政治参与的重要条件。"仓廪实而知礼节"，一份待遇优厚的工作不仅能为广大女性进行政治参与提供物质支持，还可以为其进行政治参与提供时间和精力上的帮助。解决此问题我们可以通过强化职业能力培训，提升女性就业竞争力来实现。培训内容与方式要充分结合广大就业女性的实际，切实保障培训的针对性和时效性。同时，也要把握市场需求和女性自身发展意愿，组织开展既提高技能又充分结合市场导向的培训，努力提升广大女性的就业竞争力。各级政府相关部门也可以加强对广大女性创业的扶持力度，为有创业意愿、符合条件的女性提供相应的资金和技术支持，帮助这些女性做大做强自己的事业。在物质基础得到了满足、经济地位得到了巩固时，广大女性势必会更加自信主动地投入政治参与的实践中，进而在政治参与过程中实现自身的价值。

### （三）要打破女性专业界限

2017 年 3 月 15 日，各国议会联盟（IPU）和联合国妇女署发布的《2017年妇女参政地图》的相关数据表明，近年来，世界各国政府行政部门以及议会中的女性人数增长缓慢，女性政治参与水平仍亟须提高。众所周知，北欧地区是全世界女性地位最高的地区，该地区女性的政治参与水平处于全球发展的前列。事实上，北欧地区国家在制度上保障了女性与男性在经济地位上的平等，平等地位进一步促进了女性有更高的热情与更大的空间参与政治生活。最值得一提的是，北欧地区的国家普遍的基础教育模式是从小培养学生的自理意识与能力。仅以丹麦的小学一例来说，丹麦的小学会开通厨艺课，在完成某些家务教育的同时模糊男性与女性的家庭分工，使人们从孩童时期就有着相对平等的性别认知。因此，社会的平等意识要从基础教育阶段进行纠正，通过增设培养共同兴趣的课程来打破传统意义上的性别分工是至关重要的。第三期中国妇女社会地位抽样调查数据显示，我国 18—64 岁女性的在业率为 71.1%，城镇为 60.8%，农村为 82.0%；男性的在业率为 87.2%，城乡分别为 80.5% 和 93.6%。城镇不在业妇女中，料理家务者占 69.3%，失业者占 13.3%，在校学习者占 6.4%。在业妇女在第一、二、三产业的比重分别为 45.3%、14.5% 和 40.2%。由此可见，我国女性的就业率与男性相比仍存在较大的劣势，并且女性在农业和服务业中的比例相对较高。2016 年，北京大学教育学院研究员基于中国 85 所高校的调查研究发表了《大学生专业选择的性别差异》一文，文章指出在选择就读专业上存在着较为明显的性别差异，女学生较为重视人文学科的学习，而男生更多地选择了就读工科专业，而这种学科间的性别差异是在高中文理分科时就有所体现的。社会的普遍价值观将男性与女性的就业结构进行了无形分化，影响着女性的政治参与程度。

因此，在鼓励女性享有平等教育权益的同时，还要坚决改善社会存在的"学科性别刻板现象"。国家可以通过改革教育制度促进学生受到均衡全面的学科教育。在学校教育中，增设有利于培育女性参政意识的活动，不断增强女性对于政治事务的关注度。在学生个人层面，培育和引导广大女性学生树立整体、全面的意识，自觉修正自身思想观念，帮助她们对社会事务形成一个全面的认识，从而更好地参与各种公共事务的建设。

## 二、将性别平等意识纳入公共决策

1. 从国情出发，确定女性政治参与的比例，不断拓展性别保障政策在女性政治参与领域的覆盖范围。在调整和设置各级领导班子中女性的数量与比例时，针对当前女性政治参与中的男女比例构成、分布不协调现状，制定和实施相关政策，着力扭转这一局面。比如，在设置和规定女性参与比例时，要进一步细化，综合考虑不同地区、不同行业以及各层级的行政机关，而不是笼统地规定女性政治参与整体比例。有针对性地改善和解决女性在权力决策机构中比例偏低的问题，进而解决实质性问题。

2. 以百分比的形式明确量化指标，增强女性政治参与比例的刚性。改善目标女性参政比例的模糊性问题。可在充分调研的基础上将全国人大女代表数量固定到一定比例，并在这一比例的基础上不断拓宽女性候选人的广度。同时，明确女性在各级行政机关任职比例，使广大女性在政治参与过程中发出更具影响力的声音，切实反映和代表所在群体的利益。逐步修订和完善相关政策法规，在权威法律体系中对女性政治参与比例做硬性规定，并切实增强执行和落实力度。必要时也可以将一些涉及女性政治参与比例的政策规定上升为国家法律，以增强其效力。

## 三、优化女性政治参与的舆论环境

人是社会人，广大女性在政治参与过程中难免会受到社会客观环境的影响。外部环境的建设和舆论氛围对女性政治参与的程度具有重要影响，因此，要树立先进的妇女观。观念的进步有利于促进行动的落实。进入新时代，我们要自觉认识到女性政治参与的扩大与提高是现代民主政治进程中绕不开的命题，它既是现代化的重要内容，又是现代化的必然结果，是全社会需要一致达成的共识。在实践中，我们要营造良好的社会外在环境，要建设动态的、多层次、多界别的女干部资源信息库，进一步扩大女性人才的知晓度。同时，也要强化良好的家风建设，破除男优女劣的传统落后观念，弘扬相互尊重、平等和谐的家庭氛围。

充分利用和发挥媒体与网络平台的积极作用。利用传媒为女性政治参与打造和谐融洽的社会客观环境。利用多种媒体、多种途径向全社会宣传我国实行男女平等基本国策的重要意义，女性广泛参与政治生活的重要性以及广大女性同胞在政治参与领域所做出的突出贡献。不断增强女性的自我意识，克服心理弱势，不断推动文明、先进的性别文化建设，使男女平等的观念和意识深深植根于人们心中，不断营造有利于女性政治参与的政治环境，激发女性政治参与的热情，继而全面提升女性政治参与的水平与质量。

## 四、提升女性政治参与的综合素质

内因决定外因，在做好外部环境建设的同时，内部建设也就是综合素质的高低直接关系到女性政治参与的实际状况，关系到新时代我国女性政治参与进程的推进。新时代女性须不断提高自身综合素质，概括来说要从两方面着手：一是增加女性接受教育培训的机会，二是要提高女性自身的主体意识。

研究和实践表明，教育是提升和完善女性政治参与综合素质的主要途径，在现代社会中女性受教育程度的高低与其政治参与的态度和行为等呈正比，即女性受教育程度越高，其政治态度就越明确，政治行为就越积极，从而进入政治参与领域的机会也会大大增加。所以，要始终将发展教育事业摆在重要位置，充分保障女性受教育的权利。同时，要对部分女性进行多层次、多领域、多渠道的再教育，在现有教育水平的基础上进一步加强和巩固教育质量，不断提高女性自身的综合素质。另外，要优化地区间的教育资源配置，形成教育对接帮扶机制，加大对农村和贫苦地区的教育资源投入，使广大女性接受更多的受教育机会，保障其政治参与水平和质量的逐步提高。完善女性干部长远培养机制，建立女性干部人才储备库，分批分层组织实施培训、轮岗、交流等，丰富女性干部成长历程。

另外，广大女性要切实发挥主观能动性，弘扬积极向上、坚韧不拔、敢于创新、勇于挑战的精神，做到独立自主、自尊自爱，争取更多的社会话语权。应做到以下几点。一要强化自身的理论修养。广大女性要加强专业知识的学习，优化自身知识结构，拓宽自身知识领域，深入领会和把握习近平新时代中国特色社会主义思想，不断加深对社会发展的理解，强化理论思维能力，树立正确的世界观、人生观和价值观，坚定理想信念。二要增强自身的实践能力。"纸上得来终觉浅，绝知此事要躬行"，广大女性必须躬于实践、敢于尝试、勇于探索，在政治参与实践过程中做到心中有数、游刃有余，在政治参与实践中不断发现问题、积累经验、提升能力，提高政治参与的水平和质量。三要培养良好的心理素质。在历史与现实因素的交叉影响下，大多数女性极易受到外部环境的影响，广大女性若想在政治参与的过程中获得成功、实现自身价值，就必须有足够的信心和充分的努力，突破心理束缚，保持积极乐观心态，以实际行动建功新时代，在改革发展的伟大事业中发挥女性的"半边天"作用。

### 五、充分发挥妇女组织的积极作用

妇女组织是性别平等的主要推动力量，它在推进女性政治参与过程中发挥着不可或缺的作用。它通过推动将性别平等意识纳入相关政策的制定与执行，开展女性政治参与能力建设等活动，积极推进女性政治参与的发展。在我国，妇联作为最大且最有影响力的妇女组织，具有独特的地位和作用，而其他妇女组织作为补充也具有不同的特点和优势。所以，在广大女性进行政治参与的过程中，要充分发挥各类妇女组织的积极作用，更好地为促进女性政治参与服务。

妇联是党密切联系广大女性的纽带，是两者实现有效沟通的重要平台，它既能及时回应女性所关心的问题，也可以汇集和反映她们的心声，更好地帮助其解决困难。2018年11月2日，习近平在同全国妇联新一届领导班子集体讲话中强调，妇联要承担好代表和维护广大女性的权益、促进男女平等和女性全面发展的重要任务。做好引领、服务、联系工作，要对接党的十九大提出的目标任务，围绕推进"五位一体"总体布局和"四个全面"战略布局，不断贯彻新的发展理念，开展富有女性特色的建功立业活动，最大限度调动女性的积极性、主动性和创造性。因此，这就要求各级妇联组织在日常工作中必须落实讲话精神，增强自身的政治性、先进性和群众性，及时了解和掌握女性同胞的各方面需要，以国家相关制度及方针政策为主要依据，坚持立足地方实际情况和特点，采用合理有效的工作方式和手段，实事求是、因地制宜地做好各项女性工作，以推动女性政治参与的进步，实现社会的全面发展。同时，各级妇联还可以通过发挥自身独特的优势开展工作，有效挖掘和分析女性在政治参与过程中存在的问题，并以调查报告或意见建议等具体形式推动国家关于女性政治参与相关政策的科学制定，最大限度地维护和保障女性在政治参与过程中的合法权益，实现女性政治参与水平的提高。当然，也可以发挥各级妇联组织颇具影响力的宣传方式，在女性政治参与方面提供专业咨询、介绍、指导和培训等服务，为女性政治参与提供有利条件。

民间妇女组织因其是自下而上的，所以同基层女性有更加紧密的联系。我们要充分发挥民间妇女组织的独特优势，调动民间妇女组织的积极性和主动性，为职能部门制定相关政策提供借鉴与参考，使政策内容充分反映广大女性的需要，也在一定程度上使制度更加民主、科学，更加贴近百姓。

新时代寻求拓宽我国女性政治参与的有效路径，不仅是发展中国特色社主义民主政治、进行社会主义现代化建设以及实现中国特色社会主义伟大事业的应有之义，也是践行人民群众是历史创造者的唯物史观和以人民为中心的发展思想的内在要求。广大女性作为占人口半数的社会力量，理应被紧紧吸引且围绕在党和国家的周围，始终坚持在中国共产党的统一领导下，依据相应的法律规范、社会规范和道德规范，形成良好、稳定、有序、和谐、生动活泼的女性政治参与局面，有序地参与社会生活的各个方面，展现新时代女性风采，为实现社会主义现代化建设、实现中华民族伟大复兴贡献智慧与才能。

**案例分享**

### 九部门联合发文规定"六不得"，规范招聘行为促进妇女就业

2019 年 2 月，人社部、教育部等九部门联合印发《关于进一步规范招聘行为促进妇女就业的通知》，对招聘环节提出了"六不得"的明确要求，例如不得询问妇女婚育情况、不得将妊娠测试作为入职体检项目、不得将限制生育作为录用条件等。《通知》发布第二天，"招聘不得询问妇女婚育情况"的话题就冲上微博热搜第一，引发社会广泛关注和热议。

【分析与提示】

招聘环节中的性别歧视在全面二孩政策背景下愈演愈烈，"六不得"规定适时完善和具体细化了相关法律规定，对于减少就业领域突出存在的、新的性别歧视现象，保障妇女平等就业权利具有重要意义。

**延伸阅读**

### 习近平总书记关于妇女工作金句

1. 我们党始终坚持把实现妇女解放和发展、实现男女平等写在自己奋斗的旗帜上。

在革命、建设、改革各个历史时期，我们党始终坚持把实现妇女解放和发展、实现男女平等写在自己奋斗的旗帜上，始终把广大妇女作为推动党和人民事业发展的重要力量，始终把妇女工作放在重要位置，领导我国妇女运动取得了历史性成就，开辟了中国特色社会主义妇女发展道路。今天，我们面临的任务更加繁重，面向的目标更加远大，更需要我国广大妇女贡献智慧和力量。

——2013 年 10 月 31 日，同全国妇联新一届领导班子成员集体谈话并发表重要讲话

2. 妇联干部要对广大妇女充满感情，真诚倾听她们呼声，真实反映她们意愿，真心实意为广大妇女办事，在广大妇女中产生强大感召力。

推动妇女事业发展，做好妇联工作，必须有改革创新精神。要对照党中央新要求和广大妇女新期待，以作风建设的实际成效推进妇女事业发展。要通过立体化、多层面的组织体系最广泛地把广大妇女吸引过来、凝聚起来，让广大妇女在身边就能找到妇联组织、得到及时帮助，把妇联组织当作可以信赖和依靠的地方。妇联干部要对广大妇女充满感情，真诚倾听她们呼声，真实反映她们意愿，真心实意为广大妇女办事，在广大妇女中产生强大感召力。

——2013 年 10 月 31 日，同全国妇联新一届领导班子成员集体谈话并发表重要讲话

3. 没有妇女解放和进步，就没有人类解放和进步。

追求男女平等的事业是伟大的。纵观历史，没有妇女解放和进步，就没有人类解放和进步。为实现男女平等的崇高理想，人类走过了不平坦、不平凡的历程。从 200 多年前世界第一份妇女权利宣言诞生，到"三八"国际劳动妇女节的设立，到联合国成立妇女地位委员会，到通过《消除对妇女一切形式歧视公约》，妇女事业发展的每一步都推动了人类文明进步。

——2015 年 9 月 27 日，在全球妇女峰会上的讲话

4. 发展离不开妇女，发展要惠及包括妇女在内的全体人民。

推动妇女和经济社会同步发展。发展离不开妇女，发展要惠及包括妇女在内的全体人民。我们要制定更加科学合理的发展战略，既要考虑各国国情、性别差异、妇女特殊需求，确保妇女平等分享发展成果，又要创新政策手段，激发妇女潜力，推动广大妇女参与经济社会发展。中国实践证明，推动妇女参加社会和经济活动，能有效提高妇女地位，也能极大提升社会生产力和经济活力。

——2015 年 9 月 27 日，在全球妇女峰会上的讲话

5. 我们要把保障妇女权益系统纳入法律法规，上升为国家意志，内化为社会行为规范。

妇女权益是基本人权。我们要把保障妇女权益系统纳入法律法规，上升为国家意志，内化为社会行为规范。要增强妇女参与政治经济活动能力，提高妇女参与决策管理水平，使妇女成为政界、商界、学界的领军人物。我们要保障妇女基本医疗卫生服务，特别是要关注农村妇女、残疾妇女、流动妇女、中老年妇女、少数族裔妇女的健康需求。我们要采取措施确保所有女童上得起学和安全上学，发展面向妇女的职业教育和终身教育，帮助她们适应社会和就业市

场变化。

——2015 年 9 月 27 日，在全球妇女峰会上的讲话

6. 我们要努力消除一切形式针对妇女的暴力，包括家庭暴力。

男女共有一个世界，消除对妇女的歧视和偏见，将使社会更加包容和更有活力。我们要努力消除一切形式针对妇女的暴力，包括家庭暴力。我们要以男女平等为核心，打破有碍妇女发展的落后观念和陈规旧俗。我赞赏潘基文秘书长发起的"他为她"倡议，希望越来越多男性参与进来。

——2015 年 9 月 27 日，在全球妇女峰会上的讲话

7. 中国将更加积极贯彻男女平等基本国策，发挥妇女"半边天"作用，支持妇女建功立业、实现人生理想和梦想。

在中国人民追求美好生活的过程中，每一位妇女都有人生出彩和梦想成真的机会。中国将更加积极贯彻男女平等基本国策，发挥妇女"半边天"作用，支持妇女建功立业、实现人生理想和梦想。中国妇女也将通过自身发展不断促进世界妇女运动发展，为全球男女平等事业作出更大贡献。

——2015 年 9 月 27 日，在全球妇女峰会上的讲话

8. 坚持男女平等基本国策，保障妇女儿童合法权益。

坚持男女平等基本国策，保障妇女儿童合法权益。完善社会救助、社会福利、慈善事业、优抚安置等制度，健全农村留守儿童和妇女、老年人关爱服务体系。

——2017 年 10 月 18 日，在中国共产党第十九次全国代表大会上的报告

9. 把更多注意力放在最普通的妇女特别是困难妇女身上。

要把握妇女对美好生活的向往，有针对性地做好联系妇女、服务妇女各项工作，把更多注意力放在最普通的妇女特别是困难妇女身上，格外关心贫困妇女、残疾妇女、留守妇女等困难妇女，为她们做好事、解难事、办实事。

——2018 年 11 月 2 日，同全国妇联新一届领导班子成员集体谈话并发表重要讲话

10. 对严重侵犯妇女权益的犯罪行为要坚决依法打击，对错误言论要及时予以批驳。

长期以来，男女平等、尊重妇女的观念越来越深入人心，同时针对妇女的歧视依然存在。解决这些问题，需要从国家层面治理，对严重侵犯妇女权益的犯罪行为要坚决依法打击，对错误言论要及时予以批驳。

——2018 年 11 月 2 日，同全国妇联新一届领导班子成员集体谈话并发表重要讲话

11. 引导妇女既要爱小家，也要爱国家。

要坚持以社会主义核心价值观为统领，引导妇女既要爱小家，也要爱国家，带领家庭成员共同升华爱国爱家的家国情怀、建设相亲相爱的家庭关系、弘扬向上向善的家庭美德、体现共建共享的家庭追求，在促进家庭和睦、亲人相爱、下一代健康成长、老年人老有所养等方面发挥优势、担起责任。

——2018 年 11 月 2 日，同全国妇联新一届领导班子成员集体谈话并发表重要讲话

12. 要帮助妇女处理好家庭和工作的关系，做对社会有责任、对家庭有贡献的新时代女性。

要帮助妇女处理好家庭和工作的关系，做对社会有责任、对家庭有贡献的新时代女性。要引导妇女发扬爱国奉献精神，自尊自信自立自强，以行动建功新时代，以奋斗创造美好生活，在祖国改革发展的伟大事业中实现自身发展，在人民创造历史的伟大奋斗中赢得出彩人生。

——2018 年 11 月 2 日，同全国妇联新一届领导班子成员集体谈话并发表重要讲话

（资料来源：中国共产党新闻网）

# 第五章　性别平等与经济实践

　　性别平等是当代和未来经济发展趋势的客观要求。当代和未来经济发展的趋势是：一是经济全球化；二是经济区域化；三是经济知识化；四是第三产业比重越来越大。这些趋势带来的特点或要求是：从封闭向开放转变；从单一型向复合型人才转变；从重体力劳动向重脑力劳动转变。这些转变，使传统的社会性别意识受到挑战，如"男强女弱""男主女从""男尊女卑""男主外，女主内""男人挣钱，女人做家务"等。女性和男性一样适应这些发展趋势，甚至有些方面女性还强于男性。

　　发展对推动性别平等有重要作用。传统的社会性别观念对女性是一种压制。当社会发展程度越高，工业化程度越高，提供的劳动岗位越多，女性参与社会事务的机会越多时，她们会更认可自身价值，社会性别观念变化较大。女性参与经济活动的主要标志是女性的职业化取向。

## 第一节　性别平等与经济发展

### 一、经济发展与两性经济

　　诺贝尔经济学奖获得者菲尔普斯曾说过，美好的生活有两个部分：在积极参与社会中所增长的见识，以及在创造和探索不确定性中所完善的德行。对于女性而言，只有在家庭、劳动力市场以及教育三个领域中实现完全的男女平等，才是其追求的终极目标。经济发展是实现人类发展的必要手段，但人类发展的最终目标是使所有人——男人和女人，都有平等的机会参加发展的进程并从中受益（UNDP，1995）。经济发展水平和开放水平越高的地区，能够提供的工作机会越多，女性外出工作的概率越大，女性自我认可越高和男性观念变化越大，两性关系便越平等，社会性别观念越现代。因此，大力发展经济和提高开放水平，有利于促进性别平等观念的发展。

## 二、经济发展对性别平等的作用

在人类发展的过程中，经济发展带来文化改变，进而影响性别平等。个人的社会性别观念是经济发展、社会制度和社会文化综合影响的结果。在平等意识和民主意识的影响下，社会性别观念能够实现从传统到现代的转变，性别歧视减少，性别刻板印象弱化，越倾向于两性平等；经济发展程度越高，社会性别观念越倾向于现代，越倾向于性别平等。

### （一）经济发展对性别平等的促进作用

随着现代化的发展，从农业社会到工业社会，女性进入了劳动力市场，提高了女性的识字率和受教育程度，进而发展到后工业社会，性别平等意识在公共领域和工作领域都有所发展。

1. 经济发展会弱化"男主外，女主内"这一传统的性别分工。经济发展带来了技术进步，这就为女性创造了更多的就业机会，进而增强了她们参与劳动力市场的积极性。女性就业机会的增加会提高她们的家庭地位，减少家庭内部的资源分配不均。当下女性"走出家庭"就业已成为时代的大趋势，有迫于生计补贴家用的就业动机，也有纯粹为了角逐梦想舞台的理想。但无论如何，世界各国女性就业率整体来看还是比较低，而这其中中国女性就业率由于人口基数大，劳动力需求量也大而顺利"碾压"各国女性就业率。

2. 经济发展推动基础设施的建设，家庭生产技术的进步和家务劳动市场替代的发展，减少了女性无酬家务劳动的时间，使她们有更多机会从事有偿劳动，有利于家庭收入的增加。当前，全社会男女平等意识深入人心，职场女员工也普遍认为她们完全有理由和男员工"平起平坐"，更多的女性坚信"女人要外出工作，有自己的事业"，她们认为"男性和女性只有生理上的差异，其他方面并无明显差异"；只有极少的女性认同"男人负责挣钱养家，女人负责相夫教子"的观念。

### （二）经济发展过程中性别平等的待解决问题

虽然经济发展降低了劳动参与和人力资本投资等方面的性别不平等程度，但这并不是全部的表现。

1. 女性劳动参与率的提高并不代表就业质量的提高和男女工资差异的缩小。经济的发展带来了很多非正规就业的机会，非正规企业工资低、劳动条件差，劳动者缺乏基本的社会保障，而在非正规企业就业的主体就是女性。

据《2019中国女性职场现状调查报告》统计，2019年男性整体月平均收入为9467元，而女性的相应收入为7245元，男女之间收入存在明显差距。具体来看，男性收入比女性收入高23％，相比2018年两性整体薪酬差异增加了1％。此外，男性的整体收入涨幅高于女性群体8个百分点。当下社会女性从事的工作主要有两类：一类是事业理想型，即把个人事业有成作为人生奋斗的最高目标，追求精英模式就业环境。而另一类则相反，迫于生计不得不从事低端劳动密集型的就业空间，追求更好的利润收入是她们的最终目标。而当下的社会更多的是第二种女性就业方向。但由于性别局限，这类女性的就业情况并不是太理想，一般多为家政服务、保姆、清洁工、超市收银员、前台接待，等等。

2. 一部分人认为，女性受教育水平的提高使她们能够更好地相夫教子，或者能找到条件更好的丈夫，但并没有改变她们在家庭内部对男性的依附或是提高她们的社会地位。

封建社会中，男子三妻四妾的情况很常见，多个妻子才是家族后继有人的有力保证。男权思想在世界范围内有很深的影响。从原始社会到封建社会，由于身体上的优势，男性在战争争夺、劳动力贡献等方面的优势越来越突出，他们渐渐成为社会的主导力量。同时，女性由于生理上的弱势，工作重点主要在家务劳动上。女性"操持家务""相夫教子"的工作使她们在经济上依附于男性，从而在命运上依附于男性，顺从于男性。男性控制着女性的生活甚至命运，自然对女性有更多要求。时至今日，尽管女性已经通过参与社会劳动拥有了经济上的独立性，家庭地位也在法律制度的保障下不断提升，但是这些被男权话语笼罩的轻视、禁锢女性的观念，仍然在一定范围和领域内根深蒂固地存在。社会在赋予女性母性与妻性的从属地位的同时，忽视了女性本身作为社会人的主体性。

3. 经济发展是在一定的政治、社会意识形态中进行的，但在女性的政治参与方面，政治权利的分配方面的性别差距并没有缩小。因此，经济增长并不足以解决家庭和社会众多领域的性别歧视问题。

女性本身存在许多性别优势，在工作中发挥着男性无法替代的作用。她们勤谨温良、办事认真、待人热情、感情细腻，善于关心人、体贴人、理解人，富有亲和力，奉献精神强。女性具有独特的网状思维方式，考虑问题比较全面，协调能力较强。多数女性领导在从政、参政期间所表现出的公仆意识、勤政廉政品质、自律自控能力、奉献精神和人格魅力在公众中所赢得的认同度，不但有助于她们在政治参与中维护自己的人格尊严，树立女性担任领导工作的良好形象，而且提升了女性在社会生活中的地位。虽然女性自身有了觉醒，国家的法律条文也明确规定女性拥有与男性同等的参政议政权利，但是女性参与国家和社会事务决策的难度还是较大的。男性获取经济资源或政治资源的机会大于女性，男性比女性拥有更多的经济资源和政治资源，并且，越是重要的资源，越是分化程度高的资源，性别差异越明显。社会仍然对女性参政议政存在偏见，并且培养和选拔机制仍然不够健全，导致女性参政比例偏低，困难比男性多。

### 三、性别平等对经济发展的影响

按马克思主义经济理论和人口理论的观点，社会生产是物质资料生产和人类自身生产的统一，两种生产都是社会存在、延续和发展的条件。没有物质资料的生产，人类社会当然不可能存在和发展；同样，没有人类自身的生产，没有人口的繁衍，人种绝灭了，也就没有人类社会了，更不可能有经济的发展。人是经济发展中最重要的生产要素，人的数量、质量直接关系到经济的发展。在任何一个社会，促进性别平等和妇女全面发展，必然对经济发展有重要意义。因为不论从历史上看，还是从现实来看，妇女都是经济发展的积极参与者，而不是被动的福利接受者。十万年前，就是由妇女发现粮食可以栽种并且成功实现了粮食种植，才使人类从原始的靠打猎、采集为生进入农业经济，从过去经常挨饿受冻、迁徙死亡的状况中（特别是冬天）进入有较为稳定收成、稳定发展的农业社会。

随着时代的进步，经济的发展从封闭向开放转变，劳动力从单一型向复合型人才转变，劳动类型从重体力劳动向重脑力劳动转变。这些转变，使传统的社会性别意识受到挑战，如"男强女弱""男主女从""男尊女卑""男主外，女主内""男人挣钱，女人做家务"等。女性和男性一样适应这些发展趋势，甚至有些方面女性还强于男性，如：外语、传媒、公关、人事管理等方面的工作。因为女性的表达能力、交际能力、协调能力都比男性灵活且更富有情感，所以女性比男性具有更大的沟通优势。现在，为各行业做专题、组织培训、企业战略咨询等工作的白领女性，成为职业群体中很耀眼的一个群体。另外，从人力资源管理的角度来看，一个现代企业，最重要的优势除了资金充足，更重要的是拥有一群有知识、有能力并与企业同生共死的员工，而女性所特有的亲和力及号召力使她们更胜任人事方面的工作，为企业搜寻、挖掘、培养人才。这些发展趋势和特点，都要求必须坚持性别平等，否则，就不能调动一切积极因素，加快经济发展。

《2019 胡润全球白手起家女富豪榜》统计了全球白手起家的十亿美金女富豪，100 位上榜的全球最成功女企业家来自 16 个国家。其中，61％的女富豪来自中国，高居榜首；美国第二，英国第三，上榜人数分别为 18 人和 6 人。33％的上榜女富豪来自新兴行业，先进制造业、医药行业人数最多，大数据、电子商务和媒体娱乐行业人数排名第三。俗话说，天上不会掉馅饼，成功属于爱拼的人，庞大的事业都是从无到有，从小到大，一步一步干出来的。

## （一）性别不平等会降低经济发展速度

经济增长是指人均 GDP 的增加，经济发展则包含除了增长以外更广泛的含义，比如人们生活质量的改善、经济选择的增加等。在经济日益全球化、对外开放的时代，减少性别不平等，尤其是减少在中/高等教育及经济参与方面的性别不平等，有助于提高国家的劳动生产率和总产出，优化经济发展中的其他成果，包括社会政策、制度质量以及下一代的发展，提升国家在全球博弈中的竞争优势。

## （二）教育方面的性别不平等与经济发展

### 1. 教育上的性别不平等会降低社会人力资本水平

假设男孩和女孩的天赋能力分布是相同的，教育上的性别不平等意味着天赋能力较低的男孩比女孩有更多的机会接受教育。结果就是，接受教育的孩子的平均天赋能力要低于男/女孩有同样受教育机会情况下应该有的天赋能力。假设人力资本水平是每个人天赋能力和受教育水平的综合结果，那么，教育上的性别不平等就会降低一个经济体的平均人力资本水平，从而降低经济增长速度。

### 2. 提高女性受教育程度具有直接的正向作用

提高女性的受教育程度会降低生育率、儿童死亡率，提高下一代的教育水平，而这些变化都会提高人力资本水平，从而促进经济增长。对于发展中国家来说尤其如此。发展中国家的教育性别差异较大，生育率高，结果使人均收入水平也很低。因此，教育上的性别差距会降低整个社会从女性教育中获得的收益。限制女性受教育意味着失去了拥有良好教育和较高生产率的下一代的机会,从而降低了人才质量。

**3. 教育是通过提高女性的智力素质和劳动生产率来提高女性收入进而提高家庭收入**

第一,教育可以开阔女性视野,重塑女性的世界观和价值观,避免女性被陈旧的思想束缚,从而促进女性思想与时俱进。第二,受教育程度的提高使女性获得更丰富的知识技能和更强的创新能力,更加符合就业市场和社会经济发展的需要。第三,在应对各种信息冲击时,受教育程度较高的女性能够做出更有效的处理和选择,对新鲜事物和新机会反应更灵敏,接受力更强。

因此,女性受教育程度的提高会导致女性劳动力素质的提高,进而优化劳动力市场女性人力资本水平,提升下一代的人口素质,提高女性个人收入,增加家庭收入,最终实现经济发展。

**(三)就业收入上的性别不平等与经济发展**

劳动力市场对女性的就业歧视会导致劳动力短缺,提高企业的用工成本,从而降低经济增长率。BOSS直聘研究院发布了《2021中国职场性别薪酬差异报告》。报告显示,2020年,城镇就业女性的平均薪酬为6847元,是男性平均薪酬的75.9%,薪资差距较大。薪资水平越高的岗位,男女薪酬差异越大。在大多数国家的正规企业中,女性都遭遇着性别歧视和职业性别隔离,这将直接导致资源配置失败。消除性别歧视和职业性别隔离,将劳动力从女性集中的部门转到男性集中的部门就会提高劳动生产力和总产量。此外,就业上的性别不平等,还会影响到经济增长。

提高女性就业率和收入水平会提高她们在家庭中讨价还价的能力。这种能力的提高不只是对女性有益,还会从很多方面影响经济增长。由于男性和女性的储蓄行为不同,女性在家庭中讨价还价能力的提高,会使她们将更多的收入用于生产性投资和提高孩子的健康及教育水平等方面,提高下一代的人力资本水平,进而促进经济的增长。

■ **延伸阅读** ■-----------------------

### 2021年男女薪酬差异报告出炉了!

2021年3月,BOSS直聘研究院发布了《2021年中国职场性别薪酬差异报告》,该报告以中国城镇就业群体为研究对象。报告数据显示,2020年全年女性平均薪资为6847元,同比回落2.1%,平均薪酬低于男性31.8%。我们一起来看详细报告。

1. 2020年男女薪酬差异再次拉大,男性均薪为9024元,薪酬优势达 31.8%。

从绝对值看，2020 年城镇就业女性的平均薪酬为 6847 元，对比 2019 年女性平均薪酬 6995 元，同比回落 2.1%。而男性 2020 年平均薪酬 9024 元，对比 2019 年男性平均薪酬 8572 元，同比上涨 5.3%。中国城镇就业群体平均薪资的性别差异再次拉大。

从 D-测度值验证，2020 年，我国男女薪酬的 D-测度值从 2019 年的 0.183 升至 0.203，涨幅小于薪资差异度的变化，说明过去一年我国性别薪酬差异变大，受薪资分布结构及离散度变化的影响更强。

从分位值角度观测，2020 年，我国城镇职业女性和男性的薪资分布向中间靠拢，中低收入区间的岗位竞争变得越发激烈。其中 90 分位薪资，女性由 2019 年的 11.5k 回落至 10.5k，男性由 15k 回落至 13.25k。

2020 年全年，有 61% 的男女薪酬差异能够通过求职者自身特征进行解释。也就是说，有 39% 的性别薪酬差异无法由外部核心因素来解释，可以认为是由性别差异带来的。对比 2019 年 30% 的占比，上涨了 9 个百分点。

研究人员推测：在疫情这样的重大公共紧急事件面前，女性的收入稳定性相对更弱，面临着更高的职业风险。

在这 61% 的可解释因素中，有三项特征直接造成女性平均薪酬低于男性，按权重从高到低排序分别为职位、工作经验及行业。其中，工作年限造成的差异比重首次超过行业。而教育年限依然是唯一对男女薪酬差异起到收敛作用的因素，较 2019 年的 —14.6% 提高了 30 个百分点。

BOSS 直聘研究院数据显示，2020 年，中国职场女性的教育回报系数为 0.061，即每多读一年书，平均薪酬可增长 6.1%。无论是从教育水平角度还是实际工作能力的角度，高能力女性都日益成为职场中不可忽视的力量。

2021 年前两个月，活跃的女性求职者中，具有本科及以上学历的比例已经达到 41.9%，比男性高出 6.7 个百分点。教育背景将继续助力中国职场女性不断实现自我提升，突破职业壁垒。

2. 在女性占比超过 50% 的行业中，金融、咨询行业薪资高于整体平均值。

职位、工作经验及行业三大影响因子中，职位依旧是导致男女薪酬分化的最大因素，且较 2019 年的影响权重（63.8%）再次提高。

在女性占比超过 50% 的行业中，仅金融行业、咨询/翻译/法律行业女性期望岗位薪资高于整体平均值。

虽然在金融行业女性期望岗位薪资高于整体平均值，但是从男女薪酬差异来看，男性的薪资优势（52.2%）仍然超过了整体平均薪资的优势（31.8%），这主要来源于男性对中高层管理岗位的高度渗透。

以安永和普华永道的高层管理岗位——合伙人男女比例为例，2020 年安永全球 600 人晋升为合伙人，仅 33％为女性，还不到男性的一半。

再看普华永道中国 2020 年雇员数据：整体雇员中女性 12055 人，占比高达 63.9％。但提升到合伙人层面，女性占比仅为 31％，下滑率高达 50％。

随着工作年限的增长，被提拔到中高层岗位的男性比例更高，薪酬差异的变化也就越来越大。当工作经验为 15 年时，本科及以上人群的性别薪酬差异高达 50.5％。

# 第二节　女性劳动供给

## 一、经济发展与女性劳动力供给

20 世纪后半叶以来，女性的绝对地位有了很大的提高，性别平等状况在大多数发展中国家也有了很大改善，但是发展中的性别不平等状况并没有得到根本的改变。《世界发展报告》显示，在发展中国家，女性在劳动力市场的参与率仅为 52％。正如毛主席所说："男女不平等的根源在于经济方面女子不能独立，女性全面参与社会发展，参加生产劳动，是实现妇女解放、提高妇女地位的先决条件。"

经济学家罗纳德·哈里·科斯在《变革中国》中感叹道："中国人的勤奋，令世界惊叹和汗颜，甚至有一点恐惧。"他所说的勤奋包括两个方面：一是全世界最高的劳动参与率；二是超高的劳动总量。勤奋的中国人，当然也包括勤奋的中国女人。中国女人的勤奋，除了上述两方面外，还有一个突出特征，那就是身兼数职且能够从中找到平衡点。中国女性的自我意识正在觉醒，越来越多的女性希望通过工作来获取自身价值。中国女性真的很能干，中国女性劳动参与率超过发展中国家的平均水平。中国"她力量"地位不可忽视，越来越多的职场女性正在被看到。一是由于中国几百年前的束缚使中国女性对劳动参与更渴望，一百多年前中国女性还裹着小脚，而如今的中国女性通过参与劳动实现人生价值。二是受教育的女性人数快速增长，使得女性的职场竞争力大幅提升。对于大多数家庭而言，妈妈有工作对孩子的成长更有利。中国女性毕业后大都参加工作，直到退休大部分人还在职场里。三是女性为了增加家庭的收入而进入劳动市场。

## 二、劳动供给与劳动力参与率

在劳动经济学理论中，劳动供给的定义是：在一定的市场工资率条件下，劳动力供给决策主体（家庭或个人）愿意而且能够提供的劳动时间。劳动参与率是与劳动供给密切相关的一个概念。如果说，用工作时间衡量劳动供给强调的是个人放弃闲暇而在劳动力市场获得收入的个人（和家庭）行为，劳动参与率则从宏观的角度考察了在既定劳动人口规模条件下，整个社会劳动人口参与劳动市场的情况。劳动参与率是衡量劳动供给的重要指标。

女性劳动参与率能反映一个国家或地区之中女性劳动者参与社会生活的程度，是衡量女性社会地位的重要标志，也是衡量社会发展、进步的重要依据。从经济上来讲，女性人口参与市场性劳动的程度，是研究女性劳动力就业状态的重要指标。

女性劳动参与率的下降对于经济的影响是十分巨大的。首先，在现阶段全球面临人口老龄化挑战的情况下，劳动供给受限于人口的老龄化，增长乏力，而女性劳动参与率又呈下降趋势，这严重影响了经济的增长和可持续发展；其次，女性劳动参与率下降使劳动力市场失衡，从而使女性劳动力资源不能得到最优配置，同质的劳动力不能获得同样的工资，不能实现充分就业。

## 三、女性劳动供给的特点

中华人民共和国成立以来，我国政府把提高女性的劳动参与作为提升女性地位和实现社会性别平等的一个重要举措。因此，中国女性劳动参与率水平高于世界上多数国家。但是，改革开放以来，中国女性的劳动参与率总体呈现下降趋势，特别是 20 世纪 90 年代末以来，国有企业劳动整合，大量女性职工下岗，女性劳动参与率下降幅度大于男性，而学龄前儿童母亲的劳动参与率下降幅度更大。同时，根据中国统计年鉴的数据，女性的工作时间普遍低于男性。随着时代的发展，女性劳动参与率逐步上升，虽然仍低于男性，但这种差距正在逐渐缩小。

### （一）女性劳动供给受家庭因素的影响

婚姻家庭生活几乎是所有女性生命中不可或缺的部分。在传统社会里，女性仅仅从事家务劳动，其命运的改变取决于婚姻。在现代社会中，女性可以从事经济活动，获得工资收入，但经济地位的提高并没有给既定的家务分工带来显著的变化，女性依旧承担着大部分家务劳动。特别是如今的已婚青年女性，由于时代发展形势不尽相同，其人力资本和就业现状明显好于中老年女性；但传统观念和角色期待的压力，家庭分工的转变、家庭劳务的强化也加重了女性家庭照料的负担，她们所面临的工作与家庭的冲突比男性更加严重，影响了已婚青年女性的就业选择和外出决定。

女性是生育的主体，也是劳动力的重要组成部分。女性的生育情况不仅影响着人口的发展变动，还影响着女性的就业意愿和用人单位的用工决策，是决定女性是否参与市场劳动的另一个重要因素。生育子女或子女数量的增加，给女性增加了喂养和照料的任务，会导致女性离开劳动力市场。尤其是全面二孩政策的实施，对女性的就业质量产生了影响，加深了用人单位对女性就业人口的性别歧视，减少了女性在职业培训和晋升方面的机会，甚至使女性中断劳动供给，对女性的工作时间投入和工资水平等方面产生了负面影响。

### （二）女性劳动供给受教育水平的影响

教育对女性发展有着重要的意义。在促进女性自我意识的觉醒和发展的基础上，教育能够从经济、政治等多方面推进女性的发展，它是影响女性参与决策的主要因素之一。随着女性受教育程度的上升，劳动参与的选择面越大，获得高薪的机会也越多，女性选择全职工作的可能性增加。

女性就业的首要条件是要具备一定的文化技术素质，这主要通过教育来得到培养和提高。当初国有企业改革时，出现一批下岗工人，在所有下岗工人中，女性所占的比例超过60%，而在下岗女工中，文化技术素质越低，其下岗概率就越高。教育除了能够促进女性就业外，对就业机会和工资收入也会产生影响。受教育程度高的劳动者多集中在工作稳定、工作环境好、工资福利好的岗位，而受教育程度低的劳动者多集中在工作不稳定、工作环境差、工资福利差的岗位。

提高自身的劳动生产率的一个重要方法就是加大人力资本投资，提高受教育水平。相对于低学历的女性，高学历女性由于能力相对更强，进而在劳动力市场上议价能力也就更强，因而在就业时能有更多的话语权，所以受歧视的程度较低。同时，女性提高受教育程度，可以从事更多的脑力劳动，这样就将女性本身的体力缺陷完美避开。因此，提高受教育水平和自身素质是女性克服先天生理弱势的一个有效办法。最后，更重要的一点，根据统计性别歧视理论，受教育程度起到信号传递的作用。在对雇员的选择中，由于高学历在一定程度上代表高能力，所以雇主更倾向于选择高学历的雇员，从而降低了对高学历女性的歧视程度。

### （三）女性劳动供给具有明显的行业特征

男性和女性在行业间的性别差异一部分是由性别的生理特点决定的，但是，一些行业男女比例的失衡则在一定程度上说明了性别隔离的存在。男性就业人员集中在制造业、建筑业与交通运输业、仓储和邮政业，而女性就业人员大多集中在批发和零售业、农林牧渔业、教育与住宿和餐饮业。由此可见，就业人员的行业构成存在性别差异性，也体现出了两性劳动者在职业选择倾向上的差异。

### （四）女性就业的非正规化趋势加强

非正规就业的形式多样，例如临时工、小时工、季节工、短期合同工、劳务派遣或服务等就业形式。随着我国经济转型和结构调整，女性就业受到的冲击比男性更为严重。女性在正规就业中容易受到排斥，并且女性失业后再就业也比男性更加困难，所以当正规经济部门不能提供充足的就业岗位时，女性更容易失业。与此同时，非正规经济部门伴随着经济的转型发展也日益兴盛，在某种程度上满足了很多人的就业需求和生活需要。由于面临谋生压力，很多女性只能选择进入非正规就业市场。

## 四、劳动力市场性别歧视的原因

### （一）性别分工

男性和女性劳动参与差异在社会性别分工中形成。社会性别分工不是简单地按照性别进行工作分配，而是在市场机制作用下，把男性和女性分配到不同收入、不同社会声誉的行业或职业中，从而导致男性和女性在占有资源、地位和声誉等方面都处于不平等的状态。

**1. 性别分工导致了"男主外，女主内"的家庭分工模式**

这种模式提高了男性的劳动参与率，降低了女性的劳动参与率。传统文化中认为女性更适合从事家务劳动，而男性应当外出工作，赚钱养家糊口。

**2. 性别分工导致形成了"男尊女卑"的价值体系**

在这种价值体系中，女性从事社会劳动的价值低于男性，在长期传统文化的渲染下，很多女性也认同了这种价值体系，这在一定程度上降低了女性参与劳动的积极性，削弱了女性进入劳动力市场的动力。

**3. 性别分工导致形成了"男主女从"的家庭依赖关系**

既定的家庭分工，会导致男女双方的相互依赖。男性作为家庭收入的主要来源，参与了社会劳动并为家庭创造价值；女性处于从属地位，主要承担生育和家庭生产的责任，经济主要依赖于男性的收入。这种依赖感在长期的相处中逐渐加深，降低了女性劳动参与率。

## （二）生理差异

女性特殊的生理状况是导致劳动参与性别歧视的一个重要因素。首先，由于女性特殊的生理特征，在体力上处于劣势，导致许多行业和职业限制了女性的进入。相对狭窄的就业空间，导致了大量女性剩余劳动力不能参与经济活动。其次，女性特殊的生理保护增加了企业的成本，例如产假和哺乳期等，从而导致男性比女性在劳动力市场上更具有竞争优势。其中，女性生育造成的劳动中断和生理保护引发的高劳动力成本对劳动参与性别歧视的影响最深。

## （三）传统观念与大众传媒

1. 传统性别观念对女性职业成就感的压制，导致了男性劳动参与水平较高。在参与社会劳动的过程中，"男主外，女主内"的传统文化造就了女性的依附性，表现为女性对家庭的重视超过对工作的重视。当家务劳动和市场劳动发生冲突时，女性通常会放弃市场劳动，回归家庭。因此，很多女性在选择工作时，首先考虑的是工作时间而非职业前景。传统观念认为，男性在智力、创造力和冒险精神等方面更胜一筹，从而更适合参与社会劳动；相比之下，女性则更加细心和感性，在从事家务劳动方面具有优势。这种传统观念导致了劳动力市场的性别歧视。

2. 一些大众传媒大肆渲染女性为了家庭而自我牺牲的重要性，电视广告更加强调女性是家务劳动的主要承担者，而不是社会物质财富的创造者。对母亲的无私奉献精神的讴歌，进一步将女性角色局限在家庭中，而忽视了对其独立人格、个人发展的肯定，这些都潜移默化地影响了女性的劳动参与热情。

**案例分享**

### 女性就业歧视案例解析

【案情介绍】

2011年3月，王小姐入职上海一家贸易公司，岗位为商务拓展专员，月薪八千。双方签订了3年的劳动合同，其中试用期为3个月。在入职前填写的应聘人员求职登记表和入职当天填写的员工入职登记表中，王小姐在婚姻状况一栏均填写的是"未婚"。

过了4个月，王小姐意外怀孕，这令王小姐"已婚"的事实被公司发现。基于王小姐入职时没有如实告知公司婚姻状况，公司于2011年8月将其解聘，理由是王小姐故意隐瞒婚姻状况，违反了员工手册中的相关规定，公司决定解聘。

　　王小姐认为自己并非故意隐瞒婚姻状况，而是根据上海的风俗，领了结婚证未办酒席算未婚，并且她认为婚姻状况并不影响工作能力。但是公司没有协商的余地，王小姐拿到盖章的书面解除通知后就委托律师申请劳动仲裁，要求公司继续履行劳动合同，并要求公司支付从仲裁之日起到恢复之日的工资和社保。

**【庭审纪实】**

　　被申请人答辩：第一，申请人隐瞒法律上的已婚事实，诚信有问题，入职登记表上注明如果员工填写有虚假信息，单位有权与其解除劳动合同；第二，商务拓展专员的岗位要求到市内和周边城市出差，不适合已婚妇女；第三，根据王小姐入职时签收学习的员工手册的规定，隐瞒婚姻状况被视为严重违纪，单位可以合法解除劳动合同。

　　申请人针对被申请人的答辩提出以下观点：

　　1. 申请人没有故意隐瞒的动机和必要。故意隐瞒是掩盖真相不让人知道。事实上申请人并不知道商务拓展专员岗位要求"未婚未育"，被申请人也没有证据证明告诉过申请人这个岗位要求"未婚未育"。申请人领结婚证至今未办酒席，按照上海人的传统观念，未办酒席不算结婚，所以申请人才误填了"未婚"。

　　2. 申请人的岗位商务拓展专员并非法律规定的不适合妇女的工种或岗位，公司后来提供的岗位说明书上要求"未婚未育"，也明显违反了法律规定。即使申请人隐瞒了已婚事实，也不影响这个岗位的胜任。

　　3. 申请人认为员工手册对个人资料包括家庭内部状况的变化，如有隐瞒就视为重大违纪予以解除劳动合同，是不合理的。个人婚姻状况并非像学历、工作履历会影响工作能力，如果因为是已婚妇女就不聘用，就违反了劳动法关于劳动者平等就业的权利。而且被申请人没有证据证明员工手册是经过民主程序制订的，不合理且不合法的员工手册规定不能作为解除劳动合同的依据。

　　4. 根据《劳动合同法》第43条的规定，用人单位单方解除劳动合同，应当事先将理由通知工会。被申请人没有通知工会就解除与申请人的劳动合同也违反了法律规定的程序。程序违法必然导致结果违法，这是毋庸置疑的。

　　仲裁认为，劳动者应当将自身情况如实告知用人单位，以便用人单位合理安排工作岗位。申请人在入职时刻意隐瞒婚姻状况，被申请人依据诚信原则和员工手册的规定与申请人解除劳动合同并无不当，驳回申请人的诉求。

　　申请人不服仲裁结果诉至法院，最后在法官的调解下，双方以3万元了结了此案。

**【分析与提示】**

很多单位对一入职就怀孕的女职工非常反感，便找各种理由想方设法解除与怀孕女职工的劳动合同，但稍有不慎就有诉讼风险，并且用人单位承担不利后果的可能性非常大。如果怀孕女职工无法胜任其工作，协商解除劳动合同是比较好的方法；如果怀孕女职工有《劳动合同法》第三十九条规定的行为，也可以合法与其解除劳动合同。

针对本案而言：

1. 特殊的岗位对于用人的要求，通常是有法律法规规定的，不是用人单位自己来评判的。用人单位擅自进行限制，有就业歧视的嫌疑。对于一些岗位，用人单位在招聘时可能会有一些考虑，但用人单位在招聘时至少要明示出来。

2. 除非用人单位在应聘时做出了明示，否则即便应聘者在应聘之初出于某些原因隐瞒了婚姻状况，也仅能算是合同中的瑕疵，不属于重大误解。仅此一点，并不足以构成用人单位解除劳动合同的理由。

3. 即便用人单位在招聘时对应聘者的婚姻状况设置了门槛，并进行了明确告知，也不一定就意味着用人单位可以以此为由辞退劳动者，还要看这个"门槛"是否合理，是否构成就业歧视。

**【相关法规】**

1.《妇女权益保障法》第二十三条：各单位在录用职工时，除不适合妇女的工种或者岗位外，不得以性别为由拒绝录用妇女或者提高对妇女的录用标准。妇女在经期、孕期、产期、哺乳期受特殊保护。

2.《妇女权益保障法》第二十七条：任何单位不得因结婚、怀孕、产假、哺乳等情形，降低女职工的工资，辞退女职工，单方解除劳动（聘用）合同或者服务协议。

3.《劳动合同法》第四十三条：用人单位单方解除劳动合同，应当事先将理由通知工会。用人单位违反法律、行政法规规定或者劳动合同约定的，工会有权要求用人单位纠正。用人单位应当研究工会的意见，并将处理结果书面通知工会。

4.《劳动合同法》第四条：用人单位在制订、修改或者决定有关劳动报酬、工作时间、休息休假、劳动安全卫生、保险福利、职工培训、劳动纪律以及劳动定额管理等直接涉及劳动者切身利益的规章制度或者重大事项时，应当经职工代表大会或者全体职工讨论，提出方案和意见，与工会或者职工代表平等协商确定。

女性就业歧视一直都存在着，未来也有可能还会继续存在。但是当女性朋友遇到这一问题的时候可以通过合法的途径——利用法律的途径来维护自身的合法权益，用法律政策来抗衡来自用人单位的性别歧视，从而更好地获得自己的权益！

（摘自：法律快车）

■ 延伸阅读 ■-------------------------

### 常见职场性别歧视现象与应对指南（节选）

什么是职场性别歧视？

"毕业季招聘简章上的'仅限男性'，让我恨不得去做变性手术！"这虽然只是网友吐槽的一句玩笑话，却道尽了职场女性的辛酸。

根据智联招聘发布的《2018女性职场现状调研报告》，女性的职场整体收入低于男性22%，位居管理岗位的女性员工数量比男性占比低14.8%。其中75.2%的被调查者表示，在自己所在部门中，经理级别以上的员工大部分是男性。

职场性别歧视，使在职场上本来已处于弱势地位的女性，不断地被剥夺竞争、发展的机会，使弱者更弱，从而陷入不良循环之中。

1."颜值与工作能力成反比。"

在职场中，女性身上总是存在很多隐形的标签，没有实体，却总也摆脱不掉。这些标签时时刻刻提醒着女性，她们和男性不一样。

"长得漂亮的女生一定是花瓶。"

"女性过于情感化，没有决断力和领导力，难担大任。"

"女生没有进取心、事业心，她们的主要精力还是应该用于家庭。"

"'男主外，女主内'说得没错，女性的工作能力就是不如男性，这些复杂任务还是交给男员工吧。"

当然，职场男性也会有约束他们的一些刻板印象，比如肩负责任、保持独立等，但关于女性的词汇往往更多地提示了她们不擅长，或者不属于职场——这个"男性专有领地"。即使很多男性和女性并不适合这些标签，但这些性别框架还是会像箱子一样，在工作中把人们围在其中，女性尤其如此。

2."家庭会分散你的工作精力，少拿点钱很正常。"

对女性工作待遇的歧视，不仅体现在工资差异上，还包括不同的岗位福利、男女性退休年龄差异上，以及对女性员工特殊保护范畴中的歧视。

许多女性员工在怀孕、产假及哺乳期内被用人单位强行调岗降薪，手段、借口层出不穷：

一些女性由于缺乏法律常识，在怀孕后由单位诱导主动离职；

为照顾女职员而安排工作量小的岗位，借机降低工资待遇；

提拔女职员到上级行政部门，让其脱离企业核心部门，"明升暗降"限制女性职业发展和核心竞争力的提高；

工作环境恶劣，缺乏母婴室，阻碍女职员重返工作岗位。

3."透明天花板"——女性职场晋升的重大阻碍

① 因为工作能力得不到肯定，复杂核心任务一般很难分配给女性，女性展现自己能力的机会因此也比较少，而获得的培训、发展机会就更少了。很多时候，女性想要晋升，都难以为自己找到充足的理由。

② 处在婚育阶段的女性，常常被动失去晋升机会，甚至被恶意调岗。生育后重返工作岗位的女性，很难再回归之前的职业上升道路。

除此之外，职场上还存在隐性的选择偏见。面对同样的晋升机会，男性更倾向于选择男性作为领导候选人；而女性则不受性别因素影响，能做出更客观的选择。

这里面蕴藏的巨大力量孕育着改变、希望和机会，让我们把这条艰难的性别平等之路勇敢地走下去。

（文：黄佳雨）

# 第三节　性别工资差异

## 一、经济发展与女性薪酬

很多国家的劳动力市场上都存在不同程度的性别工资差异，其共同点就是女性工资低于男性工资。随着改革开放的进一步扩大和市场经济的进一步发展，我国的劳动力市场逐步出现了性别上的分化，劳动力市场被分割成两大非竞争部门，即主要部门和从属部门：主要部门一般提供相对较高的工资、较为稳定的就业保障、良好的工作环境以及进一步发展的机会，如机关事业单位、高校等。从属部门提供较低的工资、不稳定的就业保障以及较差的工作条件，很少有职业发展机会，如零售业，卫生、餐饮等行业。同时，在这些行业中，大多是由于历史等原因把女性限制在这些低层次的从属部门，使该部门的劳动力市场出现拥挤现象，从而导致更低的工资报酬。

实现男女工资待遇公平合理，不仅有利于提高企事业单位的运作效率，而且有利于推进男女社会地位的平等及经济的可持续发展。然而，尽管女性受教育程度不断提高并且各国政府普遍宣扬男女平等，劳动力市场上的性别歧视现象在世界范围内仍广泛存在。目前，在国家鼓励生育，全面放开二胎政策后，多个省份出台延长女性产假政策的背景下，女性劳动力的就业情况和工资待遇更加不容乐观。《2020 中国职场性别薪酬差异报告》显示，2019 年，中国城镇就业女性平均薪酬为 6995 元，同比上升 7.7%，薪酬均值为男性的 81.6%。男性的薪酬优势从 2018 年的 27.7% 降至 22.5%。这也是三年来中国女性与男性薪资差距首次缩减。职位、行业及工作年限是直接造成女性薪酬低于男性的三大因素。教育是唯一帮助女性缩小薪酬差异的正向因素。

## 二、性别工资差异产生原因

### （一）受教育程度

导致工资差异的原因有很多，其中很关键的一点就是受教育程度，因为这直接导致了劳动生产率的差异，进而形成性别工资差异。加大对女性的教育投资，可以通过提高女性的综合素质来缩小性别工资差异。随着时代的进步，受教育女性数量的增加和受教育层次的提升，缩小了男女性别工资差异。

### （二）家庭背景

我国目前的教育体制使男女受教育的机会均等，但女性在受教育的过程中仍然会面临一些不利因素。例如，教育成本过高而支付能力不足，就妨碍了女性接受更高层次的教育。对于一些偏远地区，父母受教育水平较低，加之落后的传统观念，有的父母认为女性没必要接受过多的教育，导致了有些女孩在就业时无法胜任技术含量、知识含量和薪资水平较高的工作，无奈接受工资水平低的工作。而贫困家庭中的男孩则有更多机会接受教育，从而为其日后的工作奠定了基础。

### （三）专业背景

男生和女生在专业选择上会因为性别的不同而有所不同。目前高校的专业大多分为理科类、文科类和师范类专业。理科类专业中，男生占比较大；文科类和师范类专业中，则是女生占比较大。学习不同的专业，则获得了完全不同的知识，导致了将来择业方向的不同，因此行业间性别比例不同，这种差异在某种程度上导致了性别工资的差异。

教育正在为中国女性提升个人能力和眼界，获得更多选择和机会，进而缩小薪酬差异持续做出巨大贡献。低学历男性依然可以从事工程制造、采掘冶炼等低学历能胜任且薪酬相对较高的职位，而低学历女性的就业范围显著变窄，主要局限于生活服务业，就业面远窄于男性。只有学历提高，女性的人力资本得到显著提升，能够选择的工作范围才能得到大幅拓宽，带动职业发展和收入提升。

### （四）生理及心理特征

#### 1. 生理特征差异

生育行为使女性在家庭和职场之间面临两难的选择，也会导致女性工资降低，从而拉大性别工资差异。首先是职业隔离。为了有更多的时间照顾子女和家庭，已育女性在重返劳动力市场时倾向于选择"母亲友好型"职业，如时间、地点比较灵活，体力消耗比较小的工作。根据补偿性工资差异理论，如果女性想要通过工作灵活性来平衡家庭与工作，那么当劳动力市场均衡时，要想获得这种灵活性就必须以低工资为代价。除此之外，有些女性还会放弃全职工作，转而从事兼职工作。比如，有学者的研究表明，若孩子在 6 岁以下，有将近一半的女性会从事兼职工作。然而，经验研究证明，兼职工作经验的回报小于全职工作经验的回报，而且兼职工作的小时工资通常会低于全职工作工资。其次，由生育而来的职业中断会给女性职业发展带来很大的负面影响，对女性后继职业发展的不利影响表现为两个方面。其一是职业中断对女性的职业发展有着长期的影响，这会降低其职业流动程度与劳动回报，即一旦女性因生育需要暂时退出，那么想要重返劳动岗位时就需要面对诸多困难。其二是一旦形成职业中断，人力资本贬值等劣势积累会使女性错失很多职业发展机会，甚至在职位晋升中受阻。最后，从企业角度来看，劳动法规定，生育期间，女性享有获得生育津贴和产假期间工资的权利，这对于企业来说是一种隐形损失。那么，为了尽可能降低这种损失，以利润为导向的企业自然会避免或少量雇用女性。同时，由于生育、承担家务等活动造成人力资本投资间断，女性对工作的时间投入相对减少，这进一步降低了已育女性所能获得的工资。

另外，在传统的职业分工中，女性所从事的行业中，男性相对较少，例如护士、餐厅服务员、幼师，等等，而随着就业压力越来越大，竞争越来越激烈，这些行业也有男性从事。相反，在男性从事的行业中，却有很多是女性不能从事的，例如繁重的体力劳动、机械制造、车辆工程，等等，这些行业的企业为了使同样的工资支出获得最大的劳动产能，也会优先选择男性，这在很大程度上加大了行业竞争的压力。

**2. 心理特征差异**

男性与女性最大的差异就是女性需要承担生儿育女的任务，而企业追求的是利润最大化，这就需要收入增高、成本降低。而支付女性在产假和哺乳期内的薪酬，也是成本的一部分，没有企业愿意出钱养活不工作或少工作的人，这就与女性天生的职责相矛盾。另外，一部分女性喜欢安稳的生活，追求岁月静好，由于身体原因，在某些时期的工作效率也不如男性，容易安于现状，这在激烈的职场竞争中是很容易被淘汰的。

**（五）传统观念**

经济改革以来，随之而来的社会改革使女性面临的就业情况更加严峻，企业在薪酬制度制订上拥有了更大的自主权，而长期以来受到"男主外，女主内""女子不如男"这类传统观念的影响，女性在就业过程中受到了一定的歧视，这种歧视就表现为性别工资差异不断拉大，部分女性从事着低薪、单调的工作，即便是与男性拥有同等劳动条件的女性，男性涨薪和就业的机会也比女性多。

**（六）工作偏好**

女性一般会主动选择具有安全性、离家近、工作时间短等特点的工作，根据补偿工资理论，在其他条件相同的情况下，越安全的工作，补偿性工资越低。根据搜寻工作理论，离家近就限制了搜寻的范围，找到更合适的工作机会就会大大降低。在同等条件下，工作时间长短直接决定着工资的水平。女性的这些偏好，导致女性会主动选择具有这些特征的职业。而具有这些特征的职业往往就是劳动力市场上的低层次的工作，或者说是从属部门的工作。这样，女性的偏好在一定程度上加剧了这种职业隔离。女性主动选择从属部门在一定程度上加强和巩固了人们对女性行业的认可，从而导致女性被牢牢地限制在从属部门的行业中。

## 三、缩小性别工资差异的措施

在发展过程中对女性状况，特别是就业状况的改善，可以增进效率与公平。那么，如何改善女性在劳动力市场上的待遇，消除性别之间不合理的差异？一方面，由于女性的受教育程度越高遭到工资歧视的可能性越小，高中以上教育程度和"白领"职业中的性别工资差异要小于低教育程度和"蓝领"职业中的性别差异。因此，女性受教育水平的提高和职业角色的转变，有助于改善女性在劳动力市场上的待遇。另一方面，减少性别歧视，应进一步打开市场壁垒，消除性别间的市场分割。此外，政府应在顺应市场运作机制的同时，更有效地监控劳动力市场上对女性的一些不公平行为，加强对女性劳动力的法律保护，为女性创造更多、更平等的社会参与机会，同时为市场经济发展创造更加公平的竞争环境。

　　打铁还需自身硬，女性群体应采取强化自身素质、实现经济独立、采用抱团取暖的方式为实现"同工"与"同酬"并举创造条件。首先，从思想上应革除"嫁汉嫁汉穿衣吃饭"的经济依附思想和"男强女弱"的观念，树立正确的价值观，强化女性自身的主体意识；其次，发展才是硬道理，女性群体需主动提高自身的技能和素质，加大自身的人力资本投资力度，女性人力资本禀赋值越高，歧视者的歧视成本越高，女性劳动力市场和社会地位才能发生根本性的改变；再次，独立的经济能力能够提高女性的话语权，女性劳动力应逐步摆脱家务的束缚，积极投身劳动力市场，经济力量的壮大是女性劳动者从根本上改变弱势地位的关键；最后，抱团取暖，女性群体应当以所在地区或者所在行业自发组成一个团体，如女性工作者自救团队，用集体的力量提高自身的发言权，改变自身的弱势地位，扭转在劳动力市场被动受歧视的局面。此外，女性劳动者还应学法、懂法、用法，提高自身的法律意识，当自身的合法权益受到侵害时，能够利用法律的武器保护自己。

# 第六章　性别平等与文化实践

## 本章导读

　　在社会性别理论的视野中，男女之间的社会性差异和社会性关系的不平等是由社会历史文化及其制度造成的。社会性别制度是指一整套确定两性社会地位和社会角色的社会制度，通过政治、经济、文化和社会的作用，渗透到社会生活的各个方面，塑造出了现实中的"男性"和"女性"，以及不同的社会制度和文化形态。社会性别制度呈现出不同的特点，形成不同的模式追求男性女性和谐发展和社会性别平等，是当代中国发展的目标之一。

　　回首中国几千年漫长的历史长河，不难发现，长久以来的社会性别模式对当今社会两性关系产生了深刻的影响。传统的男尊女卑的社会性别模式对当今男性和女性在社会分工和社会声望方面留下了不可磨灭的烙印。在社会历史发展的进程中，广大女性一直在追求性别平等的道路上努力前行。

## 第一节　中国传统社会性别文化

　　不同的文化传统中存在不同的社会性别制度，同一文化中不同历史时期社会性别的具体规范也会发生变化。中国传统社会模式是一种典型的以男尊女卑为特色的父权制模式，其主要特征是，男性对女性的优先权形成了社会中各种显性和隐性的社会性别不平等。中国这种传统的性别模式，其思想基础不仅完整而且系统。社会性别不平等被建构在各种系统的理论阐述与制度设计中。

### 一、中国传统社会文化的性别意识

　　近些年，社会文化中的性别意识已经成为一种新的理论视角和分析手段被运用到研究性别文化的问题中。从社会性别理论的视角出发，我们必须探寻中国传统社会文化中的性别意识。

### （一）人类的童年时期

探寻中国传统社会中的性别意识，就要从人类的童年时期开始回首。在我国传统社会文化中，曾经出现过女神时代，神话传说故事中《女娲补天》就是对女性神奇的自然创造力和崇高社会威望的记载。但是随着社会生产力的不断发展进步，青铜时代来临之后，伴随着阶级社会的产生，在第一次社会化大分工的浪潮中，女性开始沦为奴隶，人类社会进入了女奴时代。在这个时期，由于女性无法参与社会生产，妇女是被排斥在社会生产之外的，女性的社会地位急剧下降。在甲骨文中，"女"字是一个跪在地上的女性形象，而女人则是最早出现的奴隶形象。公元前5世纪，历史的车轮进入战国时期，这时的社会形态是封建社会，女性基本丧失了经济上的独立和政治上的权利，"三纲五常"和"三从四德"等封建礼教规范着女性的行为。

### （二）中国的传统文化中的女性形象

众所周知，中国的传统文化从秦汉到明清经过不少变化，根据中国历史学家的观点，17世纪的中国在孔孟之道的统治下，扩大了原有的封建伦理范围，明确规范了男女不同、内外之别及家事国事之别。正因为如此，妇女受压迫的程度，达到了历史上的高潮。在封建伦理说教下，社会性别意识明确规定的"男主外，女主内"成为男女之间的界限，也把男性作为以社会为主的人，把女性作为以家庭为主的人。这种分工模式给两性带来的影响是巨大的，它从根本上改变了性别间的平等关系和关于性别的价值观和道德观，造就了男性对权势、武力和财富的崇拜。男性在激烈的社会竞争中增长了"才干"，那些成功者制造了自己的"历史"，成为财富与权力、妻妇和奴隶的拥有者，而生活于其中的妇女不得不屈从于以男性为主设计的生活范围和既定的角色，将自己的名分降到次要的从属的地位，从而形成了妇女无权的局面，形成了妇女无能的短视偏见。但是，有一点值得强调的是，中国女子在夫贵妻荣的同时，也可以母凭子贵。从此角度，我们可以说较之西方及亚洲一些国家母亲没有发言权的传统，中国妇女似乎多了一重照顾。

当然，事物是具有双面性的，中国妇女如果未育出男子——父系文化的继承人，也要受到更重的惩罚（被休弃、虐待，或遭受精神上的暴力）。此外，中国文化以礼为重，黄土地孕育了中华儿女较西方人更为含蓄内敛的性格，中国文化的谦虚深沉培养了中国女性的历史美德。其中的核心便是男权结构的主体化和内在化。在这种背景下，女性自觉地与男性主流文化认同，贤妻良母在这种历史背景下，总结了传统社会对女性的要求，同时也反映了社会性别——女性在中国传统社会中的地位。

戊戌维新时期至民国初年，伴随着西方近代民族主义、社会进化论、天赋人权论和男女平等思想在中国新知识界日益广泛、深入地传播，致力于以文化启蒙救国的新型知识分子，对中国古代宗法农业社会中以阴阳乾坤学说为理论基础，以男权主义、家族主义、伦理主义为价值准则，为女性个体价值定位，对以"三从四德"式贤妻、良母、孝媳为女性角色形象定位的传统社会性别理念，进行了以近代民族主义和男女平等意识为精神基调的改造与重释。这一传统社会性别理念转换的工程，构成了中国社会、文化转型进程中一个不容忽视的重要环节。

## 二、中国传统社会性别模式的思想构建

不同的文化传统中存在不同的社会性别制度，同一文化中不同历史时期社会性别的具体规范也会发生变化。中国传统社会模式是一种典型的以男尊女卑为特色的父权制模式，其主要特征是男性对于女性的优先权形成了社会中各种显性和隐性的社会性别不平等。中国这种传统性别模式的形成，其思想基础不仅完整而且系统，社会性别不平等被建构在各种系统的理论阐述与制度设计中。

### （一）中国传统文化中的思想基础

中国传统文化中的男尊女卑的性别模式有着深厚的思想基础。如《易经》中就有这样的句子："象曰：家人，女正位乎内，男正位乎外，男女正，天地之大义也。家人有严君焉，父母之谓也。父父子子，兄兄弟弟，夫夫妇妇，而家道正，正家而天下定矣。"可见男人和女人被赋予了截然相反的价值和地位，"男主外，女主内"这种秩序的确定是与天道相对应的，女性服从男性在中国传统文化中是自然之理。而这种观点在不同的历史时期不断地被强化和复制就逐渐奠定了中国传统社会性别模式中女性"卑下"的基调。

在中国制度文明建设的初期，父权宗法家庭中的男女性别差异就呈现出了男尊女卑的特点，如西周社会中就有生男孩放在床上、生女孩放在地上的风俗。有学者指出，这种重男轻女的思想习俗到了商周交战的时期，竟衍生出政治上的"厌女症"。统治者极端憎恶贵妇参与政事，周贵族惧怕在权利领域中，贵族女性以自己的母妻身份打乱政治和贵族等级秩序，造成权利危机，于是竭力把女性打入"私内"世界，并制定了严格的性别分工和婚姻家庭中的礼仪制度。这些制度规定了男女之间的角色分工，进而确定了男性与女性在社会中的

不同地位，凸显了男性或父权在社会中的统治地位。到了战国后期，父权制得到了进一步的巩固和发展。儒学确立了社会正统文化的地位，儒家思想被衍化为社会各种制度的文化基础，也就逐渐确立了中国传统社会的性别模式的思想基础。

### （二）中国传统社会中男性与女性的关系

在儒学被泛政治化的初期，汉儒董仲舒通过把儒学与政治之间的关系系统化，在自然法则和人类社会之间构建了一种相互对应的天人感应关系，其思想的核心规范了传统社会中男性与女性之间的关系。董仲舒将儒学思想中的三个基本的人伦关系，即君臣、父子、夫妇与阴阳、天地联系起来，君王、父亲、丈夫是阳、是天，臣子、儿子和妻子是阴和被天覆盖的地，这种关系带有明显的等级秩序，构造了男性统治女性的合理基础。在这种关系下所确立的三个基本道德原则——忠诚、孝顺和忠贞，依次属于臣民、儿子和妻子，就成为维护君主绝对权力的统治原则。

男女之间的地位与权力分配等同于君臣之间的关系，而董仲舒进一步发展出的"三纲"说即君为臣纲、父为子纲、夫为妻纲，男性对于女性的统治就具有了政治制度上的意义。宋代以后，封建集权制进一步要求加强皇权的集中，宋儒程颐、朱熹等在思想上也进一步完善性别关系与政治关系的同构，政治上要求臣民对皇帝绝对地服从和忠诚，因此，臣子忠诚、儿子孝顺、妻子忠贞就逐渐成为封建统治的思想伦理基础，并通过各种社会制度不断被强化，父权之下的男性对于女性的统治有了政治合法性。

父权制通过国家认可，将男性中心的观念纳入家庭制度中，也就纳入个人身份的认定之中，这样的制度不仅在维护政治统治的官僚体系中得到体现，在日常生活中也得到了广泛而深入的渗透。在古代，男性和女性被要求具有不同的气质。汉代班昭在《女诫》中对两性气质做了明确的说明："阴阳殊性，男女异行。阳以刚为德，阴以柔为用。男以强为贵，女以弱为美。"阳、刚、强是男性气质的基本内容，阴、柔、弱成为女性气质的基本内容。

### （三）中国传统社会中的"三从四德"

在历史发展的过程中，儒家文化逐渐形成了一套要求女性顺从的生活规范，这主要体现在"三从四德"上。"三从"出自《礼记·郊特牲》："出乎大门而先，男帅女，女从男，夫妇之义由此始也。妇人，从人者也。幼从父兄，嫁从夫，夫死从子……""四德"出自《周礼·天官·九嫔》，指妇德、妇言、妇容、妇功。"三从四德"的礼教规范对女性的言谈、举止、服饰、容貌和思想观念进行了全面而严格的规范，既把女性作为整体置于男性统治之下，又通过烦琐的规范使男性统治合法化。

总之，中国传统文化和政治思想为中国父权制提供了重要的"女从男""男尊女卑"的历史文化思想基础，尤其是儒学一直是传统文化的主流，人们对于性别关系的认知一直处于政治统治的思路之中。

## 三、中国女性主义解放思潮下的文学作品形象

女性主义对传统意识形态的挑战已有目共睹，妇女运动兴起以来大量的著述对传统学科的发展已说明了这一点。然而，社会对于女性主义与发展，往往会产生这样的误解：女性主义与发展关系甚微。人们会说发展是整个人类社会的进步与完善，而女性主义不过是少数地位优越、心怀不满的女人的激进论点。女性主义对于一个缺衣少食的贫困妇女有什么用呢？"给无水可饮、无食可炊和无家可归的第三世界的贫困妇女讲女性主义是无稽之谈。"然而，恰恰是女性主义的发展一扫性别研究的盲点，给发展以社会性别的视角，使一种作为对以往知识体系颇具批判性的理论和方法的社会性别分析不仅仅局限在学术领域，更使之成为一种决策的手段。

在中国传统的宗法社会中，妇女的社会活动空间基本上是在家庭和家族之中。因此，从"五四"开始，作为社会改革要题之一的妇女解放运动自然把争取人的家庭解放并进而争取社会人权的内容作为首先和重点关注的问题。从父亲家门离开又走出丈夫家门的娜拉，之所以几乎成为一代女性的行为方式，主要原因就在于此。与妇女解放运动相互呼应的中国现代女性文学，其思想主题必然受妇女解放运动的影响和制约。

因此，摆脱父女、夫妇、母子组成的集合体——家庭及其以女性为工具、以男性为目的的不平等关系尤其是争取被男性异化的女儿、妻子和母亲三种角色的解放，必然成为作家们的主要心理思维空间和创作视点。其中女儿角色的反叛和回归、妻子角色的迷惘、母亲角色的颠覆和重写，就是对传统女性角色超越描写的集中表现。

### （一）女儿角色的反叛和回归

女儿反叛传统角色的起点就是打破父女不平等的关系，争取婚姻自主。婚恋自由被"五四"女儿们视为做人的前提和基础。"人们要不知道争恋爱自由，则所有一切都不必提了。"（冯沅君《隔绝》）爱情因而具有了超越的性质，成为一种理想、信仰和观念形态。阻挠女儿恋爱自由的主要是宗法人伦中的父亲角色。相对于母女关系而言，父女关系因更多宗法等级色彩而缺少人伦感情。因此，女儿在面对具体的父亲障碍时容易表现出毅然决然的勇气。杜醒秋面对

父亲逼婚曾大骂："老顽固，你要做旧礼教的奴隶，我却不能为你牺牲，婚姻自由，天经地义，现在我就实行家庭革命，看你拿什么父权压制我。"挣脱父女关系限制就意味着与家庭决裂，旧的宗法人伦主要是在家庭中执行。如果暂且不论全社会未曾解放女性走出家庭也枉然的话，女性离家就具有告别传统的文化意蕴，也是对传统文化、传统性别角色的一种超越。

　　然而，在家庭中，父权的执行者往往是母亲。母亲既是宗法的代理人，又和女儿有着更天然的人伦连属，作为女性，她又是与女儿一样的男性工具。因此，母亲在文化结构中兼备宗法人伦赋予的多重角色身份。女儿往往是在宗法人伦的母亲角色和母女关系的多重性表现中完成对传统女儿角色的超越或回归。在现代中国女性角色的文化演变中，面对因父亲和代行父权的母亲的滞后性而自由与人伦不能两全的状况，作为先觉者的女儿往往以放弃一端为代价，但即使是取自由而放弃人伦情感的女儿，也不无对人伦情感的矛盾和妥协。

### （二）妻子角色的迷惘

　　较之女儿角色，传统妻子角色所受宗法等级人伦的规范约束更多。因此，在中国现代女性文学中，妻子角色的迷惘成了一个突出的思想主题和艺术画面。庐隐《前尘》中的伊，婚前是个活泼、有抱负的女学生，婚后除料理家务外就是独守寂寞，往日雄心壮志被家庭琐事消磨殆尽，不由发出"做人有什么意义"的叹息。《何处是归程》中的沙侣婚后做了母亲，事业志趣便成了她生命史上的陈迹，她不禁对自己的生活和角色发生怀疑："谁能死心塌地相信女人是这么简单的动物呢？"类似的唱叹、愤激、痛苦、怀疑在中国现代女性文学中的表现俯拾即是。从女性角色演变和中国妇女解放的文化透视角度来说，揭示和探索这些妻子角色在迷惘中何以认同传统的妻子角色是很有意义的。环视和解剖众多的妻子角色可以明显地看出，造成女性在迷惘中认同传统的首要原因是女性自身。子君高喊着"我是我自己的"的口号，但做了妻子之后，她便心甘情愿地做一个喂鸡养狗、忙于家庭琐事的传统妻子角色。当涓生的一纸解雇通知惊破了她的幸福梦时，她已经忘了翅膀如何扇动。鲁迅给子君惨败的结局，不仅表现了经济解放对妇女解放的重要性，更重要的是鲁迅批评子君个性解放的不彻底性，因为没有雄强的自由独立个性，经济解放从何而来？当然，社会解放的程度不够和男性角色调整的滞后性也是许多妻子认同传统角色的重要原因。从根本上说，妇女解放与社会互为条件，相互推动，如果社会未给女性准备好条件，即使走出家门，女性的出路也不一定光明。女性要实现自由人的复归，固然应由女性自己解放自己，男性思想观念的解放也是至关重要的。

### （三）母亲角色的颠覆与重写

进入婚姻的女性由婚姻关系衍生出血缘关系：生儿育女。由此婚后女性的另一重要角色是相对于子女而言的母亲角色。母亲角色的解放就是解构母子、夫妇关系中不平等的一面，建立新型的联合体。把工具性的母亲提升为自由人，并将母亲从单一的母子、夫妇关系集合体中摆脱出来，与社会建立互动互惠关系。在因历史条件限制理想的母亲角色多是乌托邦的现代中国，一批女作家通过颠覆传统母子关系圣洁人伦的一面来达到对传统宗法人伦的重写，探索母亲角色解放的文化意蕴是颇耐人寻味的，其中袁昌英《孔雀东南飞》一剧最有代表性。袁昌英以与众不同的眼光解释焦母驱逐兰芝的理由。在她改编的剧中，焦母成为悲剧主人公。多年的寡居使焦母对儿子的爱几乎变态，儿子娶妻对她来说像是夺走了自己的灵魂。性情刚烈的焦母终不堪将苦酒饮到底而逼走了兰芝，亲手制造了儿子的人生悲剧。作家显然没有从正面肯定母亲同是传统文化的受害者，关注人物心理相关的社会文化因素，但是袁昌英把女性文学关注妇女解放的视角从文化外在压抑的解构扩展到了文化压迫在内心深处的延宕，引导读者思考人物心理因素形成的文化、社会原因，从而把畸变的母爱与文化重压下母亲的生活联系起来。这样，作者通过颠覆性的重写呈现出一个基本事实：圣洁的母爱是崇高的，畸变的母爱也是文化压迫下变态反抗的并不丑陋的一幕。

随着时代、环境的历史变迁和文学自身的发展，女性角色和妇女解放在中国现代女性文学中的表现形态和包含的文化意蕴自然出现新的发展变化。中国进入二十世纪三四十年代后，与"五四"和二十世纪二十年代相比，这种变化发展的突出表现是：在女性文学的文本中，雄化角色的大批涌现和女性角色的多元探索，显示出中国妇女解放和文学发展中文化形态和内涵的丰富性及其鲜明的时代特征。

**案例分享**

沈从文笔下的翠翠就是一个富有鲜明时代特色的女子。端午节的时候翠翠去看龙舟赛，偶然相遇相貌英俊的青年水手傩送，傩送在翠翠的心里留下了深刻的印象。同时，傩送的兄长天保也喜欢上了翠翠，并提前托媒人提了亲。天保告诉傩送一年前他就爱上了翠翠，而傩送告诉天保他两年前就爱上了翠翠，天保听后大吃一惊。然而此时，当地的团总以新磨坊为陪嫁，想把女儿许配给傩送，而傩送宁肯继承一条破船也要与翠翠成婚。

兄弟俩没有按照当地风俗以决斗论胜负，而是采用公平而浪漫的唱山歌的方式表达感情，让翠翠自己选择。傩送是唱歌好手，天保自知唱不过弟弟，心灰意冷，断然驾船远行做生意。人们在碧溪边只听过一夜傩送的歌声，后来，歌声再没有响起来。老船夫忍不住去问，他本以为歌是老大唱的，却得知：唱歌人是傩送，老大讲出实情后便去做生意。几天后老船夫听说老大坐船出了事，淹死了……

在一个雷雨交加的夜晚，翠翠在祖父的安慰中睡着了。第二天，翠翠发现渡船不见了，白塔塌了，老船夫也死了。在葬礼上，翠翠明白了之前她所不知道的许多事，她哭了一个夜晚。最终，渡口只剩翠翠守着那个破碎的梦：那人也许永远不回来了，也许"明天"回来。

【分析与提示】

翠翠是《边城》中的女主人公，是作者沈从文倾注着"爱"与"美"的理想的艺术形象。沈从文在《老伴》《水云》等文中说过，翠翠是由"绒线铺的小女孩"、青岛崂山的"一个乡村女子"以及"身边新妇"（即夫人张兆和）三个原型"合成"的，"但这不是三个印象的简单的拼合，形成的过程要复杂得多"。

### ■ 延伸阅读 ■

1. 简述对《边城》"美"与"爱"的理解

《边城》以撑渡老人的外孙女翠翠与船总的两个儿子天保、傩送的爱情为线索，表达了对田园牧歌式生活的向往和追求。这种宁静的生活若和当时动荡的社会相对比，简直就是一块脱离滚滚尘寰的"世外桃源"。在这块"世外桃源"中生活的人们充满了原始的、内在的、本质的"爱"。正因为这"爱"才使得川湘交界的湘西小城、酉水岸边茶峒里的"几个愚夫俗子，被一件普通人事牵连在一处时，各人应得的一份哀乐，为人类'爱'字作一度恰如其分的说明"。《边城》正是通过抒写青年男女之间的纯纯情爱、祖孙之间的真挚亲爱、邻里之间的善良互爱来表现人性之美的。作者想要通过翠翠、傩送的爱情悲剧，去淡化现实的黑暗与痛苦，去讴歌一种古朴的象征着"爱"与"美"的人性与生活方式。

2. 对《边城》中翠翠形象的分析

沈从文笔下的翠翠，与青山绿水作伴，心灵上没沾染一丝尘埃。她乖巧伶俐又带有山区女孩的淳朴，天真而不娇嫩，而她在恋爱中所表现出来的情爱美，则更是真切感人。翠翠对"爱"的到来是怀着既向往又担忧的复杂心理的。她"成熟中的生命，觉得好像缺少了什么""好像生活太平凡了，忍受不住"，而这正是一个情窦初开的少女心里最细致入微的生动写照，洋溢着爱和美的柔情蜜意。当翠翠想到自己走后，爷爷的孤独、凄苦、伤心与焦虑时，她又不免担忧起来。于是认真地说："爷爷，我一定不走……"这是怎样一幅充满祖孙之爱的人间情画啊。

3.《边城》究竟是牧歌还是悲剧

这部小说通过对湘西儿女翠翠和傩送的爱情悲剧的描述，反映出湘西人民在"自然""人事"面前不能把握自己命运的悲惨现实。翠翠是如此，翠翠的母亲也是如此。这里的人们一代又一代重复着悲痛而惨淡的人生，却找不到摆脱这种命运的途径。人与人之间的隔膜与相互不理解，最终落得"翠翠在渡口孤独地等候傩送的归来"。悲剧情调又是同作者的泛神论的哲理感悟相融汇的，具体表现在作品中的天人合一：日头似乎通人性，黄狗也写得极富灵性，作者是有意将自然力的破坏同善的不幸布置在一起，产生强烈的悲剧效果。沈从文通过《边城》这部爱情悲剧，揭示了人物命运的神秘，赞美了边民淳良的心灵。关于《边城》的主旨，用沈从文自己的话说就是："我要表现的本是一种'人生的形式'，一种'优美、健康、自然'而又不悖乎人性的人生形式。"

## 四、女性主义与中国传统社会性别模式

我们可以清楚地看到中国传统社会性别模式鲜明地印证了社会性别所揭示的男女两性不平等、男性压迫女性的社会现实，但也有人对此结论提出质疑。如有学者描述道："中国的传统性别观念和西方一个很大不同点在于，西方人往往把男女两性的关系视为斗争的关系，而中国人则长期以来是把男女关系视为协调互补的关系。阴阳调和、阴阳互补这些观念一直非常深入人心。"尤其是中国传统社会中存在"母权"的权威现象，似乎显示了女性在社会生活中的重要地位，似乎中国传统社会中性别模式的主调应该是男女互补、分工不同。

我们知道家庭是中国传统社会中最基本、最核心的组织单位，家国同构是儒家文化的核心观点，"齐家、治国、平天下"就表明了这样一个基本的逻辑。尊重母亲是中国古代社会贯穿始终的统治观念与普遍风气，母亲在家庭中享有一定的地位，对母亲地位的强调显示了阴阳和谐的特点。从思想传统上看，儒学强调"仁"，主张"夫仁者，己欲立而立人，己欲达而达人"，强调人们之间的相互联系和相互依赖并不存在男女之间的截然对立，而道家思想更表现出了

明显的女性特征，如强调无为、不争、柔软、静、虚、无等观念寻求阴阳两极的和谐，超越了阴阳两极的对立。从社会伦理上看，在传统家庭伦理中，一般来说长幼人伦之序要高于男女两性之别。因此，女性长辈的地位尊于男性子孙。同时，传统社会极其强调儿女对父母的孝道，"以孝治天下"甚至成为治国的根本大道。而重视父母养育之恩的孝道是不分男女的，孝道不仅强调赡养，更注重尊敬和服从。从这些角度来看，传统中国社会给予了母亲较高的地位，对"母权"的强调也掩盖了对"女权"的压制。所以有学者指出："中国历史上没有女权（在社会上），但有母权（在家族中），有轻视女性的历史，但没有仇视女性和诋毁女性的运动。因此，女性对男性中心社会的反应一直是比较温和的。"

# 第二节　婚姻家庭中的性别文化

关于男人与女人的婚姻家庭是如何形成的，曾经有一种很浪漫的说法：男人来自火星，女人来自金星，他们在茫茫的宇宙中相遇了，他们来到了地球，组成了一个家庭。家庭，作为社会的基本细胞，如果婚姻生活和谐美满，那么社会就会多一些稳定因素。

随着现代社会的发展进步，人们的生活方式和思想观念也发生着巨大的变化，越来越多的年轻人选择晚婚或者不婚，社会上就给晚结婚或者不结婚的女性贴上了一个身份标签——"剩女"，有些过分的人士甚至称呼其为"大龄剩女"。但是，人们似乎从来没有听到过男性被称为"剩男"，而是赋予晚婚或者不婚的男性一个美名——"黄金单身汉"。从这些身份标签中我们不难看出，社会舆论环境对待男性和女性晚结婚或不结婚这件事情的态度是截然不同的。女性晚结婚或不结婚就是"剩女"，被人挑剩下的，或者是剩在家里没人要的；而男性晚结婚或不结婚，仍旧是"黄金单身汉"，仍然具有较高的保值价值。婚姻家庭中的性别文化也呈现出对待男性和女性的标准不一致的情况，下面来做具体的分析说明。

## 一、"剩女"背后的文化现象

### （一）"剩女"一词的来源

"剩女"一词最初来源于网络，在网络社会中得到广泛传播，几年之间被广泛流传，成为一时之热。这个词汇得到官方的承认是在 2007 年，全国妇联根据"九成男性都认为女性应该在 27 岁之前结婚"的调查结果，把"剩女"定义为 27 岁以上的未婚女性。同年 8 月，在教育部公布的 171 个汉语新词之中，"剩女"一词位列其中。这个词汇能够被官方作为流行语而承认，说明"剩女"现象在一定程度上已经成为社会热点问题。

作为一个特殊的社会群体，"剩女"的人口数量在近年间不断增长，并且从北京、上海、广州、深圳等一线城市扩展到二三线城市中。在大城市中，社会生活成本高，工作节奏快而且工作压力过大等原因，导致很多适婚女性没有组建自己的家庭，这样的女性就被贴上了"剩女"的标签。造成适婚女性没有组建家庭的原因是多样的，有些都市女性精英，忙于拼搏事业，希望能够将自己的精力和热情投入工作中，取得更高的社会认可，因而没有及时结婚，这样的女性被人戏称为"白骨精"，翻译为"白领、骨干、精英"。这群都市"白骨精"恰恰是因为个人能力突出，就被人用有色眼镜看待，还遭到戏称，被不平等对待。

心理学家马斯洛认为，人首先要满足基本的生存需求。在大城市中生活，生存的压力较大，许多女性为了要在这个城市立足，付出了巨大的努力，而人们关注的不是她们艰辛的努力，而是调侃她们没有在适婚的年纪进入婚姻生活。在满足人的基本生存需求之后，许多优秀的女性在这个奋斗的过程中找到了自己的社会价值，便向更高的社会价值目标奋斗，这是实现人的自我价值的重要途径，当下却要面对许多来自社会的非议。

### （二）"剩女"一词的发展

如今，"剩女"现象正在越来越多地出现在我们的生活里。"剩女"的形象被媒体广泛地构建和传播，以"剩女"为话题的影视作品和电视节目层出不穷。同时，大量的相亲网站和相亲节目出现所谓的"剩女经济"逐渐走上台面，大量的商业活动以"剩女"为噱头，吸引大众的目光，或者以"剩女"为牟利对象，通过婚恋中介收取大量费用、牟取暴利这一系列的现象引发了许多值得人们深思和探讨的问题。

"剩女"这个词，从诞生开始就是带有性别歧视色彩的。虽然当今媒体经常会澄清，这只是一个中性词汇，不带有任何贬低的意味，但实质上这不过是个谎言，打着关爱单身女性的旗号，通过不断的复述促使人们相信美妙谎言掩饰了这个词汇背后赤裸裸的性别歧视。无论怎么粉饰，一说到"剩女"，首先给人的感觉就是"剩下来的""被挑剩下的""没人要的"。无论是主动地"剩下"还是被动地"剩下"，"剩"都是无法否认的，就像被人挑剩下的菜一样，最终是要被丢掉的。评判单身女性最重要的价值标准难道就只是她是否走入婚姻、走入家庭，最终成为社会传统所标榜和期待的那样？

### （三）"剩女"背后的文化溯源

许多人都认为，"剩女"这个词是一个新兴词汇，是一个新近诞生的概念。其实在考察中国女性历史婚姻地位的变化过程中，我们不难发现，人们对超过一定年龄还未婚嫁的女性的歧视，是一脉相承的。在中国几千年的漫长历史之中，女性经历了一个不断被贬低的过程。

**1. 女性地位的变化**

从受人尊敬的"女神"一点点失去权力、尊严，最后变成了男人的附庸、奴仆，纵观中国婚姻习俗的变化，可以看出这是一个女性被一步步奴役的过程。马克思在《摩尔根〈古代社会〉一书摘要》中写道："父权家族标志着人类发展的特殊时代，这时个别人的性别开始上升于氏族之上，而在早先却是湮没于氏族之中的；这种家族的普遍影响强烈地要求建立一夫一妻制家庭。"父权制来源于财富的积累，父亲希望将财富传给子女。同时，为了血统的纯正，妻子必须忠贞，丈夫在家庭中居于统治地位，女性变成了生育后代的工具，并且失去了离婚的自由，只有丈夫抛弃妻子，而妻子无法选择离开丈夫。就如倍倍尔所说："妇女是最先做奴隶的人类。"

女性地位的沦丧，除了经济财富掌握在男性手中之外，宗法制的形成也是一个重要原因。宗法制度奠定了中国文化伦理道德的核心，中国传统伦理道德主要由三纲五常构成。这些规范由界定家族成员之间的尊卑关系为始，推而广之构成整个社会层层叠叠的等级关系网络。儒家提出"长幼有序、男女有别"的观念，女性被置于男性之下，成为低一等的人，宗法制之下的婚姻关系是一夫一妻多妾制，本质上还是一夫多妻的结构。同时，妻子之间的等级关系使得妾成为奴婢，妻妾之中妻子享有绝对的地位和权力，等级分明而森严。妻子除了生儿育女之外，其实是婢女的头领。

**2. "剩女" 在当代的地位**

"剩女"这一词汇的提出，直接关系到女性的情感与婚姻问题。"剩女"问题的产生，是传统观念在今天的延续。传统的女性大多一生被禁锢在家庭之中，出嫁也不过是从一个家庭走向了另一个家庭。

从我国古代的婚姻嫁娶角度来看今天的"剩女"问题，我们不难发现其中的关联，有很多我们习以为常的习俗和观念，其来源都是有根可循的，都是历史演变和观念传承的结果。

## 二、我国古代婚姻制度探寻

古代婚姻的目的，并非像现代这样以爱情为前提，而主要有两大目的。《礼记》中指出："昏礼者，将合二姓之好，上以事宗庙，而下以继后世也。"结婚不仅上要供奉祖先，下还要传宗接代。《孟子·离娄》中说"不孝有三，无后为大"，宗法社会下特别强调"香火传承"，结婚是用来扩大家族的，结婚双方个人的情感则被忽视，这是古代婚姻的一大特色。自周代以来就有男子"二十而冠"、女子"十六及笄"的成年礼。人成年之后便意味着到了结婚的年龄，男婚女嫁是人生的重要历程，举行隆重的婚礼是向社会宣布进入婚姻关系的手段。婚姻对于每个人来说是头等大事，在古代，如果婚后生活并不如意，女子几乎没有离婚的权利，通常只有丈夫抛弃妻子。男性独享离婚的特权，丈夫如果想休弃妻子，有"七出"的理由。七出分别是无子、淫佚、不事舅姑、口舌、盗窃、妒忌、恶疾，而无子尤为重要，更成为丈夫不断纳妾的最好理由。男子广蓄妻妾，同时又强制要求女子专一，女性只能无条件地选择顺从、忠贞，不能有指责和不满，更不用说提出离婚。在古代人的观念之中，子女也是家族的财产，处于家长的绝对统治之下，婚姻是双方家族的大事，只有在父母认同之下的婚姻，才是被承认的，才是合法的。这就是所谓的"父母之命，媒妁之言"。

古代既然如此重视婚姻，那么对于到了适婚年龄却还没有结婚的男女来说，也制定了一系列相关的解决对策。例如，汉惠帝时期，谁家的女儿十五岁以上至三十岁还没有嫁人，就要罚款六百钱；唐代男子二十岁以上，女子十五岁以上还未结婚，也要处罚。《晋书·武帝纪》记载，司马炎在太始九年宣布，"制女年十七父母不嫁者，使长吏配之"，即如果到了十七岁还不婚嫁，就由当地官员负责婚配事宜。为了解决婚配问题，一些朝代规定了女性婚配的年龄，强制她们结婚。《周礼·地官·媒氏》中"男三十而娶，女二十而嫁"所指的，正是成年男女结婚年龄的上限，特别是在经历动荡的朝代，对于婚配的规定更是严苛。《宋书·周朗传》中记载南北朝时期实行"女子十五不嫁，家人坐之"的规定，即女子如果十五岁还没有嫁人，她的家人就要坐牢这样的法律。虽然这有出于增加社会人口的考虑，但是对女性来说却是一大悲剧。在这种制度之下，大量的女性根本没有选择，她们被当成物品随意处置。对于那些年纪超过规定还没有结婚的女性，人们也有相应的称呼，例如"怨女"就是比较早期的称呼，《孟子·梁惠王下》："内无怨女，外无旷夫。"《韩非子·外储》："宫中有怨女，则民无妻。"

在当时严格的婚姻限制之下，晚婚的女子既不符合法律的规定，又违背了礼教的要求，不仅可能要面对来自官府的惩罚，还有礼教道德的斥责以及左邻右舍的嘲讽。她们的地位和处境可想而知。在对这类女性的称呼中明显含有歧视的意味，也是不足为奇的。在以婚姻和传宗接代为女性唯一出路的古代社会，女性最大的作用就是生育后代，毫无个人人格可言。对男权统治者来说，女性必须是愚昧的、无条件顺从的、贞洁的。几千年来，礼教的思想早已深入人心，成为中国人生活的常态。如今身边很多的观念、事件，都带有礼教深刻的烙印，只是人们早已习以为常，并没有深入观察过事件背后隐藏的问题。特别是在女性的问题上，在人们普遍认为男女已经平等的今天，性别歧视的问题更加隐蔽，更加不容易被发现。

### 三、当代女性婚姻观

#### （一）女性在婚姻中由传统的附属性人格向独立性人格转变

传统的女性在意志上是不自由的，是附属性人格价值观。在封建社会，"三从四德"是套在妇女脖子上的精神枷锁，是封建礼教的具体化，是封建社会对妇女压迫和奴役的真实写照。在现代社会，女性在意志上获得了自由，有了独立性人格价值观。当代女性不再完全依附于丈夫，而在家庭中行使着更多的自主权，最突出的变化是，女性的主体意识在不断增强。社会的发展也为女性能量的发挥提供了比较自由的职业空间，女性成功的机会也越来越多。今天，她们广泛地参与社会实践，与男性一起创造财富。在家庭内部，当今七成多的家庭经济消费决策者是女性；在家庭以外，流通领域是近十年来中国妇女参与经济发展的新领域。政治上，在封建社会极受歧视的中国妇女如今的参政程度有了历史性的提高。

#### （二）在现代婚姻家庭中，女性不再屈从于男尊女卑的价值观，而是向男女平等观转变

在传统的婚姻家庭中，女性崇尚男尊女卑的价值观。封建社会所谓"男主外，女主内"是指女性的职责就是生养孩子、侍奉老人、照顾丈夫、做饭洗衣、织布纺线，这种传统的社会分工模式使妇女因失去社会角色而失去了社会地位和权利，随之在家庭中也就成了男子的附属品。在现代，女性认识到了在家庭以外，事业对女性发展的重要意义。大多数女性不再满足于代替性成就感，即以丈夫的事业繁荣为骄傲，而是追求自己的事业。有了独立的事业，女性就实现了真正意义上的经济独立。女性经济地位的上升导致女性家庭地位的上升和自信心的增强，从而获得了男女平等的两性关系。当然，这里的男女平

等不是绝对意义上的平等，而是以共同人性为基础的平等，是两性在社会地位、生存待遇、权利义务、人格尊严、生命价值上的平等。

### （三）女性对婚姻中性的价值观念发生了变化

在性价值观念上，传统女子认为性的最大价值是为了生育。恩格斯指出：根据历史唯物主义的观点，历史中的决定因素，归根结底是直接生活的生产和再生产。但是生产本身又有两种。一方面是生活资料，即食物、衣服、住房以及为此所必需的工具的生产。另一方面是人类自身的生产，即种族的繁衍。妇女通过生育行为为繁衍种族做出了特殊贡献。传统女性对男性有依赖性、自卑感和怯懦心理，家庭成为一个生育合作体。在现代婚姻家庭中，女性不再将自己的性看成是生育后代这个唯一功能，而只是功能之一。现代关于婚姻家庭中性行为的目的和功能呈多元化的特征：第一，工具性的性价值观念；第二，快乐主义的性价值观念；第三，爱情化的性价值观念；第四，自然主义的性价值观念。

### （四）婚姻价值在整个女性价值体系中地位有所下降

在传统的中国社会，家庭是女性最基本的生存领地和生命归属，大多数女性视家庭为其生命根基和全部世界，婚姻价值是女性价值的全部。家庭通过男人娶女人而建立，男女在家庭中是赋予者与被赋予者的关系。女人作为附属于家庭的存在，实质上是附属于丈夫的。在现代，随着社会的进步与女性运动的发展，女性不再拘泥于婚姻和家庭，开始走向社会，追求其他的社会价值；不再把家庭视为安身立命的唯一场所，而是向男性看齐，像男性一样在社会中寻找自己的立足之地；女性价值转向女性自我价值、个人价值和社会价值的实现，而不再拘泥于婚姻价值。知识女性在追寻自我的意义时朝着外向型的事业追求，正是体现了婚姻价值在整个女性价值中的地位有所下降。

### （五）当代女性婚姻价值观嬗变的影响

女性婚姻价值观的嬗变无疑会对女性自身发展产生重大的影响。辩证法告诉我们，看待任何事物都要用一分为二的观点。婚姻价值观的嬗变对女性自身发展会产生积极影响，这是最主要的影响。当然，不可避免的不良倾向也会相应地产生。

### 1. 独立意识进一步强化

封建社会中的三从四德、从一而终的传统观念牢牢地束缚着中国妇女，此时的中国妇女根本没有独立人格，是一种典型的依附型人格。"四自"即自尊、自信、自立、自强精神的提出既是时代的呼唤，也是女性自己的心声。当代女性对独立人格的追求，从她们在婚姻家庭观念的变化中可以更为鲜明地体现出来。部分女性对婚外恋情某种程度的认同和追求，由女方主动提出的离婚案件的增多，女性独身一族的出现等在一定程度上也反映了女性对人格独立的强烈追求。

### 2. 权利意识显著增强

在漫长的封建社会中，男尊女卑的传统观念占据着统治地位，女性处于从属、卑贱的地位。中华人民共和国成立后，妇女在政府保护、法律保障下在社会生活的许多方面取得了与男人同等的权利，男女平等在婚姻家庭中出现。在当代，女性对已有权利的极度珍视，对自身权利的竭力维护和对权利要求的努力争取体现了妇女权利意识开始真正成为她们发自内心的强烈意念。

### 3. 性意识增强

当代女性的性意识觉醒正在成为一种现实。她们开始认识到追求正当的性的享乐是人的一种正当权利，开始自觉地探讨性问题，大胆地阅读关于性的书籍，进行性咨询。她们日益重视性生活对自己心理、生理、精神的价值，而不单单是对婚姻和丈夫有意义，性生活和谐与否成为衡量婚姻质量高低的一个重要方面。

### 4. 发展意识更加强烈

当代女性发展意识的确立可以说是自中国近代以来女性主体意识发展的巨大历史性进步，越来越多的女性尤其是年轻的知识女性竞争意识明显增强，她们凭借自己的智慧、才华、能力与男子公平竞争，并利用竞争机制维护、赢得自己的权利；她们一改传统女性的自卑、自弱心理，增强了自信心，敢想、敢干，勇于探索、大胆实践，以作为求地位，以创新求发展。

**案例分享**

随着社会文明的进一步发展，社会上逐渐涌现出"剩女"一族。她们是27岁以上但还单身的女人。她们大都有着稳定的收入，有房，有车，有学历，有颜值。而那些比她们漂亮但没她们聪明，或者比她们聪明但没她们漂亮的人早就结了婚。她们却被"剩"下了，这个中的滋味其实很难受。

1. 学霸李小姐

李小姐今年38岁。博士毕业以后，在一家外企供职。在业界，她堪称翘楚，有车有房，收入也不菲，可就是找不到合意的人。她带着调侃的意味说："大学校园，其他女同学卿卿我我的时候，我专心读书去了。可等我博士毕业，再回头看时，她们都结了婚。工作以后，不知道是不是随着年龄和阅历增加，能够入我眼的男人越来越少。曾经也找到一个，但人家又嫌我太能干，最终没能走到一起。"她说的时候有点落寞，但态度很坚决："虽然如此，我也不愿意将就，能够找到就找，不能找到就算了，反正我完全有能力养活自己。不过，我仍然充满希望。"

2. 爱情里受过伤的张小姐

张小姐今年32岁，一位白领丽人。读书的时候，她是大学校园里有名的美女。一位男生苦追了两年，终于赢得美人心。张小姐一直以为找到了人生的真爱，一颗芳心全系在了他的身上。谁承想，对方却是一个"凤凰男"。张小姐最后被伤得遍体鳞伤，到现在都没法坦然面对这段感情。她苦笑着说："感情？哪个还敢信呀？这世界真的能找到真爱吗？我也羡慕别人幸福的婚姻，可是我真的不敢再尝试了，怕受伤，伤不起了。"

3. 不幸家庭出身的林小姐

林小姐今年27岁。自由职业，年轻，漂亮，活力四射，身边围着不少追求者。要脱单，是件很容易的事。"结婚？"她笑得有点没心没肺。她生活在一个很有故事的家庭里。母亲是一位非常善良漂亮的女人，父亲也很能干。小时候，她觉得她是世界上最幸福的人。可是有一天，父母开始争吵、冷战。她慢慢才知道，原来父亲背叛了她母亲。母亲为了给她一个完整的家，无论父亲怎么折磨，都坚决不离婚。林小姐把母亲受的委屈，父亲的无情全记在心里。青春期的时候她叛逆过，挣扎过，但是这根本改变不了父母的状况。后来，母亲终于受不了父亲的精神折磨，离了婚。她也看透了，"结婚有什么意思？我父母当年还不是很相爱才结的婚，最后怎么样？最后父亲还不是一样背叛？我不想落得我妈的结局。现在这样多好呀！"说这些的时候，她眼睛里掠过一丝悲伤。

列夫·托尔斯泰曾说过：幸福的家庭有同样的幸福，而不幸的家庭各有各的不幸。作为"剩女"一族，每个人都有自己的故事和坚守。不将就婚姻，不勉强自己，听从内心的指引，追求想要的生活，挺好。而作为旁人，我们更多的应该是尊重和理解，不要过多地干涉和指责。

**【分析与提示】**

"剩女"，是那些大龄女青年得到的一个新称号，她们被称作"单身派"，也可以称她们为"3S女人"：Single（单身）、Seventies（大多数生于20世纪70年代）、Stuck（被卡住了）。网络上一度流行着这样的说法，25至28岁的未婚女性称为"初级剩女"或是"剩斗士"；28至32岁的未婚女性被称为"中级剩女"或"必剩客"；32 至 35 岁的未婚女性则被划归"高级剩女"的行列；35 岁以上还未嫁的女性则被称为"齐天大剩"。大龄单身女性被贴上了种种年龄标签，而有关"剩女"的形象并不止于此。在这方面，新闻媒体起到了推波助澜的作用，媒体的曝光不断构建起社会公众对"剩女"的形象认知。

■ **延伸阅读** ■------------------

2015 年《人口与经济》刊文调查数据显示："剩女"的比例在受过高等教育的群体中有显著提高。从收入角度来说，"剩女"的平均收入水平也在社会学英文期刊《符号互动》上，香港大学博士杜先致发表了一篇研究中国"剩女"的论文。在对北京、上海、广东、安徽、辽宁、香港、台湾等地的单身女性进行访谈后，杜博士将"剩女"分为四种较为典型的类型。

进取型：指那些条件很优秀的女性，由于她们在职场上取得出众的成就，收入较高，大多数男性"望而却步"，不敢与她们谈婚论嫁。面对这种传统观念的制约，进取型女性可能会选择她们认为更加"开明"的西方男性，但这很可能引起父母的反对。另一种更让父母接受的情况是，进取型女性找到事业上更出色的中国男性，但如果找不到，她们就可能一直"剩"下去。为了避免这种独身的尴尬，不少优秀职场女性在找另一半的时候，会向对方隐瞒自己的收入状况，从而避免一开始就被男性拒绝。

传统型：指那些以结婚为目标，想嫁一个有经济实力的丈夫的女性。她们的择偶观念比较传统，看重男性的经济实力，然而也正是由于传统观念的束缚，她们在异性面前很矜持，缺乏积极主动的策略，所以很可能成为"剩女"。

妥协型：这种类型的女性对男方的经济条件不是很看重，她们希望寻找收入未必高，但具有两性平等观念的男性。

突破型：这种类型的女性性格普遍较为外向，不喜欢被约束。她们认为结婚是对自己与伴侣的一种束缚，而这种束缚会阻碍自己的追求。所以她们通常希望伴侣可以与自己采取通过婚姻之外的关系在一起，比如同居而不结婚。这种思想在中国社会其实还是不能很广泛地被接受，这种人生选择很可能会遭到父母的强烈反对。

# 第三节 媒介中的性别文化

## 一、性别刻板定型的内容

社会文化中存在性别刻板定型，认同的关于女性和男性的观念和态度。就像上述样本特征所表明的，与女性有关的人格特征，比如有同情心的和令人温暖的反映了一种对他人的关心。社会科学家称这组特性为亲和性。另一方面，与男性有关的包括成就取向和雄心勃勃的特性反映了对完成任务的关注，称作行动性。有意思的是，这些刻板定型保持着相对的稳定性。

### （一）人们倾向于期待给女性和男性不同的角色

人们倾向于将亲和性特质与女性联系在一起，而将行动性特质与男性联系在一起，与此一致的是人们倾向于期待给女性和男性不同的角色。例如，尽管多数女性就业，但许多人一直期待女性主要是儿童和年老父母的护理者，而男性主要是供养者。

你也许已经注意到，包含在男性刻板定型中的特征比包含在女性刻板定型中的特征更受尊敬。在西方文化中，人们强调努力工作和成就的价值观，倾向于将行动性的雄心勃勃和独立性与力量和声望联系在一起，而给这些特征比情绪性的亲和性特征更积极的评价。于是，性别刻板定型与性别的社会建构也有关。不管是否正确，与性别有关的信念起着透镜的作用，引导我们对他人的期待，并可能引发他人的刻板定型行为。例如，相信女性比男性拥有更多养育天性的中学老师也许会让女生到学校办的幼儿园做志愿者，这给了女性而不是男性发展养育特质的机会。于是，教师的这种刻板定型也许实际上对女学生建构女性相关的特征有所贡献。在选择做属于自己的行为时，性别刻板定型在性别社会建构中的重要性也表现得很明显。例如，基于性别相关的信念，更多的女性青少年比男性更可能寻求护理孩子的经验，于是发展了像养育和怜悯这样的特性。

### （二）对男女理想化个体的特征的研究

到目前为止，我们已经探讨的是大多数人认为代表女性和男性的特质。然而，对男女理想化个体的特征的研究表明，人们关于多数女性和男性的刻板定型与他们心目中的女性和男性应该像什么样子有些不一致。有人研究大学师生心目中理想的女性和男性以及对多数女性和男性的看法，结果表明，师生都将多数女性知觉为亲和性的，将多数男性知觉为行动性的。然而，他们将在女性相关和男性相关的特征上都得高分的女性看作理想的女性；也就是说，他们相信理想的女性应该是人道的、敏感的、文雅的和怜悯的，同时又是逻辑的、智慧的、成就取向的和自信的。此外，尽管理想的男性被看作在行动性特质上分数最高，但相信他们在同情、怜悯上也应该得分相对较高。于是，师生都认为理想的女性和男性个体都应具有两性的特征。

## 二、女孩与男孩的刻板定型

我们已经看到，人们对成年女性和男性的特质与行为有不同的期待。现在我们来看看成人对孩子性别刻板定型的期待。

### （一）父母对新生的女孩和男孩知觉不同

在人生的最开始，父母至少对新生的女孩和男孩知觉是不同的。间隔20年完成的研究表明，与新生的儿子相比，父母评定新生的女儿是有好的容貌、不太强壮、更脆弱的，尽管医学证据表明男女婴儿并无身体方面的差异。此外，早些的研究表明父母描述他们的女儿是漂亮的，他们的儿子是强壮的。

### （二）成年人对孩子身体特征的性别刻板定型

很明显，成年人持有的孩子身体特征的性别刻板定型从他们一出生就开始了。成人对孩子的刻板定型不局限于婴儿早期。一个研究中要求加大大学生评定4—7岁女孩和男孩的典型特征，结果性别刻板定型是很明显的。这些年轻的成年人认为25个特征中的24个对一个性别比另一个性别更典型。此外，对女孩和男孩典型特征的看法反映了成年人性别刻板定型的亲和性—行动性特征。例如，这些学生评定女孩比男孩更文雅、富于同情心及擅长家务，而评定男孩比女孩更多自恃性、支配性和竞争性。

## 三、性别刻板定型的基础

我们集中在两个相关问题上探讨性别刻板定型的起源：1. 人们基于性别而具有刻板定型的原因；2. 这些刻板定型给女性亲和性特质，而给男性行动性特质的原因。总之，我们将考虑性别刻板定型的过程和对其内容的解释。

### （一）社会范畴化

如果我们考虑个体怎样试图理解复杂的社会环境，就可以说明性别刻板定型的过程。因为我们日常接触到各种类型的人、行为、情境等，我们将个体划分进不同的范畴，简化我们的社会知觉。对我们来说，理解和记住我们遇到的每一个人是很难的。于是，我们将人们分成不同范畴，并关注他们与范畴内的其他成员分享的特征。例如，在医院，我们也许将我们遇到的个体分为医生、护士和患者。当我们与他们接触时，与医生、护士联系在一起的不同的一套特征指导我们的行为，使我们问与他们的知识和技能相应的问题。尽管我们在分类过程中利用种种线索，但社会范畴常常基于容易认定的自然特征，比如民族、年龄、性别。这些属性通常是我们首先观察到的；它们使我们很容易地将人归于不同的范畴。于是，性别刻板定型的过程是从把人分成女性和男性开始的，我们的根据是每一性别的成员分享某些属性的内隐主张。当我们遇到一个新的个体，我们会把这些属性赋予这个人。尽管社会范畴和刻板定型过程有助于简化对人的理解和与人的相互作用，但它们也可能使我们步入歧途：因为所有的女性不一样，所有的男性也不一样。幸运的是，只有在我们对一个人的区分信息很少的时候才更可能使用刻板定型。一旦我们掌握了有关这个人的更多的信息，我们会利用除了性别以外的信息形成印象并引导我们相互作用。例如，当评价一个人的雄心水平时，如果没有其他信息我们也许会利用其性别来判断。然而，如果我们知道这个人是某大公司的 CEO，性别信息就不那么重要了。

## （二）社会角色理论

假定人们自然地把其他人分成性别范畴，并给所有这个范畴内的成员相似的属性，我们现在转向为什么人们把亲和性与女性联系在一起，而把行动性与男性联系在一起的问题。一种可能性是，这些刻板定型源于我们对典型地完成其社会角色的个体行为的观察。根据社会角色理论，女性和男性的刻板定型源于将女性和家庭角色联系在一起，而把男性和职业的角色联系在一起。这种理论主张源于我们主要观察到女性扮演家庭角色，我们就假定女性具有那种角色的养育天性。同样，大多数男性传统上被看作养家糊口的角色，我们便知觉男性具有在工作中表现出来的行动性的特性。

大量研究支持性别刻板定型理论。这些研究表明，一个人的社会角色影响性别相关特质对他/她的适用性。例如，有证据表明当赋予他人亲和性或行动性特征时，其社会角色可能超越性别。特别是让被试描述正做家务的女性和男性时，他们被同样看作是亲和性的。类似地，请被试描述一个全职的女性和男性雇员，他们都被知觉为行动性的。此外，比起那些未工作的个体，就业的女性和男性被看作是更具行动性的，母亲被看作是更具亲和性的，已婚的比未婚的女性被知觉为更具有亲和性。很明显，当人们意识到个体的社会角色时，他们的刻板定型就会受到角色信息的影响。在要求人们描述过去和将来的女性和男性时，社会角色对性别刻板定型的影响也是很明显的。当要求大学生和其他成年个体评定 1950、1975、2025 和 2050 年的一般女性和一般男性时，他们认为女性随着时代的发展会越来越男性化，而男性会变得某种程度上的女性化。这说明了什么呢？研究者发现，性别刻板定型程度的减轻与这个时期关于女性和男性的职业和家庭角色的信念变得越来越相似有关，这支持了社会角色理论。

然而，至少从 20 世纪 70 年代以来，性别刻板定型保持相对的恒定。为什么随着时间的推进，女性在劳动力队伍中增加性别刻板定型相对恒定呢？尽管现在比过去有更多的女性就业，女性所得到的报酬却一直比相应岗位上的男性低。而且，不管是否就业，大多数女性仍然在家中承担护理的责任，比男性更可能在护理职业中（像护理和早期儿童教育）被雇用。尽管社会角色逐渐地变化，女性仍然是主要的养育者，而男性主要是供养者。结果，我们关于女性和男性的刻板定型保持不变也就不足为奇了。

### （三）强调女性的吸引力和性特征

媒体更多地通过女性的相貌和性特征来界定她们。例如，商品中可能对女性比对男性表现更多的身体上的吸引，而在商品、电视节目中描述的女性更可能接受外界对其外貌的评论。促销美容产品有时甚至在儿童形象上也是更多地指向女性角色。在商品形象中，主要时段电视节目在促销服装时出现更多的还是女性形象。

对女性外貌的强调也出现在印刷和电子媒体上。1996 年，78％最流行女性杂志的封面出现有关身体相貌的文章，提供节食和锻炼的信息。然而，没有一个男性经常读的杂志封面包含这类信息。有研究者提出，指向职业女性的新杂志关注外貌的内容和美容时尚类杂志一样多。她指出，1995 年的一期《新女性》，目录前的 12 页是化妆品广告。而且，对女性的描述更多地倾向于与性相关联。例如，女性的时尚广告与男性广告相比，更多的模特穿着性感。媒体不仅将女性的吸引力描述为非常重要，而且将那种吸引力描述为极度瘦弱。例如，多数《花花公子》中插页的女性体重偏低，接近三分之一甚至瘦到世界卫生组织对厌食症（一种严重的摄食障碍）患者的诊断标准。

### （四）性别角色媒体形象的意义

就像这种讨论所说明的，尽管女性和男性的数目大致相等，但媒体形象中男性比女性多，男性比女性更积极和自信，而女性认同的中心是美丽和浪漫的关系。许多研究者主张媒体不仅强化了存在的刻板定型，而且媒体对性别的描写可能影响了性别刻板定型的发展。有人发现，男大学生看了一系列把女性描述为性客体的杂志广告以后，与看中性广告的男生相比较，报告了更多的刻板定型的性别信念，这表明媒体在形成我们的性别建构和提供女性和男性像什么——他们的人格特性、社会角色和社会价值的期待方面起着重要的作用。此外，对老年女性有限的描写可能强化了这些群体的弱势，以及交流她们的经验并不重要的错误认识。考虑其他类型描述女性和男性刻板定型的媒体，先前的研究表明，在儿童文学、玩具目录和包装上，人们刻板定型地描写女孩和男孩。然而，没有研究探讨社会对男婴和女婴的期待。为了探讨这些刻板定型，Judith 和她的助手系统地检查了 61 张对女婴的和 61 张对男婴的贺卡上的视觉形象和言语信息。

对这些贺卡上视觉形象和言语信息的详细检查发现其有几处不同。并不奇怪，粉色是用在给女孩贺卡的最常用的颜色，而蓝色是给男孩的。按活动来说，给男孩的最可能表现体力活动，像走路或建造；而给女孩的常画的是被动地坐或躺。同样，给男孩贺卡上的玩具多是要求较多活动的运动设备和交通工具；而给女孩的则画着婴儿玩具，像不太需要体力参与的咯咯作响的玩具和小汽车。大些的动物，包括熊和狗在给男孩的贺卡上最常见；而小些的、攻击性小的鸟和兔子更常出现在给女孩的贺卡上。尽管在贺卡上性别特意性的言语信息不多，还是有一些有趣的差异。女孩比男孩更多地被描述为"娇小的"和"可爱的"；而比起女孩，给男孩的更多地包含父母和儿童快乐的信息。

我们来数一数一些常见的性别刻板印象吧。男孩更擅长几何，女孩更擅长阅读。说到学习方面的差异，许多老师公开或者私下会认为男孩比女孩更擅长数学，尤其是几何。早在 20 世纪 70 年代就有研究者推论，男性有更好的数学和视觉空间技能，女性的语言能力要好于男性。但是，21 世纪的研究者则认为，男性和女性的认知差异被过度夸大。他们在视觉空间任务上进行了测量，发现虽然男性比女性的视觉空间技能稍好，但是得分有相当程度的重叠，这意味着在许多任务上女性的表现要好于男性。

美国对学生考试成绩的研究发现，男孩的数学成绩略好于女孩，女孩的阅读成绩明显好于男孩。但是研究者提醒大家，读书成绩反映的不只是认知能力，它还可能代表了刻板的性别角色的影响，比如男孩不愿意在阅读上努力，女孩更容易对数学望而生畏，缺乏努力的动机。

男性比女性更懂得调节情绪。在许多人眼中，男性对待情绪的克制态度似乎更容易被称赞。但是，也许你搞错了，研究者们的发现是相反的，男性在调节和控制情绪方面通常比女性差。

刚刚上小学的男孩已经学会了隐藏内心的负面情绪，比如悲伤；而青春期早期，男孩往往更多地否认自己经历的强烈负面情绪，比如内疚、害羞等。这与文化对男性表情情绪的要求有着紧密的关系，所谓男儿有泪不轻弹，表达真实的情感，尤其是显示脆弱的情感，对于男孩来说是危险的。他们通过压抑真实的情绪来制造克制的态度，事实上，这种做法反而会影响到男性的自我调节能力的发展。也难怪，医生们发现，男性的应激激素水平比女性更高，从而导致血液凝结更快，他们的血压更容易升高。

过度强调男女之间的差异，并不会让我们更能理解对方。针对性别研究，学术界公认的观点是，即使男性与女性之间存在性别差异，也应同时看到两种性别之间还存在相当多的共同之处。我们需要认识到这些差异的来源，很多时候是由生物、社会文化、为适应环境而形成的观念等多种因素共同作用的结果。

### （五）对大众传媒与性别文化的认识

大众传媒是性别社会化的重要工具之一，也是性别文化的重要传播方式，大众传媒在社会文化的传播方面扮演着重要角色。性别文化是社会文化的重要内容之一，20世纪中期由国外传入中国之后，对中国的社会文化产生了很大的影响。特别是在两性关系方面，女性的地位得到了很大的提高，女性角色也发生了很大的变化，两性话题也越来越多地被人们讨论。在20世纪70年代之前的中国，在大庭广众之下谈论性别的话题，或者是开设性别的课程是无法想象的。中国是在近20多年才逐渐普及关于性别的课程，性别才开始走进课堂，走进大众。传媒是人的社会化的重要场所之一，从这个角度而言，媒介中的性别文化，在强化社会性别评价，影响受众对社会性别的认识以及行为方面的长期"涵化"作用是不可小觑的。因此，从社会角度来看，正确的媒介性别文化对中国妇女的发展，乃至构建和谐社会的作用都是非常重要的。性别是社会建构的基础。在人类"初级生活圈"中，性别结构所发挥的作用极大。工业化之后，女性各方面的地位和状况都发生了巨变。它不仅改变了女性在家庭、婚姻与性别等诸方面的角色和作用，也推动了男性角色的相应变化和整个"初级生活圈"的发展。

大众传媒作为重要的思想交流平台，反映着当今时代各个方面的思想交锋。特别是从20世纪90年代中后期开始，大众传媒的快速、蓬勃发展，使其在公共议题的产生与讨论的过程中的影响渐强，效果日益显著，同时也使其成为塑造大众文化、引导大众审美观的重要平台之一。同时，大众传媒作为社会文化发展的主要载体之一，是人们获得社会文化发展的知识信息的主要途径。有研究表明，目前人们对于社会的基本认知，社会规则的把握乃至人生观、价值观的形成，90％以上来自大众传媒。而性别文化作为社会文化的一种，大众传媒作为其风向标与整合器，其作用的重要性显而易见，毋庸置疑。因此，讨论某一时期大众传媒视野下的女性角色的变化是反映这一时期性别文化的发展的重要方向标。

大众传媒在人们的日常生产生活中起着非常重要的作用，同时，大众传媒也时刻影响着人们的生活。因此，大众传媒要有意识地颠覆传统的腐朽的性别文化，多宣传和报道有关现代成功女性的典型事例，对那些在政治、经济、文化各个领域杰出的女性进行大力宣传，多树立女性事业成功的典型，营造促进女性成长成才的舆论氛围。同时，各级党政领导部门及文化主管部门要加强对媒体及电子网站等现代媒体性别导向的监督，积极宣传文明进步的妇女观，抵制和消除对妇女的歧视和偏见，克服传统思想观念的束缚，有计划地进行社会性别意识、社会性别敏感化的宣传，形成有利于妇女发展的社会文化环境。

女性要努力提升自己的文化层次，增强观点意见的可发表性，更好地利用媒介表达自己的观点。女性不仅要在政治上、经济上及社会生活的诸多方面与男人享受平等的权益，而且应充分认识到自己身为女性的自尊与崇高，充分利用现有的传播新技术，使自己有更多的机会发表主张和见解。

总之，大众传媒中的女性形象，一定程度上反映了女性在社会上所处的地位，要想彻底地解决社会对女性的歧视现象，必须从大众传媒、女性自身、社会文化和国家政策等方面共同努力。

## 案例分享

女性被知觉为不如男性强大，社会普遍认为男性的角色更重要。这种力量和价值的不平衡在媒体上反映出来则是女性的代表性不够，尽管电视上女性角色从20世纪70年代的28％增加到20世纪90年代的39％，但很明显，女性占的比例还是低。同样，在与电视有关的商品中，包括动画中讲话的角色、MTV音乐录像带和电影中女性角色的比例大约为20％—40％，而且这种代表性不足在儿童电视节目以及视频游戏中也有反映。

在许多类型的儿童书籍中也可以发现类似的情况。尽管儿童读物中主要角色的男女数目几乎相当，但在图画书的题目和图画中的主要角色中，男性仍比女性多。

### 【分析与提示】

媒体中对女性和男性描写的差异不仅表现在数量上，而且表现在与其社会角色的关系上。过去几十年中，主要时段电视节目中在职的女性角色的比例一直在增加，20世纪90年代描写的女性角色中60％是在职状态。进一步，她们的工作范围扩大了。20世纪90年代，只有四分之一是像秘书或护士这样传统的女性工作。

与男性在工作中的角色和女性在家庭中的角色刻板定型相一致，大众电视节目、商业节目和影片中仍表现出在职的男性多于女性，而在商业节目和主要时段节目中，女性比男性更可能出现在家中。而且，尽管电视中多数已婚男性是在职的，在这些节目中却只有很少的已婚在职女性。于是，尽管电视中也出现了一些正向的在职女性的角色榜样，尽管事实上多数美国已婚女性仍在工作，但却很少有对把工作和婚姻成功结合的女性的描写。类似地，周日喜剧节目中，在家的女性比男性多，而在职业活动中的女性比男性少。而且，在儿童的图画书中，通过描写女性拿着与家务有关的东西和男性拿着与家务无关的东西反映出来这种角色差异。此外，儿童读物和卡通读物中，如果描写女性是在工作的，她们的职业范围较窄，青少年杂志对两性的描写都是性别刻板定型的职业（例如，男性是医生，女性是护士）。在给女孩看的主要杂志《17岁》中的大量文章都集中在像外貌和关系这样传统的主题上，只有40％涉及像自我和职业发展这样的女权主义者的主题。于是，对女性和男性社会角色的描写反映了共同的期待，即女性主要负担家庭责任，而男性主要是供养者的角色。

### ■ 延伸阅读 ■----------------------

与对女性和男性在不同的社会角色上的描写一致，女性亲和性的刻板定型和男性行动性的刻板定型在媒体中都很明显。在媒体上，包括成人影片、MTV音乐录像、儿童卡通、迪士尼影片和图画书中，男孩和男性都被描写为比女性更自信、更富于攻击性和更强有力。而且，在青少年和女性杂志上故事中的部分女性缺乏行动性，其中主要的女性角色一般都得依赖他人帮助解决问题。此外，与男性更强有力一致，在接近90％的商品中男性作为使用话外音的叙述者因而投射出权威和专家的形象。

尽管不像男性行动性的形象那么普遍，媒体通常将女性特化为亲和性的、他人取向的形象。女孩杂志中小说故事的许多情节集中在与男孩的冲突上；而在电视和电影中，女性比男性更多地集中在他们的浪漫关系上。而且，图画书更多地把女性描述为可爱的，这种特质与人际的（亲和性）取向有更密切的联系。

------------------------------------

# 第七章　性别平等与教育实践

本章导读

为了探寻在性别平等的基础上实现教育机会均等的一系列女性教育问题，本章对中国女性教育观、教育实践以及教育意义进行了阐释和反思，所选用的视角是社会性别视角。这一探寻应在中国社会的历史发展进程中进行，因为实现性别平等、促进女性教育并不是一蹴而就的过程，它贯穿于整个社会发展历程中。性别平等与女性教育看似是两个不相关的概念，实际上要将女性教育置于两性平等的基础上探究才有意义，两者之间是相互作用的关系。女性教育的发展，必然促进两性平等的实现。基于两者之间的密切关系，本章将在社会性别的视角下，对女性教育观以及教育实践进行探索，总结女性教育发展的意义，尽可能从客观角度形成对中国女性教育的全面认识。

在社会性别视角下研究女性教育具有以下两个特点：其一，将男性和女性同时纳入教育实践研究范畴，将女性教育权的问题放入社会教育体制中进行分析。其二，不排斥男性受教育权，力求在男女平等的基础上实现女性的自由发展。也就是说，并不是试图将男性受教育权利剥夺，女性替代男性受教育，而是本着男女平等原则、通过受教育共同发展的原则实现人的全面发展。因此，从社会性别视角下研究女性教育具有双重意义：一方面，可以客观认识男女受教育权的不平等；另一方面，可以看到男女两性在争取受教育权时的不同约束。这不仅可以促进男女两性的共同发展，也有助于反思传统教育对女性的束缚，从而有助于女性平等享有受教育权。

教育不仅反映一定的社会政治经济，还对社会政治经济具有重要的影响。教育具有明显的时代烙印，中国女性教育同样具有鲜明的时代特性。以中国社会性质的转变为划分标准，可以粗略地将我国女性教育历程归纳为三个时期：中国传统女性教育、启蒙思想下的女性教育和现代女性教育。以下分别从三个时期的女性教育观、教育实践以及女性受教育的时代意义进行阐述。

时代呼吁男女平等，平等享有受教育权，这也是教育改革的内在要求，而这一目标的实现需要社会各界尤其是女性的长期努力。为此，女性要打破枷锁，真正实现思想解放，推动两性教育事业平等发展。

# 第一节　传统女性教育

原始社会和奴隶社会时期就已经有了女性教育萌芽，但并未形成系统的理论形态。封建社会时期，女性教育得到发展。受男尊女卑社会形态的影响，女性活动范围囿于深闺，接受三从四德教育，逐渐形成"男主外，女主内"家庭格局，导致女性地位以及人格的丧失。一直到近代启蒙思想的冲击，男尊女卑观念被质疑，女性自我意识才逐渐增强，她们追求与男性平等，享有受教育权。

## 一、传统女性教育观

中国传统女性教育观的形成经历了原始社会、奴隶社会和封建社会的积累与沉淀，具有深厚的历史渊源和民族文化特性，相对稳定并且被世代相传，对启蒙思想下的女性教育观、现代女性教育观都有重要的影响。例如，希尔斯认为，传统至少要经过三代人的反复认可才能形成，否则难以称为"传统"。[①]因此，中国传统社会女性教育观的形成也就意味着它符合传统社会政治统治需要，并且与经济发展水平相适应。所以，中国传统女性教育观作为一种精神力量，不仅影响了世代女性教育的发展，也影响了社会整体发展。

### （一）男女两性教育开始分道扬镳

原始社会女性和男性接受的教育并没有太大区别，全员都是先生，全员又都是学生，主要是在生产过程中采用集体、分散教育的形式实现共育体制，男女接受教育一般不会分开。原始社会初期，生产力极其低下，男女两性采取群婚制导致知母不知父的现象普遍存在，女性在生活资料的获取中又扮演着重要角色，所以女性在社会中备受尊崇。人类进入母系氏族社会以后，人们对性别的认识更加深入，男女有别的教育观念开始逐渐形成，在青春期前后仍然采取的是合群式教育，一般在男女进入青春期时的成人礼教育阶段才开始将男女分开进行教育。德国著名人类学家利普斯针对此有专门的研究，在其著作《事物

---

①　周小李. 社会性别视角下的教育传统及其超越［M］. 北京：教育科学出版社，2011.

的起源》中有专门的记载。人们之所以将男女分开进行教育，主要是对性的认识和对经血的禁忌和恐惧，此时的社会已经开始有对男女进行不同培养的考虑。原始社会后期，随着社会生产力的不断提高，女性在经济生活中不再占据优势地位，男性逐渐占据主导地位，男女经济地位的转变直接导致了社会地位的转变。随着剩余产品开始出现，私有制的萌芽，体力劳动和脑力劳动分离，出现了专门从事文化活动的脑力劳动者，男性优势凸显的同时也开始了男性对女性的奴役。母系氏族社会被父系氏族社会所取代，男权制社会确立。男女两性社会地位的转变为几千年封建社会推崇的男尊女卑观念埋下伏笔，为女性教育囿于闺阁奠定了基础。由此可见，原始社会时期，是男女合组走向男女分组教育的一个阶段。

### （二）男尊女卑教育观念占据社会主流

到了奴隶社会和封建社会时期，教育具有明显的等级性，女性受教育权被限制，女性失去了同男性一样在学校受教育的机会，只能在家中接受家庭教育。而生活在皇宫的后妃和宫人则接受宫廷教育，这是中国传统社会官方设立的唯一女性教育形式。当时社会普遍认为男子读书做官是天经地义的，而女子却被要求"无才便是德"，认为女子"多识字无益而有损"。例如，孔子虽提倡"有教无类"的教育思想，但他所创办的私学中，弟子三千却无一女性，女性无法接受学校教育，只能接受家庭教育。

**案例分享**

书中第二回便介绍了，说林如海"夫妻无子，故爱（黛玉）如珍宝。且又见他聪明清秀，便也欲使她读书识得了几个字，不过假充养子之意，聊解膝下荒凉之叹"。在这里可以看出来即便是钟鸣鼎食、五代列侯的林家，也有"重男轻女"思想，男子接受教育要读书，女子是不用读书的，林黛玉读书是因为把她当成了男孩在养。贾府中最精明，享乐一生福气的老祖宗贾母，对于姑娘们读书的态度，也不过是那句"读什么书，不过认几个字罢了"。统治者和卫道士不断强化男尊女卑思想，导致中国传统女性完全成为男尊女卑观念的践行者，造就了女性"卑弱"的形象，束缚了女性的发展，毒害了女性的心理。

（摘自《从〈红楼梦〉里谈"女子无才便是德"，中国古代的教育观，到底浅薄了》）

**【分析与提示】**

封建社会统治者崇尚传统儒家思想，儒家经典中涉及男女两性关系的阐述对社会发展具有重要的影响，促进了男尊女卑观念的形成。如孔子在《论语》中曾说："才难，不其然乎？唐虞之际，于斯为盛，有妇人焉，九人而已。"还说："唯女子与小人为难养也，近之则不逊，远之则怨。"孟子也认为："以顺为正者，妾妇之道也。"而男子则是"立天下之正位，行天下之大道"者。到了汉代，董仲舒提出"三纲"理论，更是强化了男尊女卑思想，他认为"男为阳，女为阴""妻受命于夫"，强调妇女遵从男子是其必须履行的社会规范。及至宋明理学"存天理，灭人欲"之后，更是将妇女束缚于男性身上，对妇女宣扬"饿死事小，失节事大"。儒家思想蓬勃发展，董仲舒、班固以及班昭等人将封建伦理道德规范进行了系统化整理，封建礼教逐渐定型。封建社会女性受教育内容主要为"礼教"及"妇道"，而其最具代表性的说法便是"三从"与"四德"。"三从"指的是"未嫁从父，既嫁从夫，夫死从子"；而"四德"指的是"妇德、妇言、妇容、妇功"四个方面。

以三从四德的教育观为核心内容的读物不断问世，加速了女性对男尊女卑社会文化价值观的认可，并自觉地用三从四德约束自己的一言一行。例如，班昭所作的《女诫》是我国最早用于女德教育的读物，对三从四德做出了详细的说明，开篇便指出女性卑弱教育从女婴一出生就要开始进行，构建了中国传统社会女性教育内容的框架，被列为"女四书"之首。之后问世的关于女性教育的读物以《女诫》为样本，对女性教育内容不断归纳和概括，并逐渐形成体系，推动了男尊女卑观念的普及，导致中国传统女性教育一直笼罩在男性教育的阴霾中，加剧了男女两性教育的不平等。

### （三）男女有别的教育观念深入人心

封建社会，随着封建礼教的定型、程朱理学的兴起以及"女子无才便是德"的观念一步步深入人心，男女要进行分别教育的观念被强化，男女被分开教育的形式一直持续到了20世纪初，这种教育传统可以理解为性别化教育。性别化教育这一概念来源于英国女性社会主义教育社会学家琼艾克，指的是用不同的性别模式来塑造男女儿童的教育。[1] 1907年通过的《奏定女子小学堂章程》明确规定："女子小学堂与男子小学堂分别设立，不得混合。"[2] 在中国传统文化中，男/女是一组基本的二元对立范畴，由这组范畴衍生出了一系列相互对立的事物：阳/阴、尊/卑、外/内、右/左、公/私、强/弱、主/从等。这

① 周小李. 社会性别视角下的教育传统及其超越［M］. 北京：教育科学出版社，2011.
② 舒新城. 中国近代教育史料：下册［M］. 北京：人民教育出版社，1961.

些二元对立的事物规范着男女两性的地位、身份、活动等，并由此构建起中国传统的社会性别——男女有别。① 例如董仲舒认为，天有阴阳，人有男女，"君臣、父子、夫妇之义，皆取诸阴阳之道。君为阳，臣为阴；父为阳，子为阴；夫为阳，妻为阴"。② 他从哲学角度看到了男女性别之间的矛盾，有其合理性，但是他所强调的男尊女卑、上下等级，女性作为男性的附属品，女性教育活动的开展以男性为中心的思想有其局限性。中国传统社会所提倡的男女有别是男尊女卑观的体现，男尊女卑观下的女性教育是中国传统社会教育的一个重要特征，中国传统社会教育的最终目的是把男女培养成不同类型、为社会发展服务的"顺民"，男性要在公共领域建功立业，女性要在家庭中相夫教子，深受传统礼教纲常的约束。男女两性差别确立，又直接影响了男女两性在社会、家庭中的地位，形成了男女共同认可的男尊女卑的社会形态。

男性是封建礼教思想坚定的助推者，发展到明代女性社会地位每况愈下，中国传统女性教育近乎畸形。例如，女性缠足的陋习遍布社会各阶层，"饿死事小，失节事大"的封建思想愈演愈烈，使得女性安于现状，甘愿接受荼毒。尽管部分开明人士反对封建礼教对女性的束缚，出现了新旧女性教育思想的争鸣，但是他们所提倡的女性教育思想仍然无法摆脱传统封建思想牢笼的束缚。

## 二、传统女性教育实践

### （一）传统女性争取受教育权

教育作为一种基本人权，男女应当平等享有。自人类活动产生开始，便有了教育的事实。《世界人权宣言》第 26 条明确指出："人人都有受教育的权利，教育应当免费，至少在初级和基本阶段应如此。"中国传统社会受皇权制的长期把控，女性被排斥在学校教育之外，女性教育内容又多为顺应统治阶级以及束缚女性发展的传统伦理纲常，使人们误以为中国传统社会不存在教育权，教育权的问题似乎也无从谈起。先秦时代，《诗经》已表明女性有接受教育之事实与必要。《周南·葛覃》涉及周代贵族妇女接受家庭教育的情况："言告师氏，言告言归。"《毛传》："师，女师也。古者女师教以妇德、妇言、妇容、妇功。祖庙未毁，教于公宫三月；祖庙既毁，教于宗室。"③ 实际上，中国女性争取同男性一样的受教育权经过了漫长的过程。

---

① 周小李. 社会性别视角下的教育传统及其超越［M］. 北京：教育科学出版社，2011.
② 董仲舒. 春秋繁露［M］. 北京：中华书局，1992.
③ 孔颖达. 毛诗正义//阮元. 十三经注疏：上［M］. 北京：中华书局，1957.

中国传统社会虽然受教育的女性遍布社会各阶层，但是教育权没有形成系统的理论概念，也就是中国传统社会教育权有实无名。我们经常提及的"不学无术"在传统社会中往往存在于世家大族子弟中，出身贫寒的子弟为了改变自己生活在社会底层的命运努力求学，以便获得功名利禄。由此可以看出，受教育权并非被世家贵族垄断，在社会底层的贫寒民众也有接受教育的机会。这就充分说明了传统社会虽然没有教育权的系统概念，但是已经有了教育权的事实。在中国传统社会男尊女卑观下虽然女性不能到学校接受正规教育，但是女性教育并没有被冷落，女性通过闺阁教育来实现自己的教育权。

### （二）传统女性的反抗意识

中国传统社会两性教育是不平等的，女性教育形式可以归结为闺阁式教育。当时所提倡的"女子无才便是德、妇人识字多海淫、相夫教子"等传统教育思想深入到女性心中，禁锢了女性的发展，约束了女性的行为规范、道德操守，形成了中国封建社会盛行的女性教育——"淑女教育"。中国传统女性活动范围主要是家庭，女性被学校教育拒之门外，只能通过家庭教育实现自己的教育权。在接受家庭教育的过程中部分女性开始质疑传统女性教育观，并为实现女性解放进行反抗。

**案例分享**

《西厢记》中的崔莺莺，虽然一直接受闺阁教育，但是遇到心爱之人张生后，敢于跟"父母之命，媒妁之言"传统礼教思想抗争。《牡丹亭》中的杜丽娘同样是被父母用传统礼教思想精心教养，只因读到《诗经·关雎》被触动，自我意识觉醒，决定追求平等自由的爱情，临终前，还嘱托母亲要在牡丹亭边的梅树下安葬自己。《再生缘》中的孟丽君没有甘于现状被封建黑暗势力打垮，而是通过女扮男装接受教育最后中得状元成为当朝宰相，改变了自己的命运。

**【分析与提示】**

三名女性在传统社会发展下，开始质疑传统教育内容，做出反抗举动，敢于追求内心的渴望。这恰好表明女性已经开始具有自我意识，大胆追求平等的爱情，不惧在追爱过程中遇到的问题，独立解决面临的困难。女性正在逐步摆脱传统社会赋予她们的标签，变得更加的多元化。部分女性通过抗争接受教育，还表现出较高的文化素养。

　　班婕妤 "有德有言"（曹植《班婕妤赞》）；班昭 "博学高才"（《后汉书·列女传》）；蔡文姬 "博学有才辩"，这与其父蔡邕 "赐书四千余卷"（《后汉书·列女传》）有很大关系，即所谓 "中郎有女能传业"（韩愈《游西林寺题萧二兄郎中旧堂》）。

### （三）传统女性处于附庸的境地

　　中国传统社会推崇的选拔人才制度——科举制是男女两性不平等教育地位的重要体现，也是对 "男主外，女主内" 家庭格局的合理阐释。黄梅戏《女驸马》中冯素珍在幼年便许配给了李兆廷，可以看出中国传统社会女性的命运在一出生便不受自己控制，面对 "父母之命，媒妁之言"，女性并没有很大的反感。未婚夫李兆廷家道中落，无奈之时投靠冯府，冯素珍的父亲嫌穷爱富，诬陷李兆廷为盗贼，逼迫其退婚，逼迫冯素珍嫁给当时宰相之子。这激起了冯素珍的反抗意识，她下定决心女扮男装，进京赶考，营救李兆廷。在那个男尊女卑的封建时期，女子无才便是德，"自从盘古往下传，谁见过女子中状元？"[①] 在中国传统社会，科举考试是不允许女性参加的，女性在家的主要任务是学习三从四德和女红，只有男子才可以参加科举考试，考取功名利禄或者是征战沙场。这也是当时社会给予男女不同的定性观念，每个人都必须遵守这种人物设定，否则会遭受他人的指责或社会的不认可。[②] 例如，《梁山伯与祝英台》中祝英台为了求学读书，不得不女扮男装与男子共同读书。《花木兰》中花木兰作为一名女子代父从军不被允许，只能选择女扮男装，替父亲征战沙场。

　　在社会性别视角下传统社会中科举考试是将男女两性进行区别对待的典型案例。中国传统封建社会只允许男子参加科举考试，冯素珍女扮男装进京科考表面来看是为了营救李兆廷，深入探究则是女性争取受教育权的一种抗争。男人可以通过接受学校教育建功立业、光耀门楣、报效国家，女人同样可以做到。波伏娃（Beauvoir）曾说道："我们并非生来就是女人，而是后天变成女人的。"[③] 波伏娃认识到了性别是受后天因素影响的，例如所处的社会环境和文化传统。如果冯素珍、祝英台、花木兰一出生就与男子接受同样的教育，那她们

---

① 安徽省黄梅剧团. 女驸马 [M]. 合肥：安徽人民出版社，1959.
② 姚瑶. 荣格原型理论观照下 "女驸马" 的女性形象 [J]. 宁波广播电视大学学报，2020：18.
③ 波伏娃. 第二性 [M]. 北京：中国书籍出版社，1998.

和社会中倡导的男性将无差别。通过波伏娃的言论可以看出，我们的性别是深受文化和社会环境影响的。中国传统封建社会给冯素珍生来就佩戴上了女性人格面具，这就必然导致她参加科举为社会所不容，并且其内心原型得不到发展。为了摆脱这种女性人格面具的束缚，争取女性权益，她必须选择女扮男装，戴上了被社会认可的男性人格面具。冯素珍不仅在外表上做出了改变，她的做事风格、说话方式也都按照传统观念对于男性的要求改变，从而不断完善自己的男性形象，以得到社会的认可，这便促成了她的男性人格面具逐渐形成。

中国传统社会中男女两性之间是一种和谐共生的关系，但是绝不是一种平等的关系。尽管社会发展的贡献男女各占一半，但是经过原始社会、奴隶社会以及封建社会的打磨，男女两性教育的不公平现象越来越突出，女性教育处于附庸地位。少部分自我意识觉醒的女性在进行抗争，争取女性受教育权，这无疑是对传统社会"女子无才便是德"的有力冲击，为实现两性平等描绘了浓重的一笔。

### 三、传统女性教育的现代意义

女性教育从传统社会发展到现代社会，无论是哪个阶段，都是在特定的文化背景下开展的，它随着社会的发展不断吐故纳新，为了适应社会发展不断进行调整。中国传统女性教育发展为女性自身发展、家庭发展以及社会发展做出了重要的贡献，在现代社会来看仍具有借鉴意义。

#### （一）淑女教育

中国传统社会奉行"男主外，女主内"两性发展原则，男性接受教育的目的是"学而优则仕"，将个人发展与国家命运紧密地联系在一起。女性接受教育的目的是培养符合男性审美需要的淑女，女性一出生便开始接受淑女教育，以便婚后可以取悦丈夫，促进家庭和谐。淑女教育同样具有鲜明的时代特色，在不同阶段淑女标准具有差异性，但总体来看发展到现代社会的淑女教育仍以传统社会的淑女教育的内涵为基础，为女性自身发展提供了依据。

中国传统社会女性淑女教育的主要内容是"三从四德""守节持节"，历经时代变迁在发展中不断丰富，影响了一代又一代的中国女性。例如，《女诫》中明确指出："幽闲贞静，守节整齐，行己有耻，动静有法，是谓妇德。"[1] 女德是传统淑女教育的主要内容。传统社会的淑女教育对现代社会的积极意义是，可以促使女性内外兼修，真正成为现代社会发展的助推力量。现代社会有学者倡导现代淑女教育，以彰显女校德育特色，提出现代淑女教育在汲取传统

---

[1]　班昭. 女诫·妇行第四//沈朱坤. 绘图女四书白话解［M］. 北京：中国华侨出版社，2012.

女德精华的同时融入女性自尊、自信、自立、自强的时代精神，在摒弃"三从"旧的糟粕的同时，赋予"四德"以新的内涵。①

淑女教育能够发展到现代的根本原因是它符合社会主流文化，在男女平等的时代呼吁下沉淀为符合当下中国人审美需要的教育实践。同时，淑女教育为家庭和社会发展培养了一批德才兼备、身心健康的女性。

## （二）母亲教育

人类自组建家庭开始就有了家庭教育，家庭教育从产生到现在对社会发展具有重要意义。中国男尊女卑的男权社会推崇封建家长制，家庭教育中父亲教育处于主导地位。例如，《三字经》中所写的"子不教，父之过"，子女教育不好，家庭教育中是父亲的过失。母亲教育则属于附庸地位，母亲接受"三从四德"等封建礼教思想的熏陶，成为传统社会忠实的维护者。

回顾中国传统社会家庭教育尤其是不被重视的母亲教育，可以看到传统社会母亲教育的发展与后代的发展有紧密的联系，对社会发展具有积极的促进作用。首先，科学的母亲教育，是子女成才以及家庭和谐的重要力量。例如，"孟母三迁""岳母刺字""画荻教子""教子惜阴"等不同家庭的母亲用自己有限的教育思想参与下一代人的教育，为社会培养了优秀人才，也成就了自己伟大母亲的形象。现代女性教育的发展，必然会为母亲教育发展提供新的历史舞台，尤其是世界范围内以及中国女性主义思潮的激荡，助推了传统女性教育的发展，从而使母亲教育的地位进一步提高。母亲教育子女，使其成为传统社会坚定的拥护者，在现代社会看来仍然具有借鉴意义。现代社会良好的母亲教育可以促使女性成为坚定的爱国主义践行者。其次，科学的母亲教育是推进女性思想解放、社会发展的重要力量。中国传统社会已经主张同姓不婚，并从一种意识逐渐发展为法律条文。传统封建社会主张同姓不婚的原因，一是极有可能导致女性不育，影响子嗣繁衍；二是导致生育率降低，影响社会劳动力的产生；三是当时的社会认为同姓结婚可能会导致灾难、疾病以及厄运等极端事件发生。因此，要趋利避害，杜绝同姓结婚。东汉班固在《白虎通》中记载了不娶同姓的原因："人所以有姓者何？所以崇恩爱、厚亲亲、远禽兽、别婚姻也。……同姓不得相娶者，皆为重人伦也。"② 尽管当时的人们并没有看到女性作为母亲"优生优育"的重要性，但他们已经开始认识到家族未来子嗣母亲的选择关乎家族乃至社会的发展。发展到现代社会，基于对两性知识的深入研

---

① 许洁. 倡导"现代淑女教育"彰显女校德育特色 [J]. 江苏教育研究，2013 (21).
② 陈立. 白虎通疏证 [M]. 北京：中华书局，1994.

究以及"优生优育"的考虑，我国婚姻法中明确规定了"直系血亲和三代以内的旁系血亲"禁止结婚。

### （三）卑弱教育

中国传统社会男女自出生便打上了性别的标签，例如男孩一出生被称为"弄璋之喜"，寄予建功立业的期望；女孩一出生被称为"弄瓦之喜"，寄予做好丈夫贤内助的期望。女性处于附属地位，女性的发展要以男性的发展为前提。女孩一出生就接受卑弱教育。例如，《女诫》开篇即把卑弱放在第一，示女性常道。文中说："古者生女三日，卧之床下，弄之瓦砖，而斋告焉。卧之床下，明其卑弱，主下人也。"① 这表明女性一出生就被赋予了卑弱的形象，以此为女性教育的出发点，让卑弱教育成为女性一生追求的目标。从古至今，无论是皇室女性还是普通女性，卑弱敬顺都是社会推崇的良好品德。

**案例分享**

《女四书女孝经》中记录了汤妃有莘氏待人谦恭敬顺；《后汉书》卷十上《皇后纪第十上·明德马皇后》中记载了汉明帝马皇后对其余妃嫔谦恭有礼，成为皇后更为谦和；《后汉书》卷十下《皇后纪第十下·顺烈梁皇后》中记载汉顺帝梁皇后劝皇帝不专宠于己；《女四书女孝经》中班昭自称愚钝，嫁到夫家行事严谨；《晋书》卷九十六《列传第六十六·列女·郑袤妻曹氏》中记载郑袤妻曹氏谦卑和顺，以礼待人。这些女子卑弱的表现，既是谦虚的表现，又是对他人的恭敬，使她们在社会上赢得了美誉，因此，卑弱教育得到推崇。

**【分析与提示】**

女性在接受卑弱教育的过程中逐渐从思想上接受了"三从四德"的思想，并以此为标准来规范和约束自己的行为，成为封建统治秩序坚定的维护者，这从现代社会来看其在保护广大女性权益方面有积极意义。女性社会地位的发展从古至今经历了数千年历史，总体来看女性是社会的弱势群体，女性的卑弱思想与历史发展进程相吻合，为历代社会培养了坚定忠实的爱国基因。中国传统社会女性以家庭为中心，在家庭生活中女性听从丈夫安排，严守家庭规矩，用封建礼教思想武装自己，沉浸在男尊女卑观念下的家庭琐事中，是家庭稳定和谐的重要力量。

---

① 沈朱坤.绘图女四书白话解［M］.北京：中国华侨出版社，2012.

# 第二节　近代启蒙思想下的女性教育

## 一、近代启蒙思想下的女性教育观

政治是影响近代启蒙思想下女性平等受教育的重要因素。鸦片战争爆发后，清王朝衰败，中国开始由封建社会沦为半殖民地半封建社会。外国的坚船利炮彻底打破了国人"天朝上国"的美梦，中国被迫开放，大批外国传教士进入中国，对中国进行文化侵略，并宣扬男女两性平等。在内忧外患的背景下，国人开始进行反思，试图改革社会的各种思潮不断涌现，传统女性教育观受到强烈的冲击。女性教育的呼声越来越高，女性教育得到了前所未有的重视。鸦片战争之后，中西两种文化思想发生碰撞，中国传统女性教育观在发展中又吸收了西方女性教育观，和西方女性教育观相结合，形成了近代启蒙思想下的女性教育观。

### （一）女性教育受到社会各界重视

近代启蒙思想下的女性教育是在救亡图存的社会背景下产生的，晚清政府、基督教、维新派以及革命派都从不同角度重视女性教育，尽管女性教育的目标是培养有文化的贤妻良母，但是已经开始从女性的视角认识教育，为女性教育解放运动埋下了种子。国人认为要实现富国强兵就需要"唤醒"女性教育，让女性参与建构国家的重任。甲午战争前，通过女性教育实现强国保种的思想已经开始萌芽，随着甲午战败，社会危机加重，女性教育事关国家命运前途的认识进一步加深。维新时期，女子教育强调培养出能够强国保种的贤妻良母；辛亥革命时期，女子教育希望培养出能够担当国家责任的女国民；新文化运动后期，女子教育应使女子"养成完全的女子人格（包括良妻、贤母、公民而言）"[①]；二十世纪二三十年代对"新女性"教育的争议使得"新女性"最终服从于建设民族国家的号召；国民政府时期，"对于女子教育，尤须确认培养博大慈祥之健全的母性，实为救国保民之要图，优生强种之基础"[②]。五四运动时期，女性思想解放问题在知识分子中激起了巨大的浪花。他们认为，女

---

　① 姜琦. 女子教育问题之研究［J］. 教育杂志，1921（5）.
　② 姜琦. 国民党二届四中全会宣言［J］. 教育杂志，1929（3）.

性解放是人类解放的基础，要实现女性解放首要是女性人格的解放。社会所提倡的"新贤妻良母"的教育目标仍然把母亲、妻子作为女性的本职工作，女性仍然是以男性为中心的附属品，没有独立人格。近代启蒙思想下的女性教育观从产生开始就掺杂了政治因素，在政治权利中男性又占据主导地位，所以近代女性教育观依然是附庸在男性性别下的产物。

### （二）女性教育滞后阻碍社会发展

在近代启蒙思想影响下，教育界知识分子对女性教育问题也进行了长久的争论，认为女性教育问题是实现男女平等的基础。戊戌变法提倡"男女平等"，到 20 世纪初被"男女平权"思想替代。男女平等思想观念的影响下，先进的知识分子开始对传统女性教育观对女性的束缚和困扰进行了深刻的反思，认为在男尊女卑传统观念影响下女性的发展是畸形的，没有实现兴国强种的能力和觉悟，传统女性教育阻碍了中国社会的发展。例如，宋恕在 1891 年写的《变通篇·开化章》中比较了中外女子教育情况，并且指出中国教育不发达，尤其是女子教育不发达所带来的弊端。"计今识字者，男约百分之一，女约四万得一，去印度尚远，况日本与白种乎？识字者少之若此，民之积困，安有解期？"[①] 梁启超在《论女学》中对把女子愚昧无知看作是"贤淑之正宗"进行了批判，认为这是"祸天下之道"。他说："人有恒言曰：'妇人无才即是德。'此牟言也，世之瞽儒执此言也。务欲令天下女子不识一字，不读一书，然后为贤淑之正宗，此实祸天下之道也。"[②]

### （三）女学兴起

20 世纪初，受西方思想的冲击，知识女性认识到了女性教育对于实现男女平等的重要性，要求女性接受教育，改变男女不平等的社会地位。知识女性极力倡导女性教育，鼓励女同胞抓住一切学习机会，多读书。例如，秋瑾等知识分子创办的《白话》中刊登的《劝妇孺不可不识字》《革命须注意女子教育》等文章，重点突出了女性教育的重要性。但是近代启蒙思想下女性教育并不是在男女平等的基础上实现的，女性教育的最终目的仍然是实现"相夫教子""贤妻良母""强国保种"，改变中国积贫积弱的政治局面。例如，梁启超把女性教育的目的归纳为"上可相夫，下可教子，近可宜家，远可善种"，[③]他还提出了"兴国智民"的主张，他把中国落后挨打的原因归结为女子未受教育，他

---

① 朱有瓛. 中国近代学制史料：第一辑下册［M］. 上海：华东师范大学出版社，1986.
② 梁启超. 论女学［M］. 北京：中华书局，1926.
③ 梁启超. 倡设女学堂启［M］. 北京：中华书局，1926.

还从"生利分利"角度论述了女性教育的重要性。戊戌变法期间，中国人开始主张女性就业。例如，维新妇女主张"女子之学业成就者，为工为商，为医生，为教师"，也是"为国生利之助"。① 女性在谋求职业实现经济独立的基础上才能实现真正的自由。例如，鲁迅创作的《伤逝》的主人公子君的命运，展示了女性只有经济独立才能实现真正的自由。

中国传统社会女性教育观的重要主张是把女性培养成贤妻良母，一直到清末都得到社会的广泛认可。当时的观念认为女性到学校接受教育的目的并不是增长知识和技能，而是可以更好地相夫教子，最终达到保种强国的目的。例如，梁启超把女子受教育的目的归纳为"上可相夫，下可教子，近可宜家，远可善种"②。随着知识女性思想觉悟和社会实践能力的提高，一些人开始对贤妻良母的教育提出质疑，主张对女性要实施全面教育。例如，蔡元培主张女性和男性一样要形成"完全人格"，实现女性"完全人格"要重视体育、智育、德育、美育的发展，女性实现了"完全人格"才能抛开性别的差异，实现男女平等。吕碧城主张把女性培养为"完全之国民"，女性全面发展必须坚持德育、智育、体育的发展。吴贻芳认为要对女性实施"全人教育"，培养"全人"，女性教育过程中必须坚持德、智、体、美的发展。

## 二、近代启蒙思想下的女性教育实践

近代中国，妇女受压制、受屈辱已成为封建统治者治国安邦的一部分，任何提高妇女地位的努力都会遇到强大阻力，再加上男尊女卑观念早已在中国社会文化心理结构中形成强大的惰性，近代女子教育始终受到宗法制度、封建等级制度等外力的左右和塑造。③ 世界各国为追求社会性别平等和女性受教育权做长期的努力。

### （一）教会女学校蓬勃发展

鸦片战争之前，清政府实行"闭关锁国"政策，严令禁止一切外来事物在国内传播，所以西方先进女性教育思想在中国传播受到极大的限制。鸦片战争之后，中国被迫开放，西方先进女性教育思想在中国落地生根，女性教育尤其是学校教育受到社会的广泛关注。中国开放后，大量的传教士来到中国，希望能在中国的土地上广传基督教福音。"据史料统计，到了 19 世纪末的时候，在

---

① 裘毓芳. 论女学堂与男学堂并重 [N]. 女学报，1989-9-7.
② 梁启超. 倡设女学堂启 [M]. 北京：中华书局，1926.
③ 吕美颐，郑永福. 中国妇女运动（1840—1921）[M]. 郑州：河南人民出版社，1990.

中国的外籍传教士多达 3300 人。"① 他们极力宣传男女平等，并创办教会女学，教会女学占据主导地位，一直到民国建立才改变了这种局面。面对"内忧外患"的社会局势，教会女学的蓬勃发展，强国保种的现实需要，维新运动时期，民间开始兴办女子教育。清末新政时期，官办女子教育兴起。到 20 世纪初，国内初、中等女性教育得到了发展。受高等教育发展的限制，"女子中学及女子师范毕业生，而欲求高深学问，非出洋留学不可"。在此推动下，中国女性出国留学教育开始发展。

教会女学在发展初期，遇到了重重困难。1844 年，爱尔德赛女士在宁波建立了第一所教会女学，之后教会女学不断涌现。尽管教会女学为中国女性开辟了接受学校教育的先河，但是它的发展非常缓慢，招收人数有限。一方面，中国传统"女子无才便是德"的思想束缚女性不敢也不愿意迈出家门求学；另一方面，中国人缺乏对西方人的了解，对社会上流传教会办学的目的是"杀死女孩，将女孩的眼睛挖出来供奉上帝"等流言深信不疑，所以对教会学校避而远之。19 世纪 80 年代之后，教会女学发展速度加快，因报名人数较多，已经出现被拒绝的情况。据美国人林乐知所著《全地五大洲女俗通考》记载，截至光绪二十八年（1902），除初等蒙学堂外，全国教会学校共有学生 10158 人，其中有女生 4732 人，占总人数的 43%，发展速度大幅提升。② 教会女学的发展还促进了女性留学教育的发展，截止到 1894 年，共有 4 名女性在传教士的帮助下实现了国外留学教育。

维新变法运动时期，资产阶级改良派大力提倡女学，在民间开始建立女学。1898 年 5 月，上海女学堂（又称经正女学）成立，这是近代启蒙思想下第一所国人自办女学。梁启超大力倡兴办女学堂，以达到救亡图存的目的。为创办女学堂，他亲自拟定了《女学堂试办略章》，包括"立学大意"一条，"办事人员章程"五条，"招选学生章程"五条，"学规"五条，"堂规"四条，"学成出学规则"二条等。在此略章中，第一，他把办理女学堂的宗旨归纳为"欲复三代妇学宏规，为大开民智张本；必使妇人各得其自有之权，然后风气可开，名实相副"。第二，招生对象为 8 至 15 岁的"良家闺秀"，在创办初期，缠足女子和天足女子均收，以后只收天足女子，但"奴婢娼妓一切不收"。第三，学堂课程设置：中西文各半，皆先识字，后学文法，再学"史志、艺术、治法、性理之书"。第四，学校的管理：凡学堂中的教职员工"上至教习提调，

---

① 张海林. 近代中外文化交流史［M］. 南京：南京大学出版社，2003.
② 陈东原. 中国妇女生活史［M］. 北京：商务印书馆，1937.

下至服役之等，一切皆用妇人"，以严别内外。此外，还给学生配备女教仆——"仆妇"，以监管学生的言行。每月考试一次，由教习命题，评甲、乙两等；每季设大考一次，试卷由"通人评定"，并按考试成绩的高低设等奖励，如有因故未参加考试者，数月之后再举行。第五，学生学习成绩合格，由学堂发给文凭，"他日即可以充当医生、律师、教习等任"，并要求对"真正苦节之女"加以破格培养，使她们努力从事师范教育，"秉贞母之赋界，先觉觉后觉，或翼形端表正，防微杜渐"。[①] 随着戊戌变法的失败，女学教育被迫停止。义和团运动、八国联军侵华相继爆发，慈禧太后实行新政，民主革命浪潮开始，爱国先进人士不仅倡导"民权"，还极力倡导"女权"，争取女性受教育权，因此，此期间重视学堂建设，大力宣传兴办女子教育。1907 年 3 月，清政府颁布中国第一个女学堂章程——《奏定女子小学堂章程》26 条和《奏定女子师范学堂章程》39 条，正式承认女学的合法性，但是男女不同校，小学堂分立。一直到民国初年，教育部颁布各种学校的章程，称为"壬子癸丑学制"，开始规定男女小学同校，可以设立女子中学、女子师范、高等师范，女学不再另立新系统。1920 年，北京大学开始招收女生，开放女禁。1922 年，教育部公布《学制系统改革草案》，通令在全国范围施行。中国近代教育史上"壬戌学制"诞生，学制中对女性教育进行单独论述的条例已经不存在。学制中男女具有平等的受教育权，女性教育在制度上有了保证，同时也为新中国女性教育发展奠定了学制基础。

### （二）女性出国留学教育

十九世纪六七十年代，中国女性出国留学教育开始萌芽，这一阶段女性思想解放程度较低，出国留学女性较少，在社会上没有形成广泛的关注。中国传统女性教育思想仍占据主流地位，"男尊女卑""男女有别"等思想依然毒害着女性的心灵，严重影响了女性教育的发展，所以中国最早出国留学的女性既不是官派的名门闺秀，也不是自费的富家小姐，而是一些平民女子。甲午战争开始，中国被弹丸之地的日本战败，国人开始主张学习日本先进经验，外国留学教育逐渐被社会认可，中国女性出国留学教育逐步发展，中国女性开始到国外留学。1899 年，9 岁的浙江少女夏循兰于日本华族学校就读，1902 年冬何香凝留日读书。这年在日本的中国女留学生已超过 10 名。这一阶段的留学女性多是名门闺秀伴随父兄或者丈夫而留学，她们的留学具有临时性质，父兄和丈夫学业完成回国时，她们也就辍学回国。真正为了女性解放、改变命运出国留

---

[①] 舒新城. 中国近代教育史资料：下册［M］. 北京：人民教育出版社，1961.

学的女性特别少。女性留学教育的发展促进了女性教育的合法化。1910 年，学部正式规定，女性和男性一样，自费留学可以享受官费补给待遇，这促进了男女教育平等发展。中华民国建立，女性出国留学教育蓬勃发展，1912 年的《普通教育暂行办法》明确宣布女子享有同男子一样的受教育权利，初等小学可以男女同校。1922 年，《学校系统改革令》确认了不分性别的教育制度。据中华教育社调查，1922 年底，除教会学校外，全国入高等学校的女生达 665人。① 同时，全国中等以上男女同校的也日益增多。国内女子教育的大发展使女子留学教育也掀开了新的一页。1913 年，留学规程规定女子可以同男子一起竞争官费。清华留美庚款 1914 年招考 10 名女生赴美。1914—1923 年间，清华共选送 43 名女生赴美。② 据 1914 年统计，中国留美学生共计 1300 人，其中女生 94 人，1917 年留美女生增至 200 人。③ 1925 年，留美学生总数为 2500人，其中女生占 640 人，比例高达 25.6％。④ 这可能是近代中国女子留美的顶峰。此后，女子留美人数有所减少，1902—1953 年间，在美大学注册的中国女子留学生总计 3692 人，约占同期在美大学注册的中国留学生总数的 18％。⑤民国时期，女子留学生仍以留日最多，据 1936 年统计，中国女子留日人数为520 人，占当时中国留日学生总数的 8.8％。⑥ 可惜关于留日女子情况缺乏连续、完整的记载。此外，还有一部分女子留学欧洲。1930—1931 年，国民党政府教育部曾对女子留学地域做过一次统计，其中 53.3％留日，28.6％留美，18.1％留欧。⑦

### （三）女性乡村教育

中国几千年封建历史文化有着深深的"男尊女卑"烙印，用"三纲五常"来约束女性，导致女性地位低下。受西学东渐思想的影响，有识之士组织了大规模的平民教育运动，为中国乡村女子教育提供了良好的发展平台。晏阳初将"民为邦本，本固邦宁"的中国传统民本思想和"民有""民治""民享"的西方资产阶级民主思想有效地结合起来，形成了其平民教育思想。他的平民教育理论主要以农村为依托，认为旧中国农民的主要劣根是"愚、贫、弱、私"，应通过施行平民教育来改变。他所定义的"平民教育"之平民是指"一般男女

① 毛礼锐，沈灌群. 中国教育通史：第五卷［M］. 济南：山东教育出版社，1988.

② 舒新城. 近代中国留学史［M］. 北京：中华书局，1927.

③ 王勇. 留美中国学生会小史［J］. 东方杂志，1917（14）：12.

④ 汪一驹. 中国知识分子与西方［M］. 苏州：久大文化股份有限公司，1991.

⑤ 刘真. 留学教育：中国留学教育史料［M］. 南京：国立编译馆，1980.

⑥ 砂田宝. 中华民国留日学生名簿［M］. 东京：日华学会，1932.

⑦ 张梓生. 申报年鉴［M］. 上海：上海书店出版社，1933.

已过学龄期限的（就是在 12 岁以上的）不识字的，以及识字而缺乏常识的都称为'平民'"①。他在《平民教育的真义——"平民教育"的真义与其他教育的关系》中指出："所谓平民教育共分三步：第一步是'识字教育'，第二步是'公民教育'，第三步是'生计教育'。'平民教育'的最终目的，是在使二百兆失学男女皆具共和国民应有的精神和态度。"② 针对"愚、穷、弱、私"的社会实际，晏阳初提出的解决方法即"四大教育"："第一，用文艺教育攻愚，培养知识。第二，用生计教育攻穷，培养生产力。第三，用卫生教育攻弱，培养强健力。第四，用公民教育攻私，培养团结力。"③ 女性同男性一样在家庭生活中扮演着重要的角色，如果女性教育停滞不前，那么社会的发展就会步履维艰。中国平民女性占据了女性的多数，平民女性的教育水平直接关系到女性受教育的整体水平。要实现"有教无类"就要改变男女不平等思想，促使女性接受正规的学校教育，提高女性综合素质，实现思想上的真正解放。

### 三、近代启蒙思想下的女性教育意义

自中国封建社会开始，男性的家庭和社会地位就高于女性，男性居于中心地位，女性依附于男性，是男性的附属品。女性接受的教育离不开"妇德教育""女子无才便是德""男尊女卑"等思想的束缚，女性没有同男性平等接受教育的机会和权利，在社会发展中很难实现自己的人生价值和社会价值。在近代启蒙思想的影响下，女性教育受到社会各界的广泛关注，女性自我意识觉醒，开始主动追求自我价值和社会价值。在女性教育尤其是女性留学教育的发展下，女性职业发展为社会培养了一批有理想、有抱负的社会坚定爱国女性。

#### （一）女性主体意识觉醒

中国近代女性主体意识的觉醒主要表现在女性开始进行自我认知，重点关注自己的社会地位以及社会价值。女性追求同男性平等的权利，尤其是受教育权，知识女性走出家庭积极参与救亡图存运动，鼓励广大女性同胞接受教育，摆脱男性附庸的地位，实现人格独立、经济独立。

中国近代女性主体意识的觉醒得益于近代女性教育的发展，近代女性教育的开端又得益于西方教会教育。鸦片战争之后，西方教会势力在中国蔓延，中国开始创办新式学堂，并且倡导男女平等，开始接收女性学生，贫困家庭的女学生有机会进入学校接受教育。西方传教士在办校传教的过程中，积极宣传男

---

① 宋恩荣. 晏阳初全集：第 1 卷 ［M］. 长沙：湖南教育出版社，1989.

② 宋恩荣. 晏阳初全集：第 1 卷 ［M］. 长沙：湖南教育出版社，1989.

③ 宋恩荣. 晏阳初全集：第 1 卷 ［M］. 长沙：湖南教育出版社，1989.

女平等的思想，促使中国女性开始了解西方先进女性教育思想，促进了女性主体意识开始觉醒。1906年，刘漱蓉在北京四川女学堂开学时发表演说，论述女学与民族兴亡的关系。她首先批判中国女子的无学无知，"女虽有学，不过阅荒唐无稽之小说，于是愈趋愈下，愈巧愈淫，非细其腰即缠其足，非绿其眉即红其颜，非铛其耳即赭其唇，戕贼涂抹，致成人妖，习俗相沿，反不为怪，玩物之不恤，傀儡之不顾，而日以修容为己名誉之代表"，面对强邻逼迫的局面，麻木不仁，不知忧虑。然后列举日本、英国、荷兰、法国、美国等国女学发达、国势强盛的状况，借以说明中国兴办女学的必要性，并得出结论："男女之于国家一也，以女子亦同在国民之中，而不知国家为何物，爱国为何事，则国民之爱国者半，不爱国者半，以一国譬一身，将有偏枯之患矣！惟教育实有最宜注意者，则女学与男学并重，此非余一人之私言，实为欧美各国教育家所研究所发明之公理也。盖教育实与国家有莫大之关系。"只要全国人民士气振奋，国家有不灭的灵魂，国人有不屈不挠的精神，无论外遇侵犯，还是内遇专制，国家都会强盛不衰。教育最重要的意义就在于"发人思想，移人心性"，女学堂应以德育、体育、智育教育为方针，重点培养女子的爱国之心和自立之道。[①] 她全面论述了女性强国的重要性，女性要自强要爱国，要冲破传统贤妻良母观念的束缚，要追求自我价值。

与此同时，西方启蒙思想传入中国，追求民主、平等自由等思想对中国传统封建思想产生了猛烈的冲击，推动了女性自我意识的觉醒。例如，在太平天国运动中所提倡的废除女性缠足恶习等进步思想促进了女性自我意识的觉醒，女性受教育权利得到改善。

### （二）女性职业教育发展

中国近代留学教育事业起步于19世纪70年代派遣幼童留美，之后出现了女性留学教育，打破了男性垄断留学教育的性别结构。女性留学教育的兴起为女性教育的全面发展开拓了新局面，女性同男性一样享有受教育权利。虽然女性留学人数较少，但是对中国女性教育影响深远，近代女留学生接受了西方先进思想的熏陶，站在了中国女性教育的前端，呼吁广大女性同胞接受先进思想，走出家门，步入职场，同男性共同肩负起救国的重任。女性留学教育的发展对促进女性就业以及女性就业层次具有积极意义。女性逐渐认识到职业差别，男性所从事的职业收入高并且受到社会尊重，例如当时的教师、医生等职业。

---

① 刘漱荣. 四川女学堂开学之演说［N］. 顺天时报，1906.

截至 1894 年，在教会的帮助下实现留学的四名女性分别是金雅妹、许金訇、康爱德、石美玉。金雅妹在美国传教士麦嘉缔的帮助下到日本求学，许金訇在福州教会医院的资助下赴美国留学，康爱德、石美玉在传教士帮助下赴美国留学。四位女性均出身寒门，在国外学有所成后回到中国，把自己的一生献给了祖国的医学事业，成为女性同胞的榜样，为以后女性出国留学教育奠定了良好的基础。

随着出国留学女性人数的增多，学成归国的女性也越来越多，回国后的女性爱国热情高涨，积极投身到女性教育事业当中，成为女性教育师资力量的主要来源。除了进入当时的女子学校任教之外，有的积极联合各界创办女子学校，如唐群英先后在湖南创办了女子美术学校、自强职业女校、复陶女校和岳北女子职业学校；黄国厚创办了衡粹女子职业学校，长期从事教育工作。这些留学女性为振兴中国女学做出了重要的贡献，在女性教育发展史上具有划时代的意义。

### （三）女性爱国热情高涨

女子学堂逐步发展，在社会上得到了极大的认可和支持，女子学堂中的教育内容较以前更加符合女性发展规律，促进了女性自我意识的觉醒。课程设置更加全面，重视智育和体育的全面发展，强调女性法律知识、女性人格教育以及自我调节能力的培养。受西方天赋人权思想的影响，女子学堂在教学过程中向学生宣传国民意识，"女国民"受到女性的广泛关注。纯夫在《女子教育》中认为培养女德在于"涵养女子天赋的性情，激发女子本有的天良，务使成完全之人格，为独立之国民"。燕斌在《中国新女界杂志》发刊词中指出："中国虽有多数女国民之形质，而无多数国民之精神，则有民等于无民。""女国民"思潮的兴起推动了学堂爱国主义教育的发展，接受"女国民"思想的女学生自我意识觉醒，她们在参政权、经济以及婚姻方面要求同男性具有平等的权利。直隶第一女子师范学校的学生王慧兰在《男权平权说》中提出了男女在社会政治、文化等方面都应该被平等对待。

爱国救国的教育观念在女性中的不断传播，使女性开始有意识地关注社会时政。例如，直隶第一女子师范学校的校长会将重要的新闻在每天晨会中进行简要报告，并且经常邀请社会著名人士到学校进行爱国教育演讲。务本女塾利用节假日经常开展一系列爱国活动，激发学生的爱国热情。新式女性学校教育的开展，开阔了女性的视野，拓宽了女性发展平台，为国家培养了一批有思想、有文化、有远见的先进知识分子。

女性长期受男权主义的压迫、社会的欺凌而无动于衷，正是因为没有接受过正规教育以及没有现代新知识的武装。因此，激发女性主体意识、促使女性自我觉醒需要对女性进行爱国救国教育。改变"女子无才便是德"的腐朽观念，促使父母平等对待子女，使男女享有同等的受教育机会；更新知识，使人们面对内忧外患的中国时不至于漠然置之。

**案例分享**

秋瑾是中国资产阶级民主革命时代著名女革命家，也是近代妇女运动的先驱和女权思想的倡导者，更是一位才华横溢的女性文人。秋瑾的一生经历了由名门闺秀到革命斗士的伟大蜕变，她勇敢地挣脱旧式家庭的牢笼，追求婚姻自由、男女平等；为推翻封建专制统治、建立民主共和国不惜牺牲小我，慷慨赴死。她用自己的青春和生命，在近代中国革命史上留下了浓墨重彩的一笔，激励着无数仁人志士前赴后继，为实现中华民族的解放事业而奋斗。正如郭沫若所说："秋瑾烈士是中华民族觉醒初期的一位前驱人物，她是一位先觉者，并把自己的生命奉献给了反封建主义和争取民族解放的崇高事业。她在生前和死后都起了很大的推动作用。"

秋瑾出身于晚清世代为官的书香门第，幼年时她曾随祖父、父亲宦居福建、台湾、湖南等地，广博了见闻，自小她便对国家的孱弱、朝廷的昏庸以及百姓的苦难有着深刻的印象。秋氏家风优良，秋瑾的祖父为官清廉，两袖清风，父亲个性耿直，刚正不阿，母亲深明大义，讲信修睦，这都对秋瑾的性格塑造有着非常积极的影响。秋瑾生性豪雄尚义、不拘小节、钦慕侠士，常以花木兰、秦良玉自况，梦想自己会如热血男儿一般做出一番丰功伟业。

秋瑾自小饱读诗书，封建礼教和传统桎梏困守不住她的才情和理想，她少女时期便萌发了男女平权的思想和追求自由的意识。1896年5月，秋瑾因"父母之命，媒妁之言"嫁给湘潭王廷钧为妻。婚后的苦闷不幸、丈夫的平庸无为都让秋瑾对女性在家庭中和社会上所遭受的歧视有了更深层次的理解，从而坚定了她要解放妇女、争取两性平权的决心。八国联军侵华后，王廷钧捐官北上，秋瑾在京城目睹了侵略者之飞扬跋扈、官场的奢靡腐败以及社会的贫穷黑暗。随着结识至交好友吴芝瑛，阅读进步书刊，不断接受新思潮的洗礼，秋瑾的眼界愈加开阔，她希望躬身力行，拯救国家民族于危亡的决心日坚。1904年6月，秋瑾毅然冲破封建家庭的樊笼和重重阻挠，孤身东渡日本求学。

　　扶桑生涯是秋瑾思想转变的关键点。求学期间，她一面认真学习，一面积极参与各种革命活动。她组织发起"演说练习会"，宣传民主革命与妇女解放；她和留日女生重建"共爱会"，倡导女子留学、反对纳妾并对被遗弃的女性进行救助；她参加了秘密革命组织"三合会"，并被封为"白纸扇"；她结交了一众爱国青年，一起讨论国家民族的前途命运。此外，经过陶成章引荐，秋瑾得以结识蔡元培，此后又在东浦认识了徐锡麟，加入光复会，从而初涉革命。

　　二次东渡后，秋瑾进入青山实践女校附属师范班学习，接触到近代科学知识以及资产阶级革命思想，为日后从事革命奠定了坚实的基础。后经冯自由介绍，秋瑾结识了同盟会领袖孙中山与黄兴，并于黄兴在东京的寓所加入同盟会。

　　1906年年初，为抗议日本文部省颁布的《关于公私立学校接纳清国留学生的规定》，亦即当时中国报纸所说的《中国留学生取缔规则》，秋瑾率领众同学愤而弃学回国。在浔溪女校任职期间，秋瑾与校长徐自华及其妹妹徐蕴华成为莫逆之交。为唤醒广大妇女，秋瑾四处筹资，创办《中国女报》，《中国女报》成为抨击封建礼教宣传妇女解放的喉舌阵地。

　　1907年年初，徐锡麟赴安庆任职前，秋瑾受命接任绍兴大通学堂的主持工作，并利用自己的合法身份掩护革命。她以办学为名，四处联络会党，积极沟通军界和学界。为发动武装起义，她亲力亲为组建光复军统一江浙的革命力量。徐锡麟安庆起事失败后，秋瑾本有机会逃走，她却愿以鲜血唤醒民众，被捕后只留下"秋风秋雨愁煞人"7个字。

　　1907年7月15日，秋瑾在绍兴古轩亭口英勇就义，年仅32岁。

（选自《中华先烈人物故事汇：秋瑾》）

### 【分析与提示】

　　秋瑾是中国妇女解放和男女平权的先觉典型，她以已嫁之身、两子之母的身份，冲破旧式婚姻之藩篱，身体力行成为推进妇女运动的先驱。她在中国的政治革命、社会革命和家庭革命各方面，都做出了不可磨灭的贡献。她不仅是第一批为推翻清政权和封建统治而牺牲的革命烈士，为辛亥革命的成功照亮了前路；她更将救国情怀投入白话创作中，以一支如椽之笔宣传女子放足，反对包办婚姻，推动女子教育，提倡女子体育。

■ 延伸阅读 ■-------------

　　李银河编著的《女性主义》中指出，为了在全世界范围实现男女平等，争取女性权益，曾发生过两次女性主义运动的高潮：19 世纪下半叶到 20 世纪初兴起了第一次女性主义浪潮；20 世纪的 60 至 70 年代兴起了第二次女性主义浪潮。女性主义运动最主要的目标是追寻男性和女性之间的性别平等。实现男女性别平等的首要条件是女性的觉醒，女性实现思想解放最直接的方式即接受教育，因此，受教育权是女性主义运动中争取的一项重要内容。两次女性主义运动的浪潮，为中国女性思想解放、追求受教育权起到了积极的作用。中国女性主义在宋代开始萌芽，经历了明、清，在晚清时期逐渐形成体系。中国女性主义的崛起直接得益于西方启蒙思想的传播，为女性思想解放、争取受教育权开辟了新局面。

# 第三节　现代女性教育

　　中国女性教育成长经历了传统女性教育、近代启蒙思想下的女性教育和现代女性教育，这一发展过程遭遇了艰难与曲折。女性在家庭教育的牢笼中走向学校教育，再由学校教育中的男女两性分开教育到男女合校，女性为了争取同男性相同的受教育权不断地进行探索与实践。以 1949 年中华人民共和国的成立为标志，中国女性教育正式进入现代女性教育时期，这一时期女性真正地同男性一样成为国家的主人，从男女不平等走向了男女平等，男女平等观念深入人心，男女两性教育逐步趋向于公平。从对女性地位的总体看法上，女性主义的一个重要观点是：女性的地位是衡量一个民族文明程度的最后尺度。[1] 因此，中华人民共和国成立后，现代女性教育无论是从社会客观发展需求来看，还是从女性自身发展来看，都亟须得到重视与发展。

---

　　① 倍倍尔. 妇女与社会主义［M］. 葛斯，朱霞，译. 北京：中央编译出版社，1995.

## 一、现代女性教育观

### （一）女性受教育权得到保障

现代女性教育是衡量社会文明程度的标尺，是实现全民教育的重要保障，是实现人类全面发展的必经之路。中华人民共和国成立后，中国共产党和中国政府都高度重视女性教育，把它视为保护妇女儿童权益、促进妇女全面发展的重要之举，在法律、制度等方面规定了男女具有平等受教育的权利。在积极推进教育公平、教育改革的过程中，现代女性教育取得了举世瞩目的成就，女性的受教育权得到有效保障，受教育的状况得到不断改善，受教育的水平得到大幅提升。

### （二）学校教育促进男女平等

不可否认，男女两性在生理上存在差异，他们在社会上承担着不同的分工，来共同促进社会的发展。中国传统社会中女性受封建礼教思想的迫害，身心受到不利影响，要摆脱枷锁实现女性解放：在现代社会中女性就要树立起正确的性别意识，全面认识自己、发展自己。现代女性受教育水平的不断提高有力冲击了性别不平等的受教育状况。男性要全面客观地认识女性，并且真正践行男女平等基本国策，共同抵制封建社会给女性带来的伤害。因此，现代女性教育过程中应注重性别教育。从现代女性教育的实际情况来看，初等和高等教育中，专门针对女性发展的教育内容较少，涉及性别教育的内容更是少之又少。造成男女两性不平等的一个重要原因是教育机会的不平等。在现代社会，家庭背景和城乡差异依然是影响女性受教育程度的重要因素。家庭中的父母接受过良好的教育，在子女教育问题上更趋向于男女平等，支持女性与男性接受同样的教育。相反，受中国传统社会男尊女卑思想影响的贫困家庭，更重视男性教育，忽视女性教育，在条件不允许子女同时接受教育的情况下，大多数女性会被迫停止接受教育来保证男性教育的完整性。

传统社会发展到现代社会，女性一直都担任着孕育后代的重要职责。后代的强弱与国家的强弱有直接关系，所以，"优生优育"越来越被社会重视。女性教育的地位也有了较大程度的提高，关于女性专门生育的知识不断系统化。现代女性要通过学校正规教育实现自身解放，实现经济独立，实现人格独立，以摆脱家庭束缚步入职场，参与到社会主义现代化强国建设中来。

### （三）女性心理健康受到关注

随着女性教育的发展，现代社会有心理问题的女性人数不断增长，女性心理健康教育越来越受到社会各界的重视。因此，女性教育不仅要求女性学习文化知识、专业技能，还要培养女性健康的心理、健全的人格，以便女性在遇到心理问题时可以及时发现并进行自我调节。在现代社会中，女性各个发展阶段都容易出现心理问题。例如，在媒体报道中我们可以发现会有求学时期的女性，尤其是高校女学生因为学业压力、人际关系、恋爱关系等问题，无法进行自我调节，最后导致自杀悲剧的产生的案例。女性步入社会以后，伴随着工作以及家庭关系的深入，她们承担着多重社会角色，同样会有各种心理问题的产生。任何一个角色扮演者，如果遇到心理问题不能及时进行自我调节，不能及时得到亲人的疏解开导，不能到正规医院进行专业治疗，都有可能导致抑郁倾向或各种心理疾病。

## 二、现代女性教育实践

### （一）重视女性受教育权的制度建设，确保男女平等

马克思曾说过："每个了解一点历史的人都知道，没有妇女的酵素就不可能有伟大的社会变革。社会的进步可以用女性的社会地位精确地衡量。"一个国家的女性解放程度以及性别平等状况，是衡量这个国家是否进步的重要标准。解放妇女即解放生产力，这是社会主义革命建设必不可少的一部分。

中华人民共和国成立后，尤其是改革开放以后，中国现代女性教育进入了发展高潮期，并取得了可喜的成就。中华人民共和国成立后，结束了中国女性长期受压迫、受屈辱、受摧残的悲惨历史，妇女成为国家和社会的主人，在政治、经济、文化、社会和家庭生活等各方面均享有与男性平等的权利。由于党和政府一直重视提高妇女的社会地位，维护妇女的权益，保障女性与男性具有同等的人格和尊严，享有与男性同等的受教育权，从而使女性教育，特别是女性学校教育得到了很大发展，取得了令世人瞩目的成就。

中国共产党自成立以来，一直把妇女解放作为革命运动的重要部分。早在新民主主义革命时期，中国共产党引导中国妇女走向解放之路，无数女性投身革命，为打破旧社会一切封建礼教对女性的迫害而努力。中华人民共和国成立后政府一直致力于根除封建传统观念，宣传两性平等。1955年，毛泽东提出了"妇女能顶半边天"的口号，"男女平等"更是成为我国的基本国策。

尽管我国在法律、舆论、教育等方面付出诸多努力，以消除社会对女性的歧视，并且取得了显著成效，但是女性的社会地位仍未达到理想状态，两性平等之路任重道远，这主要体现为政治地位和经济地位的不平等。究其原因是无酬劳动，如家务劳动、生养子女等占据女性的大部分精力。所以，推进女性教育，提高女性受教育占比，是提高女性社会地位、推动社会进步的重要手段。

接受现代教育，解放女性生产力，使每一个女性从家庭劳动中回归社会公共服务中，从而发掘女性的智慧和力量，促进女性意识觉醒，充分发挥其社会价值。在社会主义国家，更要利用一切理论力量保障女性接受现代教育的权利，这是女性承担社会职责、投身革命建设事业的根本。

**（二）重视农村女童教育发展，大力开展扫盲工作**

中华人民共和国成立后，我国在女性扫盲教育方面也取得了一定的成就，政府部门联合妇联开展"巾帼扫盲行动"，还设立了扫盲教育专项基金，帮助文盲女性脱盲，减少文盲女性人数。与1995年的统计相比，到2013年我国15岁以上女性的文盲率下降了17.4%，女性文盲人数减少了7000多万人。不仅如此，在国家和政府的大力推动下，我国女性的平均受教育年限也有所增长。1995年我国女性的平均受教育年限为6.1年，2000年第五次人口普查时，我国女性的平均受教育年限延长至7年，与男性相比少1.7年。到2010年第六次人口普查时，我国女性的平均受教育年限达到8.4年，与男性间的差距减少了0.2年。近年来，在女性职业教育和技能培训等方面，国家也做出了许多努力，制定和完善了相关的法律法规，增加了有关的教育经费投入，逐步扩大女性接受职业教育的规模。到2014年，我国接受中等职业教育和普通中专教育的女性分别有805万人和397万人。

尽管国家高度重视女性教育，通过一系列制度和机制促进女性教育事业发展，但在农村及落后地区，受传统观念、家庭经济困难等因素的影响，女童受教育权益受到侵害，辍学、退学现象屡有发生。2015年出台的《关于打赢脱贫攻坚战的决定》中把保障义务教育作为扶贫攻坚的重要指标，为消除农村及落后地区女童的受教育权提供了重要保障。《中华人民共和国义务教育法》等法律法规也明确规定男女享有同等受教育权，为女童教育提供法律保障；同时，国家加大农村基础教育投入，制定女童教育专项助学项目，为女童教育提供物质支持。这些措施使农村女童和留守女童接受教育的机会大幅增加，教育中存在的性别差异被进一步消除。《中国妇女发展纲要（2011—2020年）》提出，学前教育毛入学率达到70%，女童平等接受学前教育。2018年，中共中央、国务院印发《关于学前教育深化改革规范发展的若干意见》，要求推进学前教育普及普惠安全优质发展。2017年，3—6岁儿童毛入园率为79.6%，全国接受学前教育的幼儿达4600万，其中女童占比46.7%。

**（三）重视社会性别教育，培养女性独立自主意识**

社会性别不同于生理性别差异，是男性与女性在社会环境下发展出的性别意识，主要是在社会活动中对男女的行动、关系、机会等的期望和规范。其中包括对社会性别差异、社会性别角色、社会性别制度的认知。如果对女性的社会性别认知过于片面，会形成性别刻板印象。中华人民共和国成立以来，在意识形态上大力宣传两性平等；在政策制定上一直秉持男女平等的基本国策；在法律上，制定相关法律法规，保障女性受教育权。同中华人民共和国成立前相比，我国女性教育取得巨大成就，基本实现男女教育形式上的平等。但受制于经济发展不均衡、传统观念制约等因素，现代女性教育仍存在一些问题，其中包括社会性别教育的缺失，阻碍着现代女性意识的觉醒。

在家庭教育方面，儿童早期性别意识来自父母的言传身教。儿童通过对父母行为的观察，以及所接受的家庭教育，塑造出自己对社会性别的初步认识。例如，一个家庭中父母深受传统观念影响，母亲一直担任"主内"角色，父亲拥有绝对话语权。父母鼓励女孩乖巧、文静的行为，阻止女孩调皮、粗鲁的行为；在儿童物品选择上多以男女限制儿童的自我选择，等等。这些行为都会造成女性在幼儿时期的两性观念存在偏差，不利于女性形成正确的社会性别意识。

在学校教育方面，明确要求教育系统增加社会性别意识教育，在中学、大学开设社会性别课程，培养男女平等意识。部分高等院校已开设女性课程，增加社会性别专家研究女性相关课题。但中学现行教育体系中，缺乏对社会性别教育的关注，部分教育工作者重视学科教育，缺乏培养学生正确性别意识的自觉性。

中华人民共和国的法制建设确立了女性的公民地位，女性的生存权、劳动权、教育权、自由自主权、参政权、公共资源占有权受国家法律保护，为女性全面参与社会公共生活创造了条件。女性作为与男性同等的社会独立个体的身份得到正式确立，意味着"男女并重"的人才观已经上升为国家意志，追求性别平等，建立无差别的人才培养和使用机制是国家建设的需要和必然。

## 三、现代女性教育的意义

### （一）强化女性主体意识

女性主体意识是指女性对自身的社会价值、社会地位、社会作用的认识，包括性别意识和自立意识。女性的主体意识容易受到社会环境和他人评判的影响。新时代对女性主体意识的要求是提高自身素质，具有创新精神，自尊、自信、自强、自立，积极参与社会主义革命建设的各项活动。但由于封建意识残留以及社会长期以来对广大女性的轻视，在女性中普遍存在自我期望值过低、缺乏自信、自立意识不强、性别意识淡薄等问题，这最终导致男性比女性有更强的独立意识、野心和成就感，导致女性处于逐渐不平等的发展状态。此外，农村女性自立意识缺乏，对家庭和丈夫过度依赖，自我价值实现受阻。所有这些对自己"软弱"的看法将女性束缚在家庭服务中，弱化了女性的社会价值，强化了性别不平等的社会环境。

1949 年 9 月 29 日，中国人民政治协商会议第一届全体会议通过了《中国人民政治协商会议共同纲领》，该纲领"总纲"第 6 条明确规定："中华人民共和国废除束缚妇女的封建制度。妇女在政治的、经济的、文化教育的、社会的生活各方面，均有与男子平等的权利。"[①] 该纲领的颁布为女性主体意识的觉醒提供了法律保障。1954 年 9 月 20 日，第一届全国人民代表大会第一次会议通过了《中华人民共和国宪法》，该法第三章第 85 条规定："中华人民共和国公民在法律上一律平等。"[②]第 96 条规定："中华人民共和国妇女在政治的、经济的、文化的、社会的和家庭的生活等各方面享有同男子平等的权利。"[③] 现代女性教育的发展为女性主体意识的觉醒提供了土壤。随着女性受教育水平的提高，一方面，女性职业地位和收入水平得到提升，进而推进其政治活动、社会经济活动的参与度；另一方面，通过社会主义精神文化的熏陶，女性的理想信念和文化素养的稳步提升，更是直接影响到女性对自身价值、社会价值的思考。这增强了女性的自我期望值，促进女性主体意识觉醒。总之，广大女性只有接受现代教育，走出家庭，积极参与社会劳动，才能得到更好的发展，树立自尊、自信、自强、自立的性别意识，激发两性平等的思想和愿望。

### （二）稳步提升国民素质

女性接受现代教育，是提升自身素质及国民素质的重要手段。女性受教育程度的高低关系到国民素质的高低。女性在家庭中担任母亲这一角色，承担养育儿童的重大责任。虽然父亲在家庭中也负有养育子女的责任，但现实中，大部分家庭处于"男主外，女主内"的状态。母亲在养育子女过程中占据主导地位。现代女性教育提倡德、智、体、美、劳全面发展，培养自主、自强的高素质人才，进而通过母亲影响下一代的身体素质、科学文化素质、思想道德素质。

---

① 中央人民政府法制委员会. 中央人民政府法令汇编（1949—1950 年）［M］. 北京：法律出版社，1982.

② 国务院法制局，中华人民共和国法规汇编编辑委员会. 中华人民共和国法规汇编（1954 年 9 月—1955 年 6 月）［M］. 北京：法律出版社，1956.

③ 国务院法制局，中华人民共和国法规汇编编辑委员会. 中华人民共和国法规汇编（1954 年 9 月—1955 年 6 月）［M］. 北京：法律出版社，1956.

对子女身体素质的影响。这一差异甚至从胎儿时期就已显现。受教育程度较高的女性，更易掌握孕期保健知识，自发自觉到医院进行产前检查。这些行为能有效避免孕期的不利因素，有助于胎儿的正常发育。在幼儿时期，受教育程度高的女性能够科学养育，注意子女营养，合理安排膳食结构，使孩子更加健康地成长。

对子女科学文化素质的影响。受教育程度高的女性自身文化素质较高，对家庭教育理解更加深刻，在教育过程能够更好地配合学校教育，培养孩子的求知欲和自制力，由此促进孩子智力水平和受教育水平的提高。此外，文化素质高的女性自身的理性思维和逻辑思辨能力较强，一方面可以直接解答孩子在学习过程中遇到的疑难问题；另一方面，在教育过程中能够引导孩子树立正确的学习理念，制订更合理的学习目标。例如，1958 年《中国妇女》第十期刊登了《新形势下妇女工作的新任务》一文，提出要"向妇女进行共产主义教育，促进妇女的思想解放"，指出"妇联组织的责任，就是要以先进人物为典型，在妇女群众中大大提倡和发掘无产阶级的思想，插无产阶级的红旗，树立集体主义思想，树立敢想敢说敢干的共产主义风格。破除妇女中不同程度的个人主义思想和保守自卑观念，克服一切资产阶级的思想残余。为了促进妇女思想的大解放，妇联组织要采取各种有效的宣传教育方法，启发妇女自觉地参加各种政治运动，参加阶级斗争和生产斗争的实践，使妇女的共产主义觉悟不断提高，妇女的先进人物事迹大量地涌现"。

对子女思想道德素质的影响。个人的思想道德素质是后天形成的。儿童思想道德品质的发展更是与父母潜移默化的影响密不可分。受教育程度较高的女性，对教育的意义和价值理解更加深刻，这样的母亲势必对子女有较高的道德期望，进而培养出具有良好素质和高尚品德的新时代接班人。

### （三）增加女性职业占比，提升女性社会地位

女性社会地位是指女性作为个体或者群体在社会上是否拥有平等的生存和发展机会。女性社会地位由经济地位、政治地位、教育地位等构成，其中经济地位是构成女性社会地位的基础，在女性社会地位中起决定性作用。可以说女性在社会经济中参与越深，贡献越大，其社会地位也就越高。而衡量女性经济地位最直观的量化数值，就是女性的就业率和劳动收入。女性的就业率与收入与其受教育程度直接相关。女性受教育程度越高，其就业层次和劳动收入越高；反之，低学历女性的就业情况较差。近年来，随着我国高等教育的迅速发展，越来越多的女性接受现代女性教育。现代女性教育培养了大量高素质女

性，她们进入社会各行各业，进一步打破家庭责任对其的禁锢。根据 2019 年《中国妇女发展纲要（2011—2020 年）》统计监测报告，近年来，我国高等教育中，女性占比超过一半。高等教育毛入学率已由 2010 年的 26.5％快速提高到 2019 年的 51.6％。2019 年，高等教育在校生中女研究生人数为 144.8 万人，占全部研究生的比重达到 50.6％，与 2010 年相比提高 2.7 个百分点；普通本专科、成人本专科在校生中女生分别为 1567.9 万人和 392.3 万人，占比为分别 51.7％和 58.7％，比 2010 年分别提高 0.9 和 5.6 个百分点。

苏轼曾写下"欲把西湖比西子，淡妆浓抹总相宜"的诗句，每个人的外貌都是独一无二的，我们不能因为自己的审美而否定任何一个人，首先做到的是要自己爱自己，自己对自己进行精心的打扮，让别人赏心悦目，这是对自己的尊重，也是对他人的尊重。现代社会我们常说"女为悦己者容"，所以现在我们所提倡的女性教育不仅是女性自己发展，还要促进社会的发展，适应社会的发展，这也是培养一批成功的职业女性的重要因素。

在性别平等的视角来认识女性有利于真正实现男女平等，从传统女性教育到启蒙思想下的女性教育，再到现代女性教育，是女性教育走向现代化的必然要求。追求男女性别平等和女性的发展是社会发展的重要内容，也是衡量社会文明发展的标尺。实现男女教育平等不是一蹴而就的事，需要女性自我意识的觉醒，女性要主动接受教育，学习专业知识，获得专业技能，促使女性整体综合素质的提高，推动女性社会地位的提升。

### 案例分享

2015 年 11 月，江苏省南通市一名妇女因重男轻女杀死出生仅几天的孙女。案发后，此名妇女的丈夫、儿子、儿媳对她的行为表示谅解，邻里多人也向法院请求从宽处罚，最终法院判处其十年有期徒刑。

**【分析与提示】**

传统的两性观念如"男尊女卑""传宗接代"等封建思想在我国仍有较强影响力。很多女性屈从于社会环境，认同这些传统观念，进而把自己定位为男性附庸，甚至为虎作伥，成为封建观念的忠实维护者。尤其是在农村以及落后地区，"重男轻女""养儿防老""女儿嫁人后就是外人"等传统观念深入人心，家庭对儿子的期望远远高于对女儿的期望。这种家庭期望对妇女接受高等教育的机会有重大影响，不仅影响了女孩的入学机会，也影响到妇女的工作机会。在它的影响下，社会默认女性是履行家庭责任的主力，并在此认知基础上追求社会目标，否则她们会受到来自家庭和社会的巨大压力。

　　发展现代女性教育，保障女性受教育权，特别是受高等教育的权利，一方面有利于塑造女性的价值观，提高女性自主意识，帮助女性正确认识自身的性别角色，准确认知男女性别差异，为女性创造良好的社会环境；另一方面，优秀女性承担更多社会责任，能够更新传统观念，破除不良的习俗，促进男女平等。

■ **延伸阅读** ■--------------------

　　1983年全国妇联提出"四自"精神，就是针对当时女性仍然保持封建传统的顺从、卑弱和依附的弱点而提出的。"四自"精神为女性独立扫清了思想障碍，也是迄今为止我国社会主义新女性的思想道德标杆。大城市和中小城市的情况不同，有的落后地区女性仍然受封建陋习的影响，这仍然需要我们进行更深入的全国性的推广和普及男女平等、自尊自爱的精神。家庭教育中主要针对青春期的性道德教育，对女性的贞操观进行教育。虽然我国已有明文规定把青春期的性教育列入教材，但是调查显示，我国女性青春期在课堂上所接受的生理卫生课，只是讲授相关性心理和性健康内容，却很少有关性道德的教育，未把性道德教育作为重点进行讲授。

--------------------------------------▪

# 第八章　性别平等与环境实践

本章导读

随着人类社会的飞速发展，自然环境越来越深入而广泛地受到人类的影响和干预，人类对环境的认识和思考也越来越深刻而审慎。然而，由于男女身份地位的不同和性别不平等的存在，环境变化对男性和女性的生活有不同的影响，而且深层的结构性不平等也意味着环境变化会对女性产生更大的影响。更多的女性相较于男性是低收入群体。联合国环境规划署的报告中指出，世界70％的穷人是女性，她们在环境变化中更容易受到最不利的影响。尽管世界上超过一半的人口是女性，在90％的国家中女性议员的数量都有所增长，但是全球女性议员仍然不足20％，这反映了环境问题的决策过程中性别失衡的现状。女性，特别是贫穷妇女的需求，在很大程度上被忽略。女性不仅是环境气候变化及环境恶化的被动受害者，她们也是环境保护和改善的最直接受益者。因此，积极推动环保工作会极大提高女性福祉，是确保可持续发展的一个重要手段。为妇女赋权，使更多女性为决策者是确保环境可持续发展的关键。性别平等问题被视为人权问题之一，也是评判社会发展是不是可持续的、以人为本的先决条件和重要指标。

## 第一节　女性与自然的关系

从浩瀚的宇宙中遥望地球，这颗美丽的星球在太阳的照耀下，呈现出以蓝色为主调，晕染了绿色、黄色和白色的色彩，那是海洋、森林、草原、沙漠、冰川和大气云层共同构成的自然。当黑夜笼罩地球时，地面上有星星点点的亮光，那是城市灯火的辉煌，是人类的文明。这颗蓝色星球已经度过了将近 46 亿年的时光，上演了一次又一次生命的奇迹。人类是地球生命奇迹中特别的存在，虽然人类的历史与地球经历的漫漫岁月相比，只是沧海一粟，但在已知世界中却没有哪一种生命像人类这样和自然之间产生了如此深刻的影响。

## 一、审视人与自然关系的新视角

从食物链卑微的起点崛起，通过劳动、制造工具、发明语言、发展科技……人类最终站到了食物链的最顶端，显示了自己的理性、智慧和强大的力量。人类依靠智慧来满足自身的需要，实现自身的利益，尤其借助不断发展的科学和技术，人类逐步揭示出自然的本质和规律，更好地认识自然，掌握自然物的多种使用方式，并在这些认识的基础上改变自然物的形态，使被改造的客体能够满足自身生存和发展的需要。人利用自然，极大程度地发挥自然的重要作用，为人类创造更好的环境，这是美好的，但是我们不得不面对的现实是，随着科学技术的极大发展，人类战胜自然、征服自然的野心被不断激发，人类以"主人"的身份肆无忌惮地、永无止境地掠夺自然，不断地按照人需要的尺度来改造自然，这其中充斥着暴力与权威的保障。恩格斯在《劳动在从猿到人转变过程中的作用》中提到，到目前为止存在过的一切生产方式，都只在于取得劳动的最近的、最直接的有益效果。那些只是在以后才显现出来的、由于逐渐重复和积累才发生作用的进一步的结果，是完全被忽视的。我们不要过分陶醉于我们对自然界的胜利。对于每一次这样的胜利，自然界都报复了我们。人类对自然的改变和影响已经超出了生态系统与生俱来的抵抗力与恢复力，呈现的是对自然的统治、压迫、剥削和破坏。生态平衡严重失衡，生态危机已成为全球性问题，"自然报复"正在逐步升级。

从 20 世纪下半叶开始，人类新型生存难题不断涌现，如恐怖主义、环境污染、生态恶化、南北分化及发展问题、人口剧增、资源枯竭……现代生存危机不仅表现在物质生活方面，而且表现在精神文化层面，近些年来在生态环境方面表现尤为突出，已严重危及人类的持续生存。面对严峻的现实，人们不得不从整体、多元、战略、前瞻的角度重新审视和思考既往的社会发展理论和模式。因为没有社会的维度，单独看待生态问题是片面的，无法从根源上找到解决问题的方法。同时，伴随着社会意识的觉醒，社会性别为寻求生态文明实践提供了独特视角，也成为影响生态文明的一个重要变量。1987 年，联合国世界环境与发展委员会发布的《我们共同的未来》报告中提出了"可持续发展"的概念。可持续发展的理念很快成为国际社会和各国政府的一个基本共识。

1992 年，联合国环境与发展大会在巴西的里约热内卢召开。大会通过的《21世纪议程》中有 18 处提到社会性别，252 处提到妇女，并在第 24 章"为妇女谋求可持续发展和公平发展的全球行动"中系统阐述了妇女与可持续发展的关系。

## 二、女性与自然在人类社会发展过程中的联系

基于染色体、性腺与性激素、解剖构造、生理机能、身体形态、运动机能等方面的天然差异，女性在生理结构和功能上具备生育的直接表征，于是，在人类蒙昧之时，女性与自然联系了起来，以孕育的方式呈现。在西方神话传统中，人们把大地上的万物生灵归功于具有强大生育能力的大地女神盖亚。这位女神是古希腊神话中的创世神，是万物之神，也是众神之母。中国上古神话中同样也有一位创世女神——女娲。女娲以黄泥抟土造人，化生万物，是中国神话中创造万物的自然之神。这是人类原始意识的萌芽，反映在当时生产力水平下人类与自然之间的关系，人对自身的认知。

生产力的发展、私有制的产生，导致社会发生了巨大变革，以女性为社会主导的母系制社会被以男性为主导的父系制社会代替。专偶制家庭的产生是文明时代的开始，同时也是女性成为附属财产的标志，"母权制的被推翻，乃是女性的具有世界意义的失败。丈夫在家中掌握权柄，而妻子则被贬低、被奴役，变成丈夫淫欲的奴隶"。女性从公共生活中消失，被迫回归家庭，她们所从事的家务劳动也失去了社会性，成为纯粹的私人劳动，她们沦为家庭的奴隶，沦落在丈夫的绝对权力之下。奥古斯特·倍倍尔指出："私有制占有统治地位就注定了妇女遭受男人的压迫。此后随之而来的是轻视，甚至是蔑视妇女的时代。"正如在按照"正统"视角和方法编撰的史书中，无论中外都以记载男性社会活动与思想为主调，反应的主体多为王侯将相或各类男性精英。居统治地位的正史是男性以男性的视角讲述男性政治精英的政治历史；女性要么消失在宏大的历史之中，要么以男权制度维护者的形象出现，女性从事的社会活动被有意无意地忽略甚至遗忘。

与此同时，生产力的不断提高、科学技术的飞速发展使人类完成了对自然从敬畏顺从到利用改造，再到征服压迫的地位转变。这是科学技术进步的胜利，却也是人类文明的某种失落。人类数百万年的历史，几乎都是在同自然抗争，以谋得人类生存的基本物质生活必需。科学技术在给人类提供根本改造自然的手段的同时，也彻底改变了人的观念。19 世纪中期，科学技术极大地提高了生产力，使资产阶级在它不到一百年的阶级统治中所创造的生产力，比过去一切时代创造的全部生产力还要多，还要大。20 世纪初以电动机为标志的

第二次科技革命，使冶金、电力、机器制造和化学工业为内容的现代重工业在国民经济中取代轻工业而占据了主导地位，成为国民经济的命脉，生产的社会化程度和劳动生产率进一步提高。

正像胡塞尔指出的那样，"19 世纪与 20 世纪之交，对科学的总估价出现了转变""在 19 世纪后半叶，现代人让自己的整个世界观受实证科学支配，并迷惑于实证科学所造就的'繁荣'。这种独特现象意味着，现代人漫不经心地抹去了那些对于真正的人来说至关重要的问题""……通过伽利略对自然的数学化，自然本身在新的数学的指导下被理念化了；自然本身成为——用现代的方式来表达——一种数学的集"。由此，自然的实在内容及神秘性已经荡然无存，它成为科学推算和技术摆弄的对象。这正是科学逻辑得以贯彻、技术理性得以无限扩张的必要前提条件。科学统治、技术理性在自我循环的反复论证中不断地强化自身，自然则成为被鞭打、役使、索取的对象，生活的本真意义也被扭曲。当人生失去了它内在的意义，人类只有抓住科学技术这一救命稻草，在对自然的挑战和征服中感受生命的存在，才能获得继续生存下去的理由和动力。

于是，在现代人类文明史中，女性与自然都被物化为被剥削和压迫的对象。女性与自然因"同病"而"相怜"，正如生态女性主义认为的"自然的社会构建与女性的社会构建有着深刻的联系"。女性与自然的亲近不能只是简单地将两者合二为一，而应从世界观的角度去探寻两者之间更加深层的联系。生态女性主义批评家们达成的基本共识是：人类对自然的占有和男性对女性的利用之间存在着重要的关联，理解前者必然有助于理解后者，反之亦然。也就是说，人类对自然的统治建立在一种父权制的世界观之上，正是这样的世界观确立了女性被统治的合法性。当然，我们也应该注意到，在人类中心主义的男权制下，女性与自然的地位是相似的，女性气质与自然特点被归为一类，或合二为一，是一种社会建构，而并非先验存在。这种将女性与自然等同的观点，实际上是刻意忽略了女性在利用、征服、统治自然的过程中所扮演的角色：女性从来都是男性压迫自然的共谋而非天然盟友。如果不能具有正确的社会性别意识，那么统治的逻辑就不会改变，即便两性关系置换，女性优于男性，女性所主导的人类也不会停止对自然的掠夺与压迫，因为女性压迫男性的制度依然存在。我们努力获得原始返还的文化上的或精神上的平等，而非凭借一方的崛起来压倒另一方的主张，毫无限度的反抗将会导致误入歧途或走向极端。所以生态女性主义将女性主义与生态思想有机地结合起来，从一个崭新的视角为人类拯救生态平衡提供了思路。生态女性主义提出"雌雄同体"和"两性对话"的模式来替代压迫性的男权制，用发展的眼光看待自然和女性问题以及诸多社会问题，两性之间生理和心理上的差别仅存在于和而不同的层面，整个社会是一个平等互助的共同体。人类也能够清醒地认识到人类本身就是自然的一部分，人类与自然就是一个命运共同体，一荣俱荣、一损俱损，命运息息相关；人类与自然和谐共存，通过对话走可持续发展之路，而不再把自然视为可以任意开发利用的对象。

■ 延伸阅读 ■ - - - - - - - - - - - - - - - - - - - -

## 怎样认识人类中心主义

人类中心主义是伴随人类对自身与环境关系的认识而产生的。在人类社会的初期，由于生产力水平的低下，人类的生存方式是以敬畏生命和崇拜万物为特征的。而随着生产力的发展，人类征服自然和改造自然的能力增强了，逐渐产生了摆脱自然束缚的思想，形成了早期的"人类中心主义"。它把人定义为一种理性的存在物，认为人可以随意对待动物和其他一切生物，人主宰自然是必然也是必须的。

人类中心主义最早明确的表述出自公元前 5 世纪，古希腊哲学家普罗泰戈拉认为"人是万物的尺度"。之后，笛卡尔借助实践哲学使人类成为自然界的主人和统治者，康德提出了"人是目的"的观点，而英国哲学家洛克又把人类中心主义的理论推向了实践，他认为人要有效地从自然的束缚中解放出来，对自然的否定就是通往幸福之路。

人类中心主义的核心观点：

1. 在人与自然的价值关系中，只有拥有意识的人类才是主体，自然是客体。价值评价的尺度必须掌握和始终掌握在人类的手中，任何时候说到"价值"都是指"对于人的意义"。

2. 在人与自然的伦理关系中，应当贯彻人是目的的思想，最早提出"人是目的"这一命题的是康德，这被认为是人类中心主义在理论上完成的标志。

3. 人类的一切活动都是为了满足自己的生存和发展的需要，如果不能达到这一目的，那么活动就是没有任何意义的，因此，一切应当以人类的利益为出发点和归宿。

人类中心主义实际上是把人类的生存和发展作为最高目标的思想，它要求人的一切活动都应该遵循这一价值目标。以人为中心的做法最终使人在同自然的抗争中取得了相对胜利，更快地推动了新技术的发展，也膨胀了人类占有地球资源的欲望，最终发展成为人奴役自然，独霸世界。但是生态系统根本无法接受人类不断增加的物质需求，人对自然的改造大大超出自然的承载能力，原本平衡的生态系统开始失衡，严重破坏了整个生态系统的自我调节能力，导致了以能源危机、环境恶化、人口爆炸、粮食短缺、水资源匮乏、核威胁等为标志的全球性问题的出现。

人类中心主义的极端化，使它逐渐走向了自然的对立面，导致自然对人类的报复。在这种情况下，许多人纷纷谴责人类中心主义，认为我们应该走出人类中心主义。但是事物认识的主体只能是人而不是物，人类认识的目的必然在于为实现人类的利益需求服务。也正是因为人这个主体具有主动性、能动性、创造性，人类才能不断地认识自身周围的自然对象及其规律，并利用这些认识不断地调节人与自然的关系。人类在任何时候都不可能最终置自己的利益于不顾而进行任何认识、实践活动。人是认识和实践活动的主体，那么人类的一切认识和实践活动必然以人类利益为出发点，这就要求我们正确理解人类中心主义的内涵。所谓人类中心主义，就是要以人类的整体利益、共同利益、长远利益为出发点，以人类的整体价值、共同价值、根本价值为依归，进而实现人与自然和谐共生，实现人类社会的可持续发展。可持续发展是一种以人为中心的发展观。可持续发展的目的是使人类这个整体得以持续生存和发展，使人类不断走向完善，其目标和着眼点是为了满足在社会发展问题上的整体性要求。因此，可持续发展体现了人类的整体利益，是人类对自身处境的一种深刻反思，因为理智告诉人们，自然界的资源绝不是取之不尽、用之不竭的，自然资源是有限的，人们需要在自身智力资源开发的基础上实现对有限自然资源的合理开发。在开发时要考虑，当代人的发展必须以惠及后代人，或者至少不能损害后代人的利益为前提，必须把当代人的利益与后代人的利益、人类的长远利益有机统一起来，要树立整体和长远的人类利益高于暂时的和局部的人类利益这样的意识。

# 第二节　女性环境研究

## 一、环境问题对女性的影响

联合国发布的一份《世界人口展望 2019：重点》的报告显示，2018 年的全球人口为 75.94 亿。预计在 80 年后，全球人口数量将达到 110 亿。随着人口的增长，经济发展和消费需求已经超过地球自身的承受能力，全球环境变化越来越极端。在面对环境的极端情况时，贫困人口比富裕人口受到的影响更大，这是因为贫困人口更加依赖于公共的自然资源。而面对灾害时，女性要遭受更多的压力与挑战。因为她们更加贫穷，对自己的生活更加没有权利，经济生产力更不被认可，她们在生育和抚养下一代方面的负担更重。尤其发展中国家的女性遭遇到的影响就更加深重。联合国人口基金会发布的《2009年世界人口状况报告》呼吁各国政府在制定各项应对气候变化的政策时，对贫困人口，尤其是其中占多数的女性予以关注。报告指出，与男性相比，女性更容易死于自然灾害——包括与极端天气相关的自然灾害，这种差别在收入较低以及男女之间地位差别较大的地区尤为明显。

在很多国家，女性是农业劳动的主力军。同时，她们还要承担家务、生育子女和照顾家庭成员的责任，这些往往限制了她们的流动，增加了她们面对突发性自然灾害的脆弱性。据联合国统计，女性和儿童在自然灾害中的死亡率是男性的14倍。因为女性和儿童更容易被困在家中，或者是他们缺乏游泳或爬树的技能，或者是因为他们的着装使他们难以进行剧烈运动。1991年发生在孟加拉的飓风造成当地14万人死亡，其中女性和男性的死亡人数比例高达14：1。孟加拉飓风中之所以女性死亡率高于男性，其主要原因在于预警信息在公共领域由男子传给男子，但他们很少传递给家庭的其他成员；在当地，女性没有男性亲属的陪同不能离开家。此外，多数孟加拉女性不会游泳。

除自然灾害的影响外，人为造成的环境问题也对女性造成深远的影响。伴随着全球化程度的不断加深，无论工业还是农业，高消耗高排放的生产由发达国家向发展中国家转移，发展中国家的经济发展往往都伴随着资源紧张和环境恶化。工业化产生的废气、废水、废渣污染了空气、水源和土壤。化肥、农药的滥用，导致土壤水源的污染；大规模集约化种植，导致作物品种单一，农作物遗传资源多样化受到威胁。对于这样的影响，边缘群体承受着更大的损失。因为他们的生产生活更依赖于自然，因而也更容易受到环境恶化的影响。女性，尤其是生活在贫穷国家的女性，是最容易受到环境恶化影响的群体之一，因为她们无法平等地获得土地分配、就业机会、劳动报酬等，她们更多地要依赖自然的赠予。她们承受着更多来自环境的负面效应。正如曾任联合国人口基金会执行主任的托若亚·艾哈迈德·欧拜德所说："贫困人群，特别是那些生活在发展中国家的贫困人群，可能会承受气候变化带来的最坏结果。由于大多数穷人生活在易受洪水、暴风雨和海平面上升影响的地区，且他们的生活更多地依赖农业和渔业，因此他们在遭遇难以预测的干旱、洪涝和前所未有的飓风侵袭时，更易于受到饥饿的威胁，甚至失去生计。而在贫困人群中的妇女们在灾难面前显得尤其脆弱。"环境问题迫使女性更加卖力地劳作，以确保家中有基本的粮食、饮水和其他能源。女孩被迫辍学回家以分担母亲的工作。这种剥夺、贫困和不平等待遇的恶性循环削弱了妇女作为有效应对环境问题的社会资本的作用。

## 二、生态女性主义

### （一）生态女性主义概述

1974 年，法国女性主义学者弗朗索瓦·德·埃奥博尼（Francoise D. Eaubonne）在其著作《女性主义·毁灭》中首次使用了"生态女性主义"一词，论述了女性与自然的关系问题。她指出，男性制度是造成资源破坏和人口过剩的罪魁祸首，理应承担相应的责任。虽然女性在生育中扮演着重要的角色，拥有一定的发言权，但她们无法控制和决定自己的生育权。同样，地球所遭受到的境遇与妇女的境遇极为相似，科学技术所带来的危害在男性统治为主导的社会中愈演愈烈，极大地削弱了土地的孕育能力。这两种威胁必将会给人类和地球带来深重的毁灭性的灾难。她希望使人们注意到：对人类的思想和行动进行变革，在解决生态问题时必须加入女性的视角，她还指出"对妇女的压迫与对自然的压迫有着重要的联系，要想改变女性的地位，就需要依赖生态环境的和谐发展，反对各种形式的统治与压迫，把对妇女的解放和对自然的解放一并当作自己的奋斗目标，号召妇女起来领导这场生态革命，重新理解人与自然的关系，挽救人类和地球"；她呼吁人类应当建立一个适宜所有物种生存的社会，并预言这场革命将形成人与自然的新关系，以及男女之间的新关系。

瓦尔·普鲁姆伍德（Val Plumwood）曾经说过："生态女性主义并不是凭空产生的，它是建立在以往女性主义基础上的，它也继承部分女性主义的相关理论。"生态女性主义思潮起源于 20 世纪 70 年代，是女性主义运动第三次浪潮的重要流派之一。它一方面继承了部分女性主义的基本理论，依然坚持为女性寻求平等、追求的权利；另一方面又开拓了新的领域，从不同的角度去研究女性与自然的联系，把造成压迫妇女和自然的"男性沙文主义"进行了全面的批判，把解决环境危机作为自己必须解决的任务之一。

生态女性主义，是对女性主义及生态学的继承与超越，是在更高层次上的高屋建瓴。生态女性主义者关注女性歧视、肤色歧视、自然退化及其他社会不平等问题，重视人类和自然之间相互关系的重要性，将女性遭受到的压迫和自然面临的危机联系起来考虑，认为人类对自然的剥削与男性对女性的压迫一脉相承，所以主张解放自然和解放女性同步进行。从生态学那里，生态女性主义者学会了尊重生命形式的相互依赖性和多样性；从女性主义那里，通过对女性压迫进行社会分析，发现女性压迫和其他压迫是相互关联的，把卡罗尔·吉利根提出的"关怀伦理学"涉及的对象由人类世界拓展至非人类世界。

生态女性主义既是一场社会运动，也是一套价值体系，它"探讨了西方男性中心论与环境破坏的关系。它更是一种意识形态，强调人类对于自然的压迫与西方白人男性对于女性与其他种族文化的态度之间的密切关系"。同时，生态女性主义摒弃了西方传统的二元论思维方式，运用多元的思维方式来解释女性和自然，倡导建立以互助互信、共存共赢等价值观为主导的新型社会关系。

### （二）生态女性主义的主要思想流派

生态女性主义是一个庞大的、多元的思想流派。众多生态女性主义者基于自然和女性的核心立场，各自发表了不同的见解。根据各异的关注焦点、理论倾向、基本内容和陈述方式，大致将生态女性主义思想分为文化生态女性主义、精神生态女性主义、社会生态女性主义、社会主义生态女性主义及哲学生态女性主义。其中，文化生态女性主义和精神生态女性主义属于精神层面的生态女性主义，其理论精神主要来自自由主义女性主义和激进主义，重点强调妇女和自然所遭受的压迫的精神文化根源，强调女性的本质特征，认为女性是自然象征物，改变世界观和文化精神是解放妇女和自然的根本途径。社会生态女性主义和社会主义生态女性主义则属社会层面，其承认性别的社会建构根源，关注社会变迁，重点强调妇女和自然所遭受的双重压迫的社会根源和政治根源，从这两种根源出发的变革制度是解放妇女和自然的根本途径。哲学生态女性主义则侧重对二元制、统治逻辑的分析和批判，挖掘妇女、自然受剥削压迫的哲学观念上的原因，避免把环境问题根源简单地归因于抽象的人类中心主义，并探求正确的思维方式。

### 1. 文化生态女性主义

文化生态女性主义认为女性与自然之间存在着密切的联系，女性遵循着自然万物生死兴亡的循环规律，创造着朝气蓬勃的生活。但是男性缺乏创造这种生活的能力，他们无法与自然联盟，并将一切打破，把女性和自然放在被压抑和贬低的从属地位，压迫着"自然化"的女性和"女性化"的自然。男性文化背离了女性文化，把女性和自然排斥在男权主流文化之外，将二者纳入男权统治之中。所以文化生态女性主义批判二元对立思维的浅薄和专横，主张回归自然，尊重自然，并把自然从压迫性的男性文化中解放出来。

文化生态女性主义主张重新审视女性与自然等被男权所贬低、压迫的客体，以求通过这种基于自然和女性共性的新型价值文化的建构来解放一直处于被贬低地位的自然母性文化，同时抬升自然孕育生命的创造力，也使处于男权制下的女性自身得以升华。文化生态女性主义以构建新型女性文化、女性原则、女性精神进而构建一个新的生态女性主义世界观作为解决生态危机的根本途径，通过直接的政治行动解放女性和自然。

文化生态女性主义具有激进的女性主义精神，以激励和弘扬女性的独特天性为基础，认可人与自然之间的重要内在联系，并重新评价在父权文化中被贬损的自然、女性、肉体、情感，捍卫其价值和权利。在文化生态女性主义者看来，在此过程中，自然的最佳代言人是女性。其强调女性相关的传统特征，生产、养育、关怀和知觉是女性实际胜利和得以代言自然的原因。否认女性和自然的低劣，男性与文化的优越，坚持平等、和谐、关爱的理念。文化生态女性主义具有强烈的文学批判性，从文化上对自然和女性解放这一历史运动做出了最为卓越的努力。文化生态女性主义的主要代表人物是苏珊·格里芬和玛丽·戴利等人。

**2. 精神生态女性主义**

精神生态女性主义从精神信仰角度切入，在文化生态女性主义的思想基础之上更进一步，不仅强调女性与自然的关系，女性与自然在赋予生命时角色的相似性，更认为应抛弃旧的精神信仰转而树立新的信仰和文化。通过对以男性统治为主导的社会认识和以人类利益为主的价值观认为压迫女性和剥削自然是合乎情理的不平等论断进行批判，揭露这一主张的根源来自传统的宗教教义。这种旧的精神信仰或者传统的宗教教义是指信仰犹太教、基督教等具有父权制思想的宗教。这些宗教建立于男权制的基础之上，上帝的形象与话语均出于男性，女性应从属于男性。提倡父权式的压迫，认为上帝赋予人类统治大地的权力，自然应归顺于人类。由此，精神生态女性主义者判定，这种根植于父权制宗教的信仰使人类中心主义、男权中心主义大行其道，把对自然界造成的损失以及对女性的压迫和伤害看成合情合理，它的存在与环境恶化有着密不可分的关系。要解决生态危机，必须肃清这种精神信仰，树立并实践以大地为基础的信仰。

精神生态女性主义期望通过重启古老的女神崇拜和宗教来重唤人们对人类早期原始文明和自然原始状态的感悟。女神运动试图通过精神信仰的力量以对女性和自然的神圣性质的崇拜，树立起对女性的尊重、对自然的敬畏，提升女性的社会地位，肯定自然的自身价值。将敬畏自然之心转化为内心虔诚的宗教情感，以精神信仰作为阻止人类野蛮剥削、压迫自然的强大精神力量，成为人类与自然和谐共存的精神支柱。

精神生态女性主义不是简单地复兴原始女神崇拜，而是以宗教信仰的角度作为切入点，从政治的角度剖析并推翻带有阶级压迫属性的二元结构，让女性与自然得到应有的尊重，进而让女性和自然重返其在世界中的原本位置。从某种角度而言，精神生态女性主义既是对文化生态女性主义在精神层面的提升，其通过女神宗教理念的复兴也是对奥尔多·利奥波德的大地伦理学的浪漫表达。女神精神的复兴对生态智慧最大的贡献在于，确立了生态有机体的观念，激发了尊重自然的情感，还正确看待了人在宇宙中的位置。这种尊崇、敬畏自然的态度不论其哲学前提或论证是否严密，其对生态危机都是具有一定缓和作用的。精神生态女性主义的主要代表人物为查伦·斯普瑞特耐克和斯塔霍克等人。

**3. 社会生态女性主义**

与文化生态女性主义和精神生态女性主义不同，社会生态女性主义不再强调女性与自然的联系，它把自然和人性视为社会建构的基础进行分析，认为自然和女性的特殊关系是由社会建构并由意识形态强化的。自然的不可持续性与社会的不可持续性根源在于父权制概念下的经济发展模式，而非自然与女性天然的特殊关系。换句话说，社会在建构后为了顺应时代和文化发展，女性被赋予了关怀和柔情的特征。事实上，这是在时代背景下做出的必要反应。由于女性长期担负与自然联系紧密的社会职责和生活角色，再通过社会建构作用和意识形态的强化，便生成了女性和自然的特殊联系，这种特殊联系是社会化的产物，而非自然与女性天然的本质联系。于是人压迫自然与男性压迫女性之间相互强化，从而产生各种生态危机、性别失衡的恶果。

据此，社会生态女性主义建立了自己的核心观点，认为每一个人都是一个复杂的个体，作为复杂的个体兼具两性气质，人类和自然既是自然的也是文化的。必须把自然与女性的联系降至最低，把社会重新建构为仁爱、非中央集权，无任何统治制度的社会。在此社会里，没有任何经济制度、政治制度试图征服自然，性别等级被清除，人性得以解放，男性和女性共建一种关怀性的道德观，才能终结对女性的贬抑与对自然的剥削。社会生态女性主义的代表人物有卡洛琳·麦茜特和多萝西·丁内斯坦等。

**4. 社会主义生态女性主义**

社会主义生态女性主义侧重于从社会经济发展角度，重点研究人类统治自然与男性统治女性之间的关联性，认为自然与女性双重统治的根源在于西方父权制经济发展模式。他们在肯定自然与女性关联的基础上，把视线的焦点放在了生产与生殖、生产与生态之间的关系，以及女性在其中的角色上。社会主义生态女性主义主要认为对自然剥削与社会中的其他剥削有关，如性别剥削、阶级剥削、物种剥削、种族剥削等。例如，他们剖析和抨击了在殖民主义对不发达地区的女性及自然所带来的沉重伤害，欧洲第一世界的工业发展是打着"援助"的旗号，以殖民地的自然经济被破坏、妇女劳动力被利用为代价的。通过关注发展中国家的女性和生态境况，呼吁第三世界国家摆脱种族的和性别的殖民，基于尊重文化与历史特殊性的前提，从生存环境的立场出发展开平等对话，主张以生存必需视角消除所有威胁和毁灭地球的社会制度及其活动实践，实行人与自然之间互惠的可持续的经济发展模式，倡导人们过一种尽可能简单的绿色生态的生活模式。

社会主义生态女性主义同样肯定自然与女性之间存在的特殊联系，并且在理解自然与女性的关系时，认为保护自然是全人类共同的责任，而非仅限于女性。社会中的男性或女性，每个人都既是自然的，也是文化的，对自然都有着共同的保护义务，全人类都应该培养关爱、怜悯等传统美德。自然作为保证人类健康生活最低基础的公共资源，应当被视为人与自然生存的伙伴，其必然性被重新发现，得到人类的尊重。自然界的再生产被再次强调为生命生产的关键前提，女性的价值也重新得到尊重和重视。

社会主义生态女性主义在看到女性、儿童以及其他弱势群体乃至全球性生态危机受害者的同时，从第三世界妇女视角看到了与西方发达国家中产阶级妇女立场的不同，发现并强调了第三世界妇女与自然关系的积极性。第三世界妇女与自然的连结是创造性的，而非被动性的，是对生命的延续。社会主义生态女性主义提出的是一种整体性的、拥抱所有生命的新宇宙观，以及人与自然和谐相处的新型和谐自然观，替代等级二元论的父权制世界观和机械型自然观。它尊重和维持所有生命形式的多样性，强调通过相互合作、相互关心和爱的方式来维持自然界生命和人类生命。自然不仅仅是为人类利益服务的工具，而且是与人类共存共荣的伙伴。社会主义生态女性主义主要代表人物有印度的范达娜·席瓦和德国玛丽亚·米斯等人。

### 5. 哲学生态女性主义

哲学生态女性主义主要是从哲学层面上探讨女性与自然之间的联系，研究妇女和自然受统治的原因。它认为对女性与自然统治、压迫的"男性中心主义"主要是由西方社会中长期存在的二元论和理性主义造成的。二元论的世界观将女性与自然视为"肉体""感性"等的代名词，而将男性视为"精神""理性"等的代名词，认为前者只是后者的一种被动的附属品和装饰品，从而将女性与自然置于男性统治地位的边缘。

在方式上,哲学生态女性主义与社会主义生态女性主义不谋而合,也主张将自然和女性的关系放于不同的社会和历史关系上来认识,但与社会生态女性主义注重从历史中追根溯源地寻找女性与自然的关联不同,哲学生态女性主义更进一步,它从哲学层面上提出一种非二元论的概念框架,一种建立于"关系""联系"上的新的概念框架,揭示出女性并非纯粹意义上与自然画等号,男性和女性都是自然和文化相结合的产物,二者可以团结起来解构二元建构理论,实现与自然的和谐共荣。哲学生态女性主义的代表人物有卡伦·沃伦和瓦尔·普鲁姆伍德等。

生态女性主义创造性地、批判性地将性别维度引入对人类与自然关系的批评中,为人类解决生态危机、性别问题以及人与自然之间的异化提供了新的解读视角和途径,其立足之基是女性与自然的联系。生态女性主义视自然为女性的朋友,认为保护生态环境是女性义不容辞的责任,女性解放和生态解放具有不可分割性。

生态女性主义内部的流派是从不同的角度去思考和寻找解放女性与自然的途径的。文化生态女性主义者和精神生态女性主者从精神层面上看待该问题,认为女性与自然之间具有密切而特殊的关系,所以女性可以更好地认识自然。倡导女性主义的文化,消灭"父权制"文化,才能从根本上解放妇女和环境问题。社会主义生态女性主义和社会生态女性主义从社会层面上看待该问题。社会主义生态女性主义肯定了女性与自然的联系,并且认为除了从精神层面去思考,还需要从社会的经济制度中去思考。社会生态女性主义则认为应该削弱女性与自然之间的联系,认为女性与自然的联系是因为二者受到压迫的根源相似,而并不是因为女性的生理特征。哲学生态女性主义则是用哲学的视角去审视女性与自然的关系,通过重塑了统治女性与统治自然的概念框架,证明这两种统治有着密切的联系。尽管生态女性主义的各派别对于一些具体问题的看法存在差异,但是都脱离不开保护女性和自然的目标,都致力于恢复和改善平衡的生态环境,提高人类及其他生物的生活质量,都关注人与自然的关系。可以说,在对于维持生态平衡、缓解生态危机的目标上统一大于分歧。

在大目标一致的前提下,各流派的观点彼此碰撞、交融,给予了对方批评或肯定,互相补充、完善。这些碰撞、融合本身就是生态女性主义理论在总体上不断完善发展自身的形式,是其多元化、多样性的展示,也是其成为改善生态环境,引起人们日益关注的思潮的原因。

从女性主义到生态女性主义,再到各个生态女性主义流派的形成,各类理论接踵问世,但这些理论有一个共同的关注中心,那就是反对男性对女性与自然的压迫、反对以资本主义父权制世界观和西方传统理性主义的"二元式"思维方式为基础的"男性沙文主义"。现代社会中，作为政治制度的宗法制的父权等级体系已经不存在，但是父权制作为一种意识形态和价值体系却依然渗透在所有的观念、制度和行为中。正是由于父权制世界观一直处于统治地位，女性自然扮演了同样的角色。所以当把占有、征服、压迫女性的错误观念从人类社会延伸扩展到自然界，才引发了威胁自然和人类自身的全球生态危机。当今男性文化占统治地位的二元论的思维方式，更是以主从地位来定义两种对应的概念，将两者建构为蕴含等级制度逻辑结构的相互疏离、排斥和对立的关系。这种二元论一方面被性别化，男性被归于文化、理性、客观的公众的文明世界，而女性则被归于自然、肉体、主观的私人的生育世界；另一方面又被等级化，即男性优于女性（男性中心主义）、人类高于自然（人类中心主义）、理性高于情感（逻各斯中心主义）、文化高于自然（文化中心主义）。正是这种二元对立的思维模式使得父权制大行其道，把女性和自然排斥在主流文化之外，导致性别歧视、生态破坏的恶果。生态女性主义者通过对女性与自然关系的深入研究，认为社会中存在的各种压迫——性别歧视、种族歧视、殖民地掠夺与环境所受到的压迫的根源十分接近，生态女性主义者提倡走出西方父权制和传统理性主义的"二元式"思维影响下的社会、经济生活，从而消灭所有的统治剥削，才能去创造一个多元式思维引导下的、联系的、平等的、可持续发展的生态社会。处于被统治地位的女性会用女性的视角去审视环境危机，进而发掘环境危机的根源，提出解决环境危机的办法。生态女性主义者认为，仅仅依靠男性的视角，对环境危机问题的认识是不完整的，只有依靠女性和其他受压迫群体的多方面视角，才能对环境危机进行全面的认识，从根本上解决环境问题。

　　生态女性主义被认为是一种促进非暴力的行为，它引起人们对环境的关注的理论，它呼吁放弃等级制度偏见。它强调消除社会与自然之间的各种不平等现象和问题，坚决摒弃男权统治思想，不断突出情感价值，作为促进社会公平的重要工具。生态女性主义的现实意义在于，生态女性主义是多元环境中的环境伦理文化，是一种关怀伦理。它赋予自身的重要职责是保护妇女权益，促进社会的可持续发展。可以将其理解为一种母性哲学，强调博爱与公正。从现实意义上讲，生态女性主义强调在社会经济发展过程中，要促进社会男女平等和人与生态环境的和谐共存。各国妇女要紧密团结起来，共同为实现全世界环境正义和公平开展多方面的合作，跨越民族与肤色的界线，看到环境正义对人类社会的重要促进作用，并携手为之奋斗。特别是对第三世界国家的妇女和环境的关注，致力于让更多的女性觉悟起来，积极参与女权保护运动中来，同时反对新殖民主义、霸权主义，体现出一种顽强的革命斗争精神。

当然，我们也应该看到，生态女性主义还有其局限性，需要在实践中不断探索。在生态女性主义发展的早期，为了彰显自身立场，部分理论家抛出了女性与自然的女子认同论，这种以本质主义为隐含前提的认同论不仅在逻辑上经不起推敲，在方法上也存在局限性，会陷入男性与女性的二元划分之中，所以生态女性主义要追求全面的性别公正，强化各个视域之间的对话、融合，打破自身局限，成为更加成熟的理论体系。

## ■ 延伸阅读 ■----------------------

生态女性主义作为一种女性主义与生态学思想的结合，具有以下八个特点①：

1. 它反对各种形式的歧视和压迫，包括人类对自然界的压迫、人类内部的压迫；

2. 它十分注重情境，强调在看待环境问题时，应在不同情境下看待；

3. 它认为不应该用"二元式"思维去思考问题，而应采用"多元式"思维去建立人与自然、人与人之间的新型关系；

4. 它认为道德、理论是不断进化发展的，我们应该发展不同历史时期的新理论，而不是停步不前；

5. 它用女性特有的包容性去看待人与自然、人与人之间的关系，这符合所有女性的心声；

6. 它并不试图提出自己的一套"客观性"观点，而是希望在社会经济和历史环境下考察压迫；

7. 它的核心价值观是爱、友谊、和谐和互惠，认为在处理各种关系问题时，应认清自己的地位，拒绝压迫的出现；

8. 它重新定义了人与人之间的道德关系，反对自私自利的个人主义。

----------------------------------------■

---

① WARREN K J. The power and the promise of ecological feminism [J]. Environmental Ethics，2008，12（2）：125-146.

# 第三节 女性环境实践

## 一、女性对环境问题的思考与探索

翻阅 20 世纪 60 年代以前的报纸或书刊，我们会发现，几乎找不到"环境保护"这个词。也就是说，环境保护在那时并不是一个存在于社会意识和科学讨论中的概念。确实，回想一下长期流行于全世界的口号——"向大自然宣战""征服大自然"，在这里，大自然仅仅是人类征服与控制的对象，而非保护并与之和谐相处的对象。没有人怀疑它的正确性，因为人类文明的许多进展是基于此意识而获得的，人类当前的许多经济与社会发展计划也是基于此意识而制订的。但是美国女作家蕾切尔·卡逊（Rachel Carson）第一次对这一人类意识的绝对正确性提出了质疑。《寂静的春天》是蕾切尔·卡逊的代表作，也是自其出版以来全球最具影响的著作之一。这位瘦弱、身患癌症的女学者也许并未意识到正是借助这本书，她向人类的基本意识和几千年的社会传统发出了挑战。

《寂静的春天》创作于正值二战之后东西方对峙的"冷战"时期，美国的企业界为了经济开发而大量砍伐森林，破坏自然，"三废"污染严重。特别是为了增加粮食生产和木材出口，美国农业部放任财大气粗的化学工业界开发 DDT 等剧毒杀虫剂，并不顾后果地执行大规模空中喷洒计划，导致鸟类、鱼类和益虫大量死亡，而害虫却因产生抗体而日益猖獗。化

图 8-1 蕾切尔·卡逊

学毒性通过食物链进入人体，诱发癌症和胎儿畸形等疾病。当自然、生物甚至人类受到伤害时，责任感和科学家的良知使卡逊不能再沉默。在身患绝症，靠放疗维持生命，几乎濒临瘫痪和失明的情况下，她只身面对企业界和政府官僚科研机构权威们的强大压力，对只顾商业利益不顾人类安危的工业集团和曾获得过诺贝尔奖金的化学药品 DDT 提出了挑战：她专门研究危害不次于辐射性的"死神的特效药"（剧毒农药），开始了她称之为"讨伐"恶势力的行动。经过 4 年顽强刻苦的调查研究，她写出了《寂静的春天》。

《寂静的春天》以寓言开头向人们描绘了一个美丽村庄的突变，并从陆地到海洋，从海洋到天空，全方位地揭示了化学农药的危害。这本书既贯穿着严谨求实的科学理性精神，又充溢着敬畏生命的人文情怀，是一本公认的开启了世界环境运动的奠基之作。虽然卡逊遭受到了空前的诋毁和攻击，但她所坚持的思想终于为人类环境意识的启蒙点燃了一盏明亮的灯，为现代环境运动拉开了序幕。现代环境运动引起了一系列全球性的社会实践运动，同时，也促使理论界对环境问题的根源进行了理论反思。可以说，蕾切尔·卡逊以一部《寂静的春天》掀开了美国以及全人类的环保运动。

1972年，第一次国际环保大会——联合国人类环境会议在瑞典的斯德哥尔摩举行，世界上133个国家的1300多名代表出席了这次会议。这是世界各国政府共同探讨当代环境问题，探讨保护全球环境战略的第一次国际会议。这次大会虽然将环境与社会列入了议题，但是这一主题覆盖的范围比较窄，没有包括社会性别的内容。不过，在这次大会中，

图 8-2　芭芭拉·沃德与《只有一个地球》

英国经济学家芭芭拉·沃德（Barbara Ward）做了题为《只有一个地球》的报告，评述经济发展和环境污染对不同国家产生的影响，用经济学家的敏锐和女性的热忱，呼吁世界各国重视维护人类赖以生存的地球。虽然沃德与杜博斯完成的《只有一个地球》是一份非正式报告，却起到了基调报告的作用，其中的许多观点被会议采纳，并写入大会通过的《人类环境宣言》。因此，《只有一个地球》被认为是世界环境运动史上的一份具有重大影响的文献。

1982年，在内罗毕联合国环境规划署召开的一次特别会议上，人们讨论和评估了斯德哥尔摩人类环境大会十年成就。会议期间，妇女核心小组建立了一个旨在提升妇女组织介入环境问题的网络，向环境主义者提出有关妇女的问题。这次活动由NGO环境联络中心国际中心（ELCI）支持。很快，他们的提议就在内罗毕第三次世界妇女大会上实现，妇女主题与环境主题结合在了一起。

1984年，世界自然保护联盟（IUCN）在马德里召开第16次全会。会上提出关注妇女与自然保护的建议，并且成立了一个工作组推进各个层面组织对妇女参与保护的重视。1988年，该组织在哥斯达黎加圣何塞召开第17次全会，上述建议进一步发展为"世界自然保护联盟妇女与自然资源规划"，这一

规划的目的在于通过关于女性和男性的特殊作用来促进对自然资源的有效保护。

1985 年的第三次世界妇女大会，成为联合国为主导的女性参与全球环境治理进程中的一个里程碑。会议通过的《内罗毕战略》将环境主题纳入妇女所关心的领域之中，这是第一次在大型国际会议上将妇女与环境的关系明确化。会上成立了联合国环境规划署妇女高级顾问小组，用以指导该组织将社会性别视角置于其环境规划之中。

1987 年，挪威前首相、世界环境与发展委员会主席布伦特兰（Brundtland）夫人发表了题为《我们共同的未来》的报告。这份报告正式使用了可持续发展概念，并对之做出了比较系统的阐述，产生了广泛的影响。有关可持续发展的定义有 100 多种，但被广泛接受影响最大的仍是世界环境与发展委

图 8 - 3　布伦特兰与《我们共同的未来》

员会在《我们共同的未来》中的定义。该报告中，可持续发展被定义为："能满足当代人的需要，又不对后代人满足其需要的能力构成危害的发展。它包括两个重要概念：需要的概念，尤其是世界各国人们的基本需要，应将此放在特别优先的地位来考虑；限制的概念，技术状况和社会组织对环境满足眼前和将来需要的能力施加的限制。"涵盖范围包括国际、区域、地方及特定界别的层面，是科学发展观的基本要求之一。

越来越多的区域经验表明：妇女的参与是世界可持续发展的重要前提。1992 年里约联合国环境与发展大会，妇女与环境主题得到了进一步明确。在这次大会的妇女非政府论坛上讨论了《21 世纪议程》，并最终成功地将社会性别视角纳入大会的正式文件，它的主要观点在《里约宣言》和《21 世纪议程》中都被汲取。在大会通过的《21 世纪议程》中，有超过 145 处指出了妇女在环境和可持续发展方面所具有的地位和作用，并专门设置了第 24 章 "全球妇女可持续发展与平等发展行动"。这次大会开启了人类发展史上的新里程。

1995 年，第四次世界妇女大会在中国北京召开。大会确定环境问题为妇女关注的 12 个关键问题之一。《北京行动纲领》的第 4 章中 "妇女与环境" 指出："妇女在制定可持续和无害生态的消费和生产形态方面与在自然资源管理对策方面可发挥不可或缺的作用。"此后，在联合国重要的全球性会议和文件中，妇女与环境的主题都能够得到认可。

伴随着"妇女与环境"主题在全球环境治理中的建立和发展,与之相关的国际组织和机构应运而生。专门性的"妇女与环境"国际组织和机构与联合国环境规划署、世界自然保护联盟、联合国妇女发展基金、联合国开发计划署等携手合作,共同关注环境和发展事务中性别平等的问题。

■ 延伸阅读 ■--------------------

### "妇女与环境" 主题的国际组织和机构

| 名称 | 成立时间 | 秘书处所在地 |
|---|---|---|
| 妇女环境与发展组织 | 1990 年 | 美国纽约 |
| 欧洲妇女与共同未来 | 1994 年 | 荷兰乌得勒支、德国慕尼黑和法国安纳马斯(分别设立协调办公室) |
| 性别与可持续能源国际网络 | 1996 年 | 荷兰勒斯登 |
| 性别与水资源联盟 | 2000 年 | 荷兰迪伦 |
| 女部长和女领导人环境促进网络 | 2002 年 | 美国华盛顿 |
| 农业及自然资源管理改革妇女组织 | 2003 年 | 美国华盛顿 |
| 全球性别与气候联盟 | 2007 年 | 未设总部 |

(来源:《社会性别视角下的全球环境问题研究》)

--------------------------------------

联合国 2015 年通过的《2030 年可持续发展议程》中设定的目标 13 是"采取紧急行动应对气候变化及其影响"。实现碳达峰、碳中和是应对气候变化、减少温室气体排放的关键目标,也是实现可持续发展议程中应对气候变化目标的重要步骤。议程强调各个目标是整体的,不可分割的,"在执行本议程过程中,必须有系统地顾及性别平等因素""实现性别平等,增强妇女和女童的权能将大大促进我们实现所有目标和具体目标"。正因如此,《2030 年可持续发展议程》中关于应对气候变化的 5 个目标中包括"重点关注妇女、青年、地方社区和边缘化社区"。妇女平等参与和性别主流化战略在实现目标的进程中具有重要意义。毫无疑问,妇女是气候变化危机首当其冲的受害者,也应是应对气候变化、实现碳达峰、碳中和目标的积极参与者、贡献者、决策者和受益者,她们是实现可持续发展的主力军。

## 二、女性对环境问题的实践与行动

发达国家的女性以各类民间组织为平台积极开展活动。她们开展自然研究，出版研究著作，在民众中开展环境教育；她们游说政府制定相关法律，对森林、水、鸟类等进行保护；她们自称"城市管家"，对垃圾、污水等问题进行整治，美化工业城市面貌，成为环境保护的重要参与者和推进者。

在欠发达的国家和地区，女性也在积极地投身于环境保护运动。

### （一）印度妇女的抱树运动

抱树运动是印度的一次社会运动，1973 年在印度的喜马拉雅山区发起。原始森林被大量砍伐，使得当地妇女依赖于原始森林的生计被剥夺。她们采取了非暴力运动方式，由村民抱住大树来阻拦砍伐行为。其中，发生在 1974 年 3 月的雷尼村妇女护树行动，成为印度抱树运动的里程碑。

1974 年 1 月，一家运动物品制造商中标了一项森林砍伐合同。3 月 26 日一大早，林业官员、公司代理人带着伐木工人悄悄来到雷尼村，为了不被发现，他们将汽车停在村外，特地绕远路去砍伐森林。这时候，村庄里的男人都被安排到镇里去领取盼望已久的用于军事征地的赔偿金，而一直在组织群众阻止砍伐森林的达绍利村合作社的领导人及其成员也被叫到高帕什渥去应付突然到来的高级林业部官员。一个小女孩发现了那群人的行踪，她飞奔着回村，向村里的妇女委员会领导高拉·德维报告。德维立刻动员村里的 27 名妇女和孩子，向森林赶去。很快，德维他们便追赶上了那群男人，恳求他们不要砍伐森林。德维对男人们说："兄弟们，这片森林是我们的家，不要砍它们，否则泥石流会毁了我们的房屋和田地。"甚至面对挥舞着手枪的官员，德维也毫不畏惧，她挺直胸膛说："这森林就像是我们的母亲；你们要想把它砍倒，就先把我打死。"妇女们站成一排，每个人看起来都像女神一样神圣不可侵犯。德维他们阻止了这次伐树，并且阻断了进入森林的道路。整个晚上，妇女们就坐在断路的尽头，为心爱的森林站岗、守夜。

山区妇女们的故事引发了公众的关注，并激起了公众对砍伐雷尼森林的强烈抗议。乌塔拉坎德邦最终成立了一个由专家组成的委员会来调查情况。委员会认为雷尼森林是一个"敏感地区"，一棵树都不能砍，不仅是雷尼森林不能砍，包括雷尼森林在内的更广阔的阿勒格嫩达河集水区的森林都不能砍。

"雷尼村的胜利"是举世闻名的印度抱树运动的转折点，具有里程碑意义。首先，这是一次完全由妇女领导和参与的行动。此后，参与的妇女在抱树运动中占据了压倒性的多数。其次，山区妇女的集体力量是抱树运动的一项成果，事件本身激励妇女们认识到自己的巨大潜力。一方面，经历过森林毁灭带来的痛楚的妇女们认识到，由乡村合作社充当先锋的抱树运动的重要性；另一方面，达绍利村合作社也认识到妇女的重要性，认识到不把广大的妇女组织起来，就什么都不能实现。

### （二）肯尼亚妇女的绿带运动

肯尼亚的绿带运动是由肯尼亚著名环境保护活动家旺加里·马塔伊女士自20世纪70年代发起的民间环保植树活动。绿带运动是肯尼亚妇女通过基层妇女组织集体行动、参与地方环保行动并产生广泛而积极影响的经典范例。

20世纪70年代中期，肯尼亚为了追求经济发展而大肆毁林开荒，导致国内森林覆盖率大幅减少至不足2％。联合国规定，一个地区只有达到10％的森林覆盖率，才能保障基本的降雨、地下水和纯净空气。随着森林的消失，失去自然栖息地的众多野生动植物也逐渐消失，生物多样性遭到毁灭性打击。因为缺乏树木的保护，地表土遭受雨水侵蚀，土壤中的养分被冲走，使得农田变得越来越贫瘠。自然环境的退化加深了肯尼亚的贫困，使得该国陷入不可持续发展的恶性循环。

看到肯尼亚人民，尤其是本来就负担很重的肯尼亚农村妇女，因为不当的发展策略而日益陷入贫困与环境危机之中，身为生物学家的马塔伊深感遗憾和痛心。1977年，她在肯尼亚成立了民间妇女环保组织"肯尼亚全国妇女理事会"，鼓励乡下的妇女种植树木。绿带运动初期只是在肯尼亚国内各农场尝试种树，以妇女组织作为活动的主力。每个妇女组织都有自己的育苗房，其中一些树苗被妇女组织成员种在自家农场，其他大部分的树苗被免费发放给附近社区的农民。对被送出去的树苗，妇女组织成员会定期进行跟踪监测，确保这些树苗得到妥善的照顾。

在基层妇女组织的积极推动下，越来越多的肯尼亚农村妇女参与种树行动中来。在妇女的集体努力下，环保效果日益显露，绿带运动的影响也逐渐扩大。1986年，绿带运动获得突破性进展。马塔伊在非洲大陆范围内成立了"泛非绿带网"，植树运动得以在其他非洲国家展开。截至2004年，绿带运动在非洲地区已经累计种植树木3000余万棵，设立苗圃6000多个，有数万人参与运动当中。换句话说，绿带运动在保护生态环境的同时，还为上万人提供了就业的机会。为表彰马塔伊的突出贡献，2004年她获得了诺贝尔和平奖。这是诺贝尔和平奖首次把环境保护列入评选议程，为和平注入了新的内容。绿带运动带领妇女为肯尼亚乃至非洲大陆的可持续发展做出了巨大的贡献。马塔伊说，绿带运动播种的不仅仅是树苗，也是和平的种子。

绿带运动是名副其实的由妇女带动并作为活动主力的草根环保行动。它带动了上千个妇女组织的成立，增强了妇女参与环境治理的行动能力。在参与的过程中，妇女们不仅学会了培植树苗，将树苗分派到最需要种植的地方，她们还赚取了额外的收入。经济地位的提高和参与社会活动的经验，最终使妇女们在自己所在社区扮演起环境治理带头人的角色。马塔伊发起的绿带行动为非洲女性突破男性垄断局面提供了示范模式，使这些妇女能够发挥自身潜能，通过基层妇女组织形成合力，为肯尼亚乃至非洲大陆的环境治理和可持续发展做出了巨大贡献。同时，绿带运动的重要意义还在于它着眼于全球，是非洲妇女智慧的代表，也为全球生态环境保护提供了范例。这一运动充分证明，妇女有能力在综合性林业方案和项目中起到重要作用。通过发挥自身能动性，妇女的角色由单纯的环境危机的受害者转化为环境保护方案和项目的参与者与受益者。

### （三）中国妇女与环境

中国妇女与环境的关系紧密又复杂，中国妇女扮演着环境问题的制造者、受害者和保护者的多重角色，具有典型性。

在谋求经济发展、国家富强的道路上，我们曾选择了压缩式不计环境代价的发展方式，走了以牺牲环境为代价的先发展后治理的弯路。在这一过程中，妇女有意或无意地成为环境问题的制造者或参与者。中华人民共和国成立之后，相关政策与法律确立了中国妇女与男性平等的社会地位，中国妇女加入了中国生产建设的大军，为中国的发展贡献了力量。在以消灭贫穷、发展经济为前提的社会生产过程中，高速的经济增长成为人们追求的目标，资源的浪费、环境的污染被忽视，中国也面临发达国家曾经经历过的一系列生态环境恶化的问题。这其中，中国妇女作为建设大军的一员，伴随着自己的汗水成就了中国经济发展的辉煌成就，也对环境的大肆破坏具有不可推卸的责任。特别是作为在家庭中承担更多责任的女性，在日常生活中的环保意识相对较为缺乏。例如，在城市中垃圾分类处理尚未深入人心，许多主妇仍然没有主动对生活垃圾进行分类。在农村，随着大量男性劳动力外出，女性承担着越来越多的农业生产任务，但在对自然资源的管理中，她们常常会造成资源的浪费或破坏。

虽然环境问题不仅仅只对女性有伤害，但是由于女性生理上的原因，以及长期以来社会结构造成的社会分工不同，许多环境问题对女性造成的危害尤为严重。作为"世界工厂"，中国有许多纺织、制鞋、玩具、印刷和食品等行业的工厂需要大量工人，尤其以女工为主。这些行业的工作环境往往存在粉尘、噪音、高温，甚至是有毒物质的污染。这些危害对女性的身体健康，包括生殖健康都会造成损伤，有些污染成分甚至会通过胎盘和乳汁进入婴儿体内，对下一代产生影响。而很多女工由于受教育程度不高，往往缺乏自我保护意识，也缺乏自身权益保障意识，从而受到了更多的伤害。

自20世纪60年代以来，环境保护运动逐渐成为全球范围内的社会运动，中国也积极投身到环境保护的行动中来。因为我们是一个在环境问题上回旋余地极小的大国，又是一个在全球资源、市场基本被瓜分完毕后崛起的一个后起国家。中国没有任何可能像某些先行国家那样，等到环境恶劣到极点后再来治理，因为我们的人口太多，国家太大。在中国，即使不发展工业，由人口增长带来的污染物，也足以使环境恶化到令人无法容忍的地步。自20世纪80年代中国开始重视环境问题以来，中国妇女就一直积极地扮演着各种保护环境的角色，无论是在政府内的决策部门，还是非政府组织、民间团体与机构，都能看到女性活跃的身影。这充分说明了中国女性环保意识的觉醒，以及中国女性在其中体现出的整体成长。

在中国妇女环境运动的发展过程中具有标志性的事件之一是首届中国妇女与环境会议的召开。1994年6月5日，国家环保总局和中国妇联在人民大会堂召开中国妇女与环境会议，有志于环保事业的女性齐聚一堂。时任国务委员的宋健在会议上指出："希望每一位妇女都能积极热情地参与发展经济和环境保护这一伟大事业，共创美好未来。妇女在现代化建设事业中的作用是不可替代的。"这次会议通过了《中国妇女环境宣言》，宣言中表达了中国妇女已经认识到环境保护事业的重要性，以及将致力于环境保护事业的决心。这次会议还表彰了97名来自不同地区、服务在不同工作岗位上，为环境保护事业做出贡献的女性。

1995年，第四届世界妇女大会在北京举行。这次大会上通过了《北京行动纲领》和《北京宣言》。《北京行动纲领》的第11个关切领域就是"妇女与环境"。《北京宣言》中指出："妇女对无害生态环境的经验和贡献必须成为21世纪议程的中心组成部分。除非承认并支持妇女对环境管理的贡献，否则可持续发展就将是一个可望而不可即的目标。"这次大会是中国妇女环境运动发展史上的里程碑。这次大会将"妇女与环境"相结合的概念引入了中国，中国妇女与环境运动从此开始大规模兴起，中国妇女环境运动进入了一个飞速发展的时期。

1994年，在筹办世界妇女大会过程中，中国环境科学学会妇女分会成立，这一分会由来自不同领域、不同学科有志于环保事业的女性组成。中国环境科学学会妇女与环境网络是中国第一个以环境保护为目标成立的跨学科、跨部门的妇女网络，它的成立是妇女环保组织从无到有的标志。

中国妇女环境运动中以中国妇女联合会为主导举办的多项环境保护活动将更多的中国妇女联合起来，投身环境保护的活动中去。1996年，"全国三八绿色工程"动员千百万农村妇女投身于脱贫致富、植树造林、水土保持等各类生态建设工作，取得了巨大成就，为改善中国的生态环境做出了突出贡献；1997年，中国妇联和国家环保总局在中国妇女中开展了"妇女·家园·环境"主题宣传教育活动，产生了广泛而积极的影响，中国妇联也由此被联合国环境署授予"全球 500 佳"荣誉称号；2003 年 6 月联合开展的历时两年的"绿色家园"系列宣传活动，号召 3.4 亿家庭积极行动起来，创造绿色生活，开展"大地之爱·母亲水窖项目"等保护生态环境的活动，推广环境保护观念，教育青少年儿童，为中国妇女环境保护运动的未来奠定基础。此外，还有很多优秀的女性，以自身力量在环保领域做出杰出的贡献。

北京地球村环境文化中心由廖晓义女士发起建立，是非营利性的民间环保组织。廖晓义女士提出了影响中国的绿色生活方式，倡导"绿色生活""绿色社区""绿色传媒""绿色奥运"等。"地球村"在农村进行生态试验，在城市进行大型公众宣传，并广泛进行国际交流与合作。由于在环保领域的成就与贡献，廖晓义女士成为中国第一位获得有"诺贝尔环境奖"之称的"苏菲环境大奖"的民间环保人士。此外，廖晓义女士还获得了澳大利亚最高环境奖"班克西亚国际环境奖"。

牛玉琴，中国山西省靖边县东坑镇金鸡沙村农民，她用人挖、肩扛、驴驮等人工方法在毛乌素沙漠边缘种草植树，并带动周围 1904 户家庭在毛乌素沙漠南缘的沙海植树 2000 多万株，将 7300 多公顷的荒漠变成绿洲，逼退风沙 10 多公里。还有在内蒙古沙漠中种树的农民殷玉珍，为了让孩子不再在漫天风沙中提心吊胆地活着，她靠着自己的努力完成绿化面积 27300 亩，感动了全中国。

还有全国三八红旗手，中国环境监测总站生态室高级工程师董贵华。她参与研究和制定了中国第一个生态评价行业标准，参与研究构建了满足生态环境管理需求的生态环境监测业务化指标体系，建立了中国生态环境监测业务框架，并且在后期推广应用中发挥了关键作用，促进了多尺度、多类型、多单元的国家生态质量评价体系的建立。她研究制定了生态遥感监测数据产品生产规范技术体系及业务化流程体系，促进了全国生态遥感监测数据生产的规范化，提高了全国生态监测数据的处理效率和精度，开拓了我国环境保护领域在生态方面的新阵地，取得了突出的社会效益和环境效益。她和同事撰写了 8 本《全国生态环境质量报告》，记录了中国生态环境 8 年中的变化趋势，对中国生态环境评价具有极其重要的意义。她对话自然，问诊生态，守住人类社会发展的生态安全红线。

全国三八红旗手陈彦娴，塞罕坝机械林场第一代务林人。1964 年，20 岁的陈彦娴"响应国家号召，种树去"，怀着"到祖国最需要的地方去"的理想，陈彦娴和她的姐妹们来到了一片荒凉的塞罕坝林场。她们爬冰卧雪，艰苦创业，在经历了 1977 年林场 57 万亩林地遭遇"雨凇"灾害，1980 年大旱 12 万多亩树木旱死之后，陈彦娴她们重新造林，"那时无论条件多么艰苦，遇到什么困难，我们心里都憋着一股子劲，就是要坚持下去，把树种好管好"。半个多世纪过去了，当年的小树已长成了大树，荒原变成了绿色海洋。2017 年，74 岁的陈彦娴作为塞罕坝林场务林人代表应邀参加了在内罗毕举行的第三届联合国环境大会。她和她的伙伴们让黄沙凝固，用青春和汗水换来了百万亩林海。她是第一代塞罕坝人的代表，是时代的楷模。塞罕坝人用忠诚和执着凝结出了"忠于使命、艰苦创业、科学求实、绿色发展"的塞罕坝精神。

还有被称为"珊瑚妈妈"的中国科学院南海海洋研究所研究员黄晖。她研究了 20 多年珊瑚，她说，随着全球气候变化和环境压力的增加，从十几年前到现在，近岸的珊瑚消失了 80％，离岛的造礁石珊瑚覆盖率从 50％、60％下降到 10％—15％。不仅是中国，全球都是这么凄惨。黄晖和她的团队经过大量一线调研后，摸清了中国珊瑚礁的生态状况、问题和规律。2009 年，黄晖开始着手修复珊瑚礁，日复一日，年复一年。十几年来，黄晖提出人工修复受损珊瑚礁的构想，并努力摸索出适合不同类型珊瑚礁恢复的技术方法，申请了发明专利 30 多项。黄晖研究掌握了我国海域 20 多种常见人造礁石珊瑚有性繁殖过程，并在国内首次实现了人工幼体培育，为珊瑚礁人工修复打下了坚实基础。在西沙群岛和南海南部，黄晖与团队共建立 300 亩修复示范区，已初具规模和成效，包括可培育珊瑚断枝 40000 株的苗圃。"科研成果不能束之高阁"，黄晖身体力行，凭借科研积累，为法规制定建言献策，组织公益活动，让科研成果得到更广泛的应用。她积极推动徐闻珊瑚礁自然保护区建立和晋升为国家级保护区，促进福建东山珊瑚礁省级自然保护区的科学调整。参与国家和地方相关珊瑚礁保护与管理的法律法规的制定，推动了《海南省珊瑚礁和砗磲保护规定》的制定和修订。她立志让珊瑚重生，她说："我们应该对大自然、对珊瑚礁、对海洋多一份敬畏，多一份爱护。"

这些作为普通个体的女性，为中国环境保护事业做出了不可磨灭的贡献。2005 年，"全球千名妇女争评 2005 年诺贝尔和平奖"活动中有 108 名来自中国地区，成为中国妇女的代表，这是世界对中国妇女在环境保护方面的肯定，虽然最后与诺贝尔奖擦肩而过，但是中国女性对环保事业做出贡献的这份努力值得被铭记。

"绿水青山就是金山银山"是中国国家主席习近平最先提出的生态理念，这也成为中国保护"绿水青山"、建设"美丽中国"的指导思想。以"绿色发展"为目标，以"生态文明"为底线，优化能源结构，改变环境污染，是中国对地球做出的贡献。不仅如此，当前的中国还在积极倡导建立人类命运共同体。中国将继续积极参与全球治理体系变革和建设，为世界贡献更多中国智慧、中国方案、中国力量，推动建设持久和平、普遍安全、共同繁荣、开放包容、清洁美丽的世界，让人类命运共同体建设的阳光普照世界。无论是砥砺深耕、默默坚守，还是光彩熠熠、先锋引领，每一位奋斗中的中国女性必将继续为世界妇女运动与环境运动贡献自己更加积极的力量。

## 本章小结

　　长久以来，在父权观念和封建制度的钳制下，男女两性不平等的观念深深地影响着人类社会的发展。女性解放和男女平等始终是国际妇女运动永恒的目标和旗帜。伴随着女性运动的不断发展，性别意识不断觉醒，越来越多的女性实现了自我认同，在工作和生活中，她们努力实现自身价值，成为自己命运的主宰并被社会所认同。特别是生态女性主义的提出，将妇女解放发展到淋漓尽致的地步，赋予了妇女解放全新的内涵。妇女解放的第一阶段是女性政治身份、就业和受教育的平等权利的"个体解放"，第二阶段是争取妇女群体的政治地位、社会地位、法律权利和文化阐释的"群体解放"，第三阶段是妇女群体、所有边缘群体和自然界的"整体解放"。从社会性别视角看待生态环境危机，是 20 世纪 70 年代以来的时代课题，国际妇女运动将社会正义引入生态环境的保护运动之中，妇女的解放不是孤立的，它与自然的解放、被压迫人群的解放，与所有"他者"的解放联结在一起，将妇女解放的内涵从个体扩展到群体，再扩展到整体，全面探讨人与人、人与社会、人与社会和自然的相互关系，是妇女运动对于妇女解放的全新的、全面的宏大理解。

　　环境保护和社会性别平等一样，是一种理念、一种思维方式和一种文化，其共同的目的都是促进社会公平、构建和谐社会，在协调人与自然、人与社会、人与人之间的关系的过程中，推进人与人之间的平等，让处于社会和自然环境中的每一个人得到发展和幸福。通过社会性别的角度人们开始重新审视已经习以为常的世界，发现社会性别的差异与不平等，发现人类之于自然的剥削和压迫。于是，人们开始行动起来，致力于实现两性平等、发展与和平，致力于生态环境保护与可持续发展。实现社会性别平等与生态环境保护是人类文明更好发展的前提，要将这两者同时纳入一切政策与行动的主流，积极推动其发展，才能实现人类真正意义上的进步。让我们为创造一个平等、发展与和平、环保的地球贡献自己的力量！

# 参 考 文 献

[1] 乔纳森·特纳. 社会学理论的结构：上、下 [M]. 邱泽奇，等译. 北京：华夏出版社，2001.

[2] 周小李. 社会性别视角下的教育传统及其超越 [M]. 北京：教育科学出版社，2011.

[3] 周生春. 论语 [M]. 杭州：浙江大学出版社，2012.

[4] 方勇. 孟子 [M]. 北京：中华书局，2010.

[5] 董仲舒. 春秋繁露 [M]. 北京：中华书局，1992.

[6] 程颐，程颢. 河南程氏遗书 [M]. 上海：上海古籍出版社，2000.

[7] 谷忠玉. 中国近代女性观的演变与女子学校教育 [M]. 合肥：安徽教育出版社，2006.

[8] 舒新城. 中国近代教育史料：下册 [M]. 北京：人民教育出版社，1961.

[9] 金开诚. 诗经 [M]. 北京：中华书局，1980.

[10] 安徽省黄梅剧团. 女驸马 [M]. 合肥：安徽人民出版社，1959.

[11] 波伏娃. 第二性 [M]. 北京：中国书籍出版社，1998.

[12] 沈朱坤. 绘图女四书白话解 [M]. 北京：中国华侨出版社，2012.

[13] 陈立. 白虎通疏证 [M]. 北京：中华书局，1994.

[14] 朱有瓛. 中国近代学制史料：第一辑下册 [M]. 上海：华东师范大学出版社，1986.

[15] 梁启超. 乙丑重编饮冰室文集 [M]. 北京：中华书局，1926.

[16] 吕美颐，郑永福. 中国妇女运动（1840—1921）[M]. 郑州：河南人民出版社，1990.

[17] 李银河. 女性主义 [M]. 济南：山东人民出版社，2005.

[18] 张海林. 近代中外文化交流史 [M]. 南京：南京大学出版社，2003.

[19] 陈东原. 中国妇女生活史 [M]. 北京：商务印书馆，1937.

［20］实藤惠秀. 中国人留学日本史［M］. 上海：三联书店出版社，1983.

［21］毛礼锐，沈灌群. 中国教育通史：第五卷［M］. 济南：山东教育出版社，1988.

［22］舒新城. 近代中国留学史［M］. 上海：上海中华书局，1927.

［23］汪一驹. 中国知识分子与西方［M］. 苏州：久大文化股份有限公司，1991.

［24］刘真. 留学教育：中国留学教育史料［M］. 南京：国立编译馆，1980.

［25］张梓生. 申报年鉴［M］. 上海：上海书店出版社，1933.

［26］王国红. 近代女子留学教育的兴起及影响［J］. 新东方，2007（8）.

［27］李又宁，张玉法. 近代中国女权运动史料：上册［M］. 台北：龙文出版社，1995.

［28］沙吉才. 当代中国妇女地位［M］. 北京：北京大学出版社，1995.

［29］倍倍尔. 妇女与社会主义［M］. 北京：中央编译出版社，1995.

［30］中央人民政府法制委员会. 中央人民政府法令汇编（1949年—1950年）［M］. 北京：法律出版社，1982.

［31］国务院法制局，中华人民共和国法规汇编编辑委员会. 中华人民共和国法规汇编（1954年9月—1955年6月）［M］. 北京：法律出版社，1956.

［32］高艳云. 基于性别视角的收入分配研究［M］. 北京：经济科学出版社，2016.

［33］张莉琴，杜凤莲，董晓媛. 社会性别与经济发展：经验研究方法［M］. 北京：中国社会科学出版社，2012.

［34］张霞. 性别平等与女性经济学问题研究：学校教育、婚姻家庭、劳动就业［M］. 北京：经济科学出版社，2020.

［35］葛玉好. 中国城镇地区性别工资差距研究［M］. 北京：中国经济出版社，2011.

［36］王震. 劳动市场中的性别分析：理论、方法与实证研究［M］. 北京：经济管理出版社，2014.

［37］徐爱新. 中国共产党领导的女性教育主流化运动研究（1921—1956）［M］. 北京：中国妇女出版社，2014.

［38］余秀兰. 男女平等就业的社会政策研究［M］. 北京：中国社会科学

出版社，2015.

[39] 胡珍，吴银涛，李扁，等. 与青春同行：社会性别与中学性教育 [M]. 北京：科学出版社，2013.

[40] 祝平燕，周天枢，宋岩. 女性学导论 [M]. 武汉：武汉大学出版社，2007.

[41] 刘建中，孙中欣，邱晓露. 社会性别概论 [M]. 上海：复旦大学出版社，2010.

[42] 金莉，李英桃. 社会性别视角下的全球环境问题研究 [M]. 北京：中国社会科学出版社，2011.

[43] 胡玉坤. 社会性别与生态文明 [M]. 北京：社会科学文献出版社，2013.

[44] 韦清琦，李家銮. 生态女性主义 [M]. 北京：外语教学与研究出版社，2019.